Dialogmarketing Perspektiven 2016/2017

Deutscher Dialogmarketing Verband e. V.
(Hrsg.)

Dialogmarketing Perspektiven 2016/2017

Tagungsband 11. wissenschaftlicher
interdisziplinärer Kongress
für Dialogmarketing

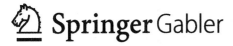

Herausgeber
Deutscher Dialogmarketing Verband e.V.
Frankfurt am Main, Deutschland

ISBN 978-3-658-16834-6   ISBN 978-3-658-16835-3   (eBook)
DOI 10.1007/978-3-658-16835-3

Die Deutsche Nationalbibliothek verzeichnet diese Publikation in der Deutschen Nationalbibliografie; detaillierte bibliografische Daten sind im Internet über http://dnb.d-nb.de abrufbar.

Springer Gabler
© Springer Fachmedien Wiesbaden GmbH 2017
Das Werk einschließlich aller seiner Teile ist urheberrechtlich geschützt. Jede Verwertung, die nicht ausdrücklich vom Urheberrechtsgesetz zugelassen ist, bedarf der vorherigen Zustimmung des Verlags. Das gilt insbesondere für Vervielfältigungen, Bearbeitungen, Übersetzungen, Mikroverfilmungen und die Einspeicherung und Verarbeitung in elektronischen Systemen.
Die Wiedergabe von Gebrauchsnamen, Handelsnamen, Warenbezeichnungen usw. in diesem Werk berechtigt auch ohne besondere Kennzeichnung nicht zu der Annahme, dass solche Namen im Sinne der Warenzeichen- und Markenschutz-Gesetzgebung als frei zu betrachten wären und daher von jedermann benutzt werden dürften.
Der Verlag, die Autoren und die Herausgeber gehen davon aus, dass die Angaben und Informationen in diesem Werk zum Zeitpunkt der Veröffentlichung vollständig und korrekt sind. Weder der Verlag noch die Autoren oder die Herausgeber übernehmen, ausdrücklich oder implizit, Gewähr für den Inhalt des Werkes, etwaige Fehler oder Äußerungen. Der Verlag bleibt im Hinblick auf geografische Zuordnungen und Gebietsbezeichnungen in veröffentlichten Karten und Institutionsadressen neutral.

Redaktion: Bettina Höfner

Gedruckt auf säurefreiem und chlorfrei gebleichtem Papier

Springer Gabler ist Teil von Springer Nature
Die eingetragene Gesellschaft ist Springer Fachmedien Wiesbaden GmbH
Die Anschrift der Gesellschaft ist: Abraham-Lincoln-Str. 46, 65189 Wiesbaden, Germany

Editorial

Forschung für erfolgreiches Dialogmarketing

Dialogmarketing ist heute – insbesondere durch die vielfältigen Möglichkeiten des digitalen Dialogs – vielfältiger denn je. Eine Vielzahl von Kanälen, Plattformen und Medien können und müssen in der Kommunikation mit Kunden genutzt werden. Innovative Technologien ermöglichen den Dialog in neuen Dimensionen, stellen aber auch neue Herausforderungen dar. Herausforderungen zum einen an die Praxis, aber auch an die Wissenschaft. Warum und unter welchen Bedingungen funktioniert ein Cross-Channel-CRM-Konzept? Wie kann es optimiert werden? Wie wird eine Community am besten gestaltet? Was motiviert Verbraucher zum Kauf? Wie können Plattformen wie YouTube oder Bewertungsportale im Dialogmarketing genutzt werden? Das ist nur eine kleine Auswahl der Fragen, denen die Autoren im vorliegenden Band nachgehen.

Der DDV hat 2016 bereits zum elften Mal seinen „wissenschaftlichen interdisziplinäre Kongress für Dialogmarketing" durchgeführt. Anliegen der Veranstaltung ist es, Wissenschaft und Praxis in den konstruktiven Dialog miteinander zu bringen. Zugleich sollen die verschiedenen Forschungsdisziplinen vernetzt werden. Bei dem jährlich im Herbst an einer anderen Hochschule durchgeführten Symposium präsentieren Wissenschaftler unterschiedlicher Fachrichtungen aktuelle Forschungsergebnisse und diskutieren diese mit Praktikern und Kollegen.

Der 11. wissenschaftliche interdisziplinäre Kongress für Dialogmarketing fand am 21. September 2016 an der Hochschule RheinMain in Wiesbaden statt. Das Themenspektrum war – wie bereits in den Vorjahren – wieder weit gespannt: Vom Thema „Political Marketing – Eine natürliche Spielwiese für das Dialogmarketing" über den Aufbau und das Management von Online-Communities und den erfolgreichen Einsatz von Kundenbeziehungen bis hin zu Cross-Channel-CRM im Lebensmitteleinzelhandel oder Kundenbeziehungstypen im E-Commerce. Ein weiterer Beitrag behandelte das „Privacy Paradoxon – Ein Erklärungsversuch und Handlungsempfehlungen".

Festlicher Höhepunkt des Tages war die Preisverleihung des Alfred Gerardi Gedächtnispreises 2016. Mit diesem Preis, benannt nach dem früh verstorbenen DDV-Präsidenten und Nestor des Dialogmarketing in Deutschland, zeichnet der Verband nun schon seit mehr als 30 Jahren Dissertationen und Abschlussarbeiten zu Themen des Dialogmarketing aus. Die vier preisgekrönten Arbeiten (Beste Dissertation, Beste Masterarbeit, Beste Bachelorarbeit und Beste Diplomarbeit Akademie) wurden von den Verfassern persönlich vorgestellt und gaben aufschlussreiche Einblicke, womit sich der wissenschaftliche Nachwuchs aktuell beschäftigt. Deutlich wurde hierbei auch, dass jeder der Preisträger zu Recht ausgezeichnet worden ist!

Nur durch das Zusammenspiel und die Unterstützung durch Institutionen, Unternehmen und auch einzelne Personen konnten wir den Kongress und den vorliegenden Tagungsband realisieren. Unser herzlicher Dank gilt: Prof. Dr. Detlev Reymann und Prof. Dr. Jakob Weinberg von der Hochschule RheinMain für die freundliche Einladung in die Räume der Hochschule und die vielfältige und tatkräftige Unterstützung. Dr. Claudio Felten und Prof. Dr. Ralf T. Kreutzer für die kundige und anregende Tagungsleitung der Veranstaltung. Den Referenten und Autoren für ihre spannenden Beiträge zur Veranstaltung und zur vorliegenden Publikation. Allen Bewerbern um den Alfred Gerardi Gedächtnispreis sowie der Jury, die die zahlreichen Arbeiten gesichtet hat, um die Preisträger zu ermitteln. Insbesondere geht mein Dank und der des wissenschaftlichen Nachwuchses an Victoria Gerardi-Schmid, der Schirmherrin des Wettbewerbs, die sich seit Anbeginn für den Wettbewerb einsetzt und alljährlich persönlich die Ehrungen überreicht.

Nicht zuletzt möchte ich den Partnern und Sponsoren danken, die den Kongress, den vorliegenden Tagungsband und den Alfred Gerardi Gedächtnispreis mit finanzieller Unterstützung oder Sachleistungen ermöglichten:
a + s DialogGroup GmbH, below GmbH, Bürgel Wirtschaftsinformationen GmbH & Co. KG, cmx consulting GmbH, Dorner Print & Mail e.K., gkk DialogGroup GmbH, Jahns and Friends Agentur für Dialogmarketing und Werbung AG, Marketintelligence GmbH, Schober Information Group Deutschland GmbH, Verlag für die Deutsche Wirtschaft AG.
Verbandspartner waren der Dialog Marketing Verband Österreich und der Schweizer Dialogmarketing Verband sowie der Marketing Club Mainz-Wiesbaden.
Als Medienpartner engagierten sich acquisa, Fischer's Archiv, marketing-BÖRSE, ONEtoONE New Marketing, Sales Management Review und der Versandhausberater.

Ich wünsche Ihnen eine anregende Lektüre der vorliegenden Publikation und würde mich freuen, Sie beim 12. wissenschaftlichen interdisziplinären Kongress im Herbst 2017 begrüßen zu können!

Reinhard Pranke
DDV-Vizepräsident Bildung und Forschung

Kontakt

Reinhard Pranke
Deutscher Dialogmarketing Verband e.V.
Hahnstraße 70
60528 Frankfurt
info@ddv.de

Inhalt

Editorial 5

Inhalt 9

Cross-Channel-CRM – Potenziale und organisationale Herausforderungen einer individuellen Kundenansprache im Lebensmitteleinzelhandel 11
Annett Wolf, Karolin Schmidt

Management von Kundenbeziehungen im E-Commerce – Eine Untersuchung von Kundenbeziehungstypen im österreichischen Online-Bekleidungseinzelhandel 25
Katharina Visur

Segmentierung von Onlinekäufern auf Basis ihrer Einkaufsmotive 45
Silvia Zaharia, Tatjana Hackstetter

Abo-Commerce-Modelle in Deutschland: Eine inhaltsanalytische Untersuchung 73
Sandra Haas

Online-Communities: Was die User motiviert und wie sie aktiviert werden 87
Dorothea Schaffner, Esther Federspiel, Seraina Mohr, Florian Wieser

Review- und Rating-Management – ein (noch) unterschätztes Aufgabenfeld 109
Ralf T. Kreutzer

Customer Centricity von digitalen Produkt-Service-Systemen 127
Bernhard Kölmel, Alexander Richter, Johanna Schoblik, Uwe Dittmann, Ansgar Kühn, Alfred Schätter

Das Privacy-Paradoxon – Ein Erklärungsversuch und Handlungsempfehlungen 139
Paul Gerber, Melanie Volkamer, Nina Gerber

User-Generated Brand Storytelling: Nutzer als Storyteller und User-Generated Content als Instrumente der Markenführung 169
Carsten W. Hennig, Oliver Ruf, Matthias Schulten

Kooperative Monetarisierung auf YouTube – Gestaltungsoptionen und
Erfolgsfaktoren 183
Michael H. Ceyp, Tobias Kurbjeweit

Alfred Gerardi Gedächtnispreis 2016 207

Dank an die Sponsoren 211

Cross-Channel-CRM – Potenziale und organisationale Herausforderungen einer individuellen Kundenansprache im Lebensmitteleinzelhandel

Annett Wolf, Karolin Schmidt

Inhalt

1　Problemstellung 12
2　Grundlagen des Cross-Channel-CRM 12
3　One-to-One-Marketing im Einzelhandel 15
4　Potenziale einer Cross-Channel-CRM-Strategie 17
5　Organisationale Herausforderungen für den Lebensmitteleinzelhandel 20
6　Fazit 21

Literatur 22
Die Autorinnen 23
Kontakt 24

Management Summary

Durch die starke Verbreitung mobiler Endgeräte und die Digitalisierung des Konsumverhaltens besteht für den Lebensmitteleinzelhandel zunehmend die Gefahr, den Kontakt zum Kunden zu verlieren. Auch der Wunsch der Konsumenten nach stärkerer Interaktion mit den anbietenden Unternehmen, ohne beispielsweise mit unerwünschter oder unpassender Werbung konfrontiert zu werden, zwingt die etablierten Unternehmen zu einem Umdenken. Um den Kunden jedoch individuell ansprechen zu können, ist ein CRM-System notwendig, welches alle kundenspezifischen Daten erfasst und beim Angebot differenter Vertriebs- und Kommunikationskanäle kanalübergreifend integriert. Im vorliegenden Beitrag werden daher Potenziale und organisationale Herausforderungen bei der Implementierung eines Cross-Channel-CRM-Ansatzes im Lebensmitteleinzelhandel aufgezeigt.

1 Problemstellung

Geringe Margen sowie ein intensiver Wettbewerb im stationären Geschäft, der zunehmende Druck durch Pure-Player als auch der demografische Wandel zwingen den Lebensmitteleinzelhandel dazu, die bisherige Geschäftsstrategie zu überdenken und neu auszurichten (Wolf und Lenk 2015, S. 70). Bislang galt der Lebensmittel-Onlinehandel (synonym für Online-Food-Retailing) noch als ein Nischenmarkt. Während im Jahr 2011 in Deutschland gerade einmal 18 % der Befragten angaben, Online-Food-Retailing-Angebote zu nutzen, stieg diese Quote bis zum Jahr 2013 auf 27 % an und erreichte im Jahr 2014 einen Wert von 38 %. Dies entspricht einer Steigerung um rund 113 % in drei Jahren – Tendenz steigend (A.T. Kearney 2015, S. 3).

Der Gedanke, dass Multichannel-Händler im Rahmen einer Cross-Channel-Strategie mehrere Absatzkanäle so miteinander verknüpfen, dass der Kunde sich nahtlos von einem zum anderen Kanal bewegen kann (Morschett 2012a, S. 2), wird in der deutschen Lebensmittelpraxis mehr und mehr umgesetzt. Jedoch ist das enorme Potenzial, welches sich aus einem strategisch orientierten und ganzheitlich ausgerichteten Ansatz für die Unternehmensführung im Handel im Sinne des Customer Relationship Managements (CRM) ergibt, in der Handelsforschung noch weitgehend undiskutiert (Ahlert und Hesse 2002, S. 4 f.). So standen bisweilen Fragen, wie der Umsatz durch die Integration einer Cross-Channel Strategie gesteigert werden kann (Cao und Li 2015, S. 198 ff.), wie subjektive Bewertungskriterien der Nachfrager gezielt im Rahmen einer Multichannel-Strategie genutzt werden können, um die jeweiligen Erträge online und offline zu maximieren (Herhausen et al. 2015, S. 309 ff.), oder wie Offline-Showrooms beispielsweise die Nachfrage eines Multichannel-Retailers online erhöhen können (Bell et al. 2013, S. 1 ff.), im Zentrum der wissenschaftlichen Forschung. Der unternehmerischen Praxis fehlen bisweilen jedoch wissenschaftlich fundierte Aussagen zu den Potenzialen und den organisationalen Herausforderungen, welche sich beispielsweise aus einer integrierten Kundenansprache im Rahmen einer Cross-Channel-CRM-Strategie ergeben. Der nachfolgende Beitrag versucht diese Forschungslücke zu schließen.

2 Grundlagen des Cross-Channel-CRM

Im wissenschaftlichen Schrifttum wird der Begriff *Customer Relationship Management (CRM)* nicht einheitlich verwendet. So beinhaltet CRM aus prozessualer Sicht die drei Phasen Kundenakquisition, -bindung und -rückgewinnung (Bruhn 2011, S. 412). Häufig wird CRM auch auf seine technologische Komponente reduziert, indem darunter vornehmlich IT-Systeme verstanden werden, deren Aufgabe in der Sammlung und Verarbeitung gewonnener Kundendaten besteht (Wilde et al. 2015). Zusätzlich weisen Ahlert und Hesse (2002) auf die strategische Perspektive hin, wonach alle kundenbezogenen Prozesse zu integrieren und abteilungsübergreifend zu optimieren sind. Dies führt zu erhöhter Effizienz, da nachhaltigere und vor allem auch profitablere Geschäftsbeziehungen mit ausgewählten Kunden aufgebaut werden können (Ahlert und Hesse 2002, S. 4 f.). Ziel ist dabei nicht nur die Qualität der Kundenbearbeitung zu steigern, sondern auch die Ansprache in den verschiedenen Phasen des Beziehungslebenszyklus zu optimieren (Helmke et al. 2013, S. 8). Hierbei wird jedoch vorausgesetzt, dass der Kunde einer vollkommenen Transparenz zustimmt und die Informationen aus den jeweiligen Absatzkanälen in einer entsprechenden CRM-Datenbank gespeichert werden können. Obwohl unbestritten ist, dass moderne IT-Systeme für das Management von Kundenbeziehungen unverzichtbar sind, betrachtet der folgende Beitrag den Begriff CRM primär aus einer ganzheitlichen und damit strategischen Perspektive. Hintergrund ist die Überlegung, dass nur bei Kenntnis der organisatorischen Rahmenfaktoren im Unternehmen IT-Systeme sinnvoll eingesetzt werden können (Wilde et al. 2015).

Der Begriff Kanal (engl. Channel) bezeichnet zum einen den Vertriebskanal, um Produkte und Dienstleistungen zu vermarkten, und zum anderen den Kommunikationskanal, um Kunden hierüber ansprechen zu können (Schögel et al. 2010, S. 17 f.). So kann der Konsument beispielsweise für seinen Lebensmitteleinkauf im Rahmen einer Multichannel-Strategie zwischen einem der vom Einzelhandel angebotenen Kanäle – online, offline oder mobile – wählen. Besteht darüber hinaus die Möglichkeit, die präferierten Kanäle im Kaufvorgang je nach Bedarf frei zu kombinieren, wird von *Cross-Channel-Retailing* gesprochen (Haderlein 2013, S. 19). Das heißt, der Kunde kann sich im Onlineshop über Produkte und deren Preise informieren (online), sich die Artikel im stationären Einkaufsgeschäft ansehen (offline) und gegebenenfalls mit Hilfe mobiler Endgeräte in den Warenkorb legen (mobile), um den Kauf abschließend online von zu Hause zu beenden. Hierbei kommt es zu einer vollständigen Integration der einzelnen Prozesse innerhalb des Unternehmens und entlang der gesamten Wertschöpfungskette. Zudem führt Rittlinger (2014) an, dass vor dem Hintergrund des zu beobachtenden Wachstums des Multichannel-Retailing in nahezu allen Einzelhandelsbranchen konstatiert werden muss, dass eine Differenzierung im Wettbewerb allein auf Grundlage des Geschäftsmodells, das heißt dem parallelen Einsatz unterschiedlicher Vertriebskanäle, heute nicht mehr möglich ist (Rittlinger 2014, S. 13). Zukünftig müssen die Handelsunternehmen daher die einzelnen Kontaktpunkte nicht mehr als eine Form des Kanals ansehen, sondern – ähnlich wie der Kunde – das Unternehmen als Marke und somit als eine Einheit wahrnehmen (Haderlein 2013, S. 19 f.). Aufbauend auf dem Cross-Channel-Ansatz wird dies im Schrifttum auch als Omni-Channeling bezeichnet (Heinemann 2011, S. 44). Eine Übersicht über die zeitliche Entwicklung im Einzelhandel, angefangen vom Multichannel-Anbieter über das Cross-Channel-Retailing im Sinne der optimalen Verzahnung der Vertriebs- und Kommunikationskanäle bis hin zum Omni-Channeling, ist der Abbildung 1 zu entnehmen.

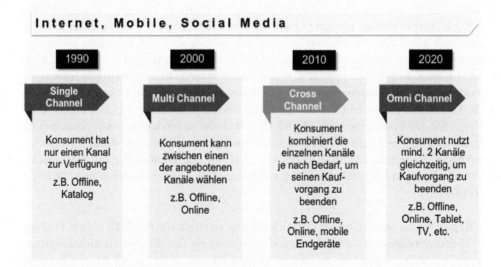

Abb. 1: Zeitliche Entwicklung im Einzelhandel

Entsprechend den vorangehenden Ausführungen ist unter dem Begriff **Cross-Channel-CRM** ein ganzheitlicher Ansatz der Unternehmensführung im Lebensmitteleinzelhandel zu verstehen, welcher alle kundenbezogenen Prozesse des für den Einkaufsvorgang vom Nachfrager präferierten Kanals integriert und in einer entsprechenden Datenbank abteilungsübergreifend optimiert. Zudem können die Kundenkontaktpunkte effizienter vernetzt, eine durchgängige Präsenz auf allen verfügbaren Kanälen geschaffen (Heinemann 2011, S. 44) und ein kontinuierlicher Dialog zum Konsument aufgebaut werden (Cornelsen und Reinnarth 2015, S. 58). Eine Visualisierung dieses Begriffsverständnisses ist der Abbildung 2 zu entnehmen.

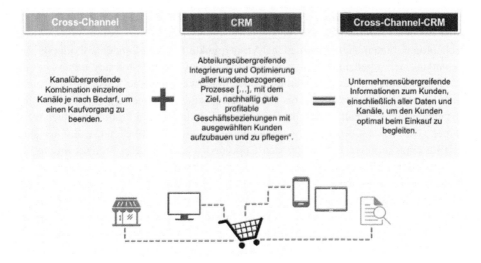

Abb. 2: Cross-Channel-CRM (in Anlehnung an Ahlert und Hesse 2002, S. 4 f.; BSI 2016)

Abschließend ist festzuhalten, dass es mit Hilfe eines **Cross-Channel-CRMs** möglich erscheint, den bis dato vorzufindenden anonymen Markt im stationären Lebensmitteleinzelhandel aufzuheben und durch eine personalisierte Kundenansprache zu ersetzen (Ahlert und Hesse 2002, S. 9). Voraussetzung hierfür ist jedoch, dass die Kunden des Einzelhandels die verschiedenen Kanäle nicht nur kennen, sondern – je nach Bedarf in den entsprechenden Phasen des Kaufprozesses – auch nahtlos zwischen diesen wechseln wollen (Huang et al. 2016, S. 267; Morschett 2012b, S. 376).

3 One-to-One-Marketing im Einzelhandel

Im Kontext mit dem Cross-Channel-Retailing wird im Schrifttum oft der Begriff ***One-to-One-Marketing*** diskutiert. Danach sind alle Marketingaktivitäten einzelkundenspezifisch auszurichten, um eine dauerhafte Kundenbindung zu erreichen (Holland 2014, S. 6). Ein ganzheitlicher One-to-One-Marketing-Ansatz beinhaltet aber nicht nur die individuelle Ansprache in Form kommunikationspolitischer Instrumente des Dialog- oder Direktmarketing, sondern umfasst im Einzelhandel vor allem auch eine Kundenindividualisierung des Sortiments oder der Beratungsleistung der Mitarbeiter (Kreutzer 2016, S. 227). Zudem weisen Fowler et al. (2013) infolge der Verfügbarkeit der Kundendaten auf eine Weiterentwicklung dieses Konzeptes hin zum *„One-to-One-Marketing 2.0"* hin. Demnach besteht die Herausforderung darin, einen unternehmensindividuellen Prozess zu definieren, um „…to get closer to the customer, to build barriers to dissolving the relationship and to increase satisfaction to the point that customers do not consider walking away." (Fowler et al. 2013, S. 511)

Aufbauend auf der voranschreitenden Digitalisierung und den sich daraus ableitenden Möglichkeiten für den Einzelhandel, wie beispielsweise der In-Store-Navigation mittels iBeacon-Technologie, bieten sich verschiedene Ansatzpunkte für eine kundenindividuelle Ansprache entlang der sogenannten Customer Journey. Die Customer Journey bezeichnet die „Reise" (engl. Journey) eines potenziellen Kunden über verschiedene Kundenkontaktpunkte beziehungsweise Kanäle hinweg, bis er die gewünschte Zielhandlung durchgeführt hat. So ist es nicht selten der Fall, dass das Interesse des Kunden für ein Produkt beispielsweise durch einen QR-Code auf einer Printwerbung geweckt wird. Anschließend scannt der Kunde mit Hilfe eines mobilen Endgerätes den Code und schaut sich das Produkt im Onlineshop an, kauft dort und reklamiert später in einer stationären Filiale des Unternehmens, um sich direkt nach Ersatzprodukten umzusehen (Heinemann 2011, S. 15). In diesem Kontext hebt Schramm-Klein (2012) die hohe Loyalität der Kunden gegenüber Cross-Channel-Händlern hervor, welche ihren Kunden die Möglichkeit zu diesem sogenannten „Channel-Hopping" zur Verfügung stellen (Schramm-Klein 2012, S. 431). Voraussetzung hierfür ist jedoch die kanalübergreifende Erfassung des Kundenverhaltens durch ein CRM-System. Eine Übersicht über mögliche Ansatzpunkte der Digitalisierung im Lebensmitteleinzelhandel – stationär, online und mobil – liefert die Abbildung 3.

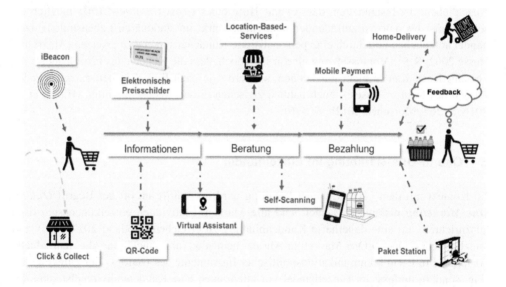

Abb. 3: Wege einer kanalübergreifenden Kundenansprache im Lebensmitteleinzelhandel (in Anlehnung an O. V. 2016)

Da sich die wissenschaftliche Forschung bisher nur vereinzelt mit dem Potenzial einer individuellen Kundenansprache durch Einsatz einer Cross-Channel-CRM Strategie beschäftigt hat, wird zur Erkenntnisgewinnung ein explorativer Forschungsansatz verfolgt. Im Rahmen einer empirischen Primärdatenerhebung wurden acht qualitative Interviews – persönlich und/oder telefonisch – mit ausgewiesenen Handelsexperten im Zeitraum von März bis April 2015 durchgeführt. Die zufällig ausgewählten Experten verfügen über spezialisiertes Insiderwissen und waren entweder Teilnehmer des Handelskongresses im November 2014 in Berlin und/oder sind Funktionsträger aus den Bereichen Handel, Unternehmensberatung oder IT. Die Interviews wurden auf Basis der zusammenfassenden qualitativen Inhaltsanalyse nach Mayring (2015) untersucht. Zusätzlich fand eine Ergänzung durch aktuelle Forschungsergebnisse – sofern diese vorhanden sind – statt.

4   Potenziale einer Cross-Channel-CRM-Strategie

Sieben der acht befragten Experten beurteilen den Cross-Channel-Ansatz auch für den Lebensmitteleinzelhandel als sehr relevant, da in diesem Bereich verglichen mit anderen Branchen noch sehr viel Entwicklungspotenzial besteht. Dabei wird jedoch deutlich herausgestellt, dass zunächst Maßnahmen auf Multichannel-Ebene ausgereift und am Markt etabliert sein müssen, bevor ein derartiger Ansatz sinnvoll umgesetzt werden kann. Auch im wissenschaftlichen Schrifttum wird dies bereits umfassend diskutiert (vgl. unter anderem die angegebenen Quellen bei Cao und Li 2015, S. 198). Unstrittig ist jedoch, dass die Weiterentwicklung des Lebensmitteleinzelhandels vom Multi- zum Cross-Channel-Anbieter nicht nur die Möglichkeit bietet, sich von der *Konkurrenz abzuheben* und *frühzeitig Marktanteile* zu erschließen, sondern darüber hinaus auch *Einkaufsstätten- respektive Markenpräferenzen* aufzubauen (Wolf und Lenk 2015, S. 73). Erste Versuche in diese Richtung unternimmt beispielsweise die Metro Group in den stationären Einkaufsstätten von real. Die Kunden können online ihre Ware bestellen und anschließend stationär am Drive-in-Terminal bezahlen sowie abholen. Damit kann der Einzelhandel nicht nur *Cross-Selling-Potenziale* realisieren, sondern gegebenenfalls auch die bis dato im Onlinegeschäft noch schwer zu erzielenden *Impulskäufe* auslösen. Insgesamt hat der deutsche Lebensmitteleinzelhandel jedoch noch Nachholbedarf. Während China im Jahr 2015 bereits einen Umsatz von 41 Mrd. US\$ im Online-Lebensmittelhandel verzeichnete, liegt Deutschland mit nur 3 Mrd. US\$ auf Platz sieben (EHI Handelsdaten 2015).

Abschließend sind sich fast alle Experten einig. So sollten die etablierten Unternehmen in den Ausbau des sogenannten Online-Food-Retailing investieren, um Marktanteile nicht an Start-ups oder Pure-Player zu verlieren. Zudem wird erwartet, dass eher Lebensmitteleinzelhändler des höheren Preissegments mit Betriebstypen wie Rewe (Rewe Group) oder real (Metro Group) die Integration des Cross-Channels-Ansatzes vorantreiben. Die Discounter werden sich demnach auch weiter zurückhalten, um gegebenenfalls erfolgreiche Konzepte im Nachhinein zu adaptieren.

Obwohl empirische Ergebnisse von Cao und Li (2015) den positiven Einfluss einer Cross-Channel-Integration auf das Unternehmenswachstum im Handel belegen (Cao und Li 2015, S. 213), ging aus den geführten Interviews deutlich hervor, dass eine Cross-Channel-

Strategie nur erfolgreich sein kann, wenn der Lebensmitteleinzelhandel seine *Zielgruppe sowohl im stationären als auch im Onlinehandel* genau kennt. So kann grundsätzlich jede Person, welche über ein Smartphone oder einen PC zu Hause verfügt, über den Onlinekanal kontaktiert werden. Dennoch ist zu beachten, dass der Bezug von Lebensmitteln für die meisten Verbraucher noch traditionell mit dem stationären Einkaufsgeschäft verbunden ist (Wolf und Lenk 2015, S. 70). Den anbietenden Handelsunternehmen muss es folglich gelingen, genau die Kunden, die beispielsweise etwas Neuem offen gegenüberstehen oder beruflich stark eingebunden sind, den Mehrwert für einen kanalübergreifenden Einkaufsvorgang aufzuzeigen. Beim Online-Retailing ist dies beispielsweise die Zeitersparnis durch die Lieferung nach Hause oder durch die Abholung der verpackten Ware im Geschäft (A.T. Kearney 2015, S. 6). Dies wird von der Lebensmittelpraxis bisher jedoch nur vereinzelt kommuniziert. So sollte nicht der versandkostenfreie Einkauf im Onlinekanal beworben, sondern stattdessen eher eine Service- und Erlebniswelt im Online- sowie Offlinegeschäft geschaffen werden (Cornelsen und Reinnarth 2015, S. 57 ff.). Als erfolgreiches Beispiel kann hier das deutsche Einzelhandelsunternehmen Rewe angeführt werden. So hat Rewe infolge des anhaltenden Regenwetters in Deutschland Anfang Juni 2016 einen „Mistwetter-Gutschein" versandt (vgl. Abbildung 4). Durch die Interaktivität der Bildgestaltung, im Sinne des Regens, der die Scheibe hinab läuft, und des Lieferwagens von Rewe.de, der daran vorbeifährt, wird die emotionale Grundhaltung der Kunden, infolge der Reaktanz bei Regen das Haus zum Einkaufen verlassen zu müssen, verstärkt und gegebenenfalls eine positive Kauf- beziehungsweise Bestellreaktion ausgelöst.

Abb. 4: Kanalübergreifende Präsenz von Rewe

Ferner können die durch das Cross-Channel-CRM gewonnenen Nutzerinformationen für die *zielgruppenorientierte Sortimentsgestaltung* kanalübergreifend genutzt werden. Zusätzlich bietet sich damit die Möglichkeit, die Preise je nach Kunde und/oder Kanal beispielsweise dynamisch an die Tageszeit oder Konkurrenzangebote anzupassen, um so gegebenenfalls Impuls- oder Verbundkäufe anzuregen. Diese intertemporale Preisvariation wird im Schrifttum auch als *Dynamic Pricing* bezeichnet (Gönsch et al. 2009, S. 1). Ebenso wird sich durch die zunehmende Digitalisierung die Kundenansprache im stationären Ladengeschäft verändern. Obwohl auch in Zukunft das Verkaufspersonal dabei eine bedeutende Rolle spielen wird, entscheidet zukünftig nach Meinung der Experten eher die effektive Kombination zwischen digitalen, mobilen und klassischen Elementen über deren Erfolg. So bieten interaktive Videowalls oder iBeacons zum einen die Möglichkeit, Kundendaten per Smartphone zu erfassen, um zu verstehen, wie diese „ticken". Zum anderen können dem Kunden entsprechend seines Laufverhaltens im stationären Einzelhandelsgeschäft oder seines Suchverhaltens im Onlineshop individuelle Produktinformationen gezeigt werden. Damit lassen sich interessante *Potenziale für die Warenpräsentation* im Offline- als auch Onlinehandel ableiten.

In Bezug auf mobile Endgeräte gehen sieben der acht Interviewpartner davon aus, dass in Zukunft mehr Lebensmittel über das Smartphone oder Tablet eingekauft werden. Zusätzlich bietet dieses Medium beispielsweise durch die Implementierung einer App oder durch den Ausbau des Social Commerce nicht nur die Möglichkeit, mit den jeweiligen Handelsunternehmen zu kommunizieren, sondern auch die zwischenmenschliche Beziehung und Interaktion zwischen den Kunden vor, während und/oder nach dem Einkaufsvorgang zu stärken (Wolf 2013, S. 549 f.). Darüber hinaus kann mit einem derartigen Einsatz sozialer Medien die *Bindung zum Handelsunternehmen* gefestigt und ein entsprechendes *Einkaufsstätten- respektive Markenimage* aufgebaut werden. Bisher finden sich in der Handelspraxis jedoch nur vereinzelt Ansätze, um Kunden über mobile Endgeräte oder Social-Commerce-Anwendungen gezielt anzusprechen. Als Gründe hierfür wurden von den Experten die hohen Investitionskosten sowie der enorme Aufwand zur Entwicklung entsprechender Anwendungen genannt. Einen Überblick über die Potenziale und die organisatorischen Herausforderungen einer Cross-Channel-CRM-Strategie im Lebensmitteleinzelhandel liefert Abb. 5.

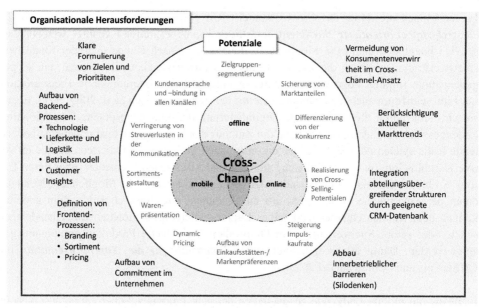

Abb. 5: Potenziale und organisationale Herausforderung bei der Umsetzung einer Cross-Channel-CRM-Strategie im Lebensmitteleinzelhandel

5 Organisationale Herausforderungen für den Lebensmitteleinzelhandel

Aus den Gesprächen mit den Experten ging deutlich hervor, dass eine Cross-Channel-Strategie nur erfolgreich sein kann, wenn sich der Lebensmitteleinzelhandel klar für die Umsetzung einer derartigen Strategie entscheidet. Voraussetzung hierfür ist nicht nur die ***intensive Auseinandersetzung*** mit der Thematik, sondern auch die ***klare Formulierung von Zielen und Prioritäten***. Dies unterstreicht auch eine Studie der Unternehmensberatung PwC aus dem Jahr 2014. Danach sind zuerst sogenannte **Backend-Prozesse** wie Technologien, Lieferkette und Logistik, Betriebsmodell sowie Analytics beziehungsweise Customer Insights aufzubauen, bevor sinnvoll das sogenannte ***Front-End zum Kunden*** in Form von Branding, Sortiment und Pricing etabliert werden kann (PwC 2014, S. 26).

Auch das ***Commitment innerhalb des Unternehmens,*** beispielsweise bei selbstständigen Einzelhändlern, ist für die erfolgreiche Umsetzung einer Cross-Channel-Strategie essenziell. Beispielhaft kann hier Rewe angeführt werden. Ein Experte aus dem Bereich Handel argumentierte im Gespräch wie folgt: „Rewe macht das gut. Die haben eine wirkliche Geschäftseinheit gegründet und ausgestattet, um mit der Thematik in Ruhe experimentieren zu können. Und das ist, [...] der bessere Weg. Ansonsten haben wir ein Problem, wenn der stationäre Händler auf einmal einen Onlineshop betreiben soll, und dann dessen Erfolg gleich der Nachteil des stationären Händlers ist." Um eine gezielte Kundenansprache über alle verfügbaren Kanäle hinweg sicherstellen zu können, müssen darüber hinaus **Barrieren innerhalb der Unternehmung aufgehoben** und das derzeitige Silodenken durch ein **abteilungsübergreifendes Handeln** ersetzt werden. Zudem kann nur so eine einheitliche Markenbotschaft nach außen wie nach innen vermarktet werden. Dies bestätigen alle Experten in den geführten Gesprächen. Gleichzeitig besteht die Herausforderung darin, die gewohnte Qualität an Produkten oder Services dem Kunden über die Online-, Offline- und mobile Kanäle hinweg anzubieten und die jeweiligen Kundeninformationen kanalübergreifend auszuwerten. Auch bedarf es innerhalb des Warenwirtschaftssystems einer **integrierten Bestandsführung**. Hierfür ist eine entsprechende IT-Lösung notwendig, sodass der Kunde sieht, welche Produkte online auf Lager sind und welche gegebenenfalls im stationären Einkaufsgeschäft erworben werden können. Bei der Vielfalt an Kanälen muss es den Einzelhandelsunternehmen zudem gelingen, eine entsprechende **Konsumentenverwirrtheit** zu vermeiden. Nach Meinung der befragten Experten ist dies nur möglich, wenn die anbietenden Unternehmen die verschiedenen Absatzkanäle integriert bearbeiten und über die Einkaufsstättenpräferenz hinaus eine Bindung zur Marke des Handelsunternehmens aufbauen. Abschließend bleibt festzuhalten, dass der Onlinehandel mit Lebensmitteln trotz der differenten Vorzüge den stationären Einzelhandel nicht ersetzen wird. Auch bleiben nach Meinungen der Experten die Zuwachsraten des Online-Food-Retailing im Vergleich zu anderen Branchen gering beziehungsweise werden erst in einigen Jahren signifikant ansteigen. Dies kann unter Umständen mit der **Logistik** begründet werden, welche noch nicht vollständig ausgereift ist. Darüber hinaus ist nach Meinung der Experten der Cross-Channel-Ansatz bisher vorwiegend für Kunden in Großstädten interessant, in welchen eine Kombination der verschiedenen Kanäle durch das Vorhandensein von stationären Einkaufsstätten möglich ist.

6 Fazit

Nach Meinung der befragten Experten sind mit der Etablierung einer Cross-Channel-CRM-Strategie nicht uninteressante Potenziale für die individuelle Kundenansprache im Lebensmitteleinzelhandel verbunden. Trotz der hohen Investitionskosten und der teilweise noch unsicheren technologischen Entwicklung sollten die etablierten Unternehmen in den Aufbau und die Entwicklung eines derartigen Ansatzes investieren. Mit den gewonnenen Kundeninformationen können nicht nur Entscheidungen im Rahmen der handelsbetrieblichen Instrumentalbereiche wie zum Beispiel der Sortiments- oder der Warenpräsentationspolitik besser begründet, sondern auch frühzeitig das Image und die Bekanntheit der Marke in den differenten Vertriebs- und Kommunikationskanälen gestärkt werden. Dies bietet wiederum die Möglichkeit zur Abgrenzung und Profilierung im Wettbewerb. Zudem lassen sich mit einem frühzeitigen Einstieg wirksame Markteintrittsbarrieren aufbauen.

Abschließend ist festzuhalten, dass sich die bisherige wissenschaftliche Forschung nur vereinzelt mit den Potenzialen und Herausforderungen bei der Umsetzung einer Cross-

Channel-CRM-Strategie auseinandergesetzt hat. So fehlen nicht nur wissenschaftlich belastbare Aussagen zu den Implikationen, welche sich beispielsweise aus einem Cross-Channel-Ansatz für das Markenmanagement eines Einzelhandelsunternehmens ergeben, sondern auch zu den wettbewerbsrechtlichen Konsequenzen einer verstärkten Marktbearbeitung über Online-, Mobile- oder Offlinekanäle. Insofern liefert der vorliegende Beitrag eine Grundlage für einen breiteren Diskurs in Wissenschaft und Praxis.

Literatur

Ahlert, D./ Hesse, J. (2002): Relationship Management im Beziehungsnetz zwischen Hersteller, Händler und Verbraucher, in Ahlert, D. et al. (Hrsg.): Customer Relationship Management im Handel, Berlin, S. 3 – 30.

A.T. Kearney (2015): Online-Food-Retailing: Der Markt wächst, online unter: http://www.atkearney.de/documents/856314/5544677/BIP+Online+Food+Retailing+Der+Markt+w%C3%A4chst.pdf/416be837-39ed-4484-aac2-3f2335ccda54, Zugriff am 12.10.2015.

Bell, D./ Gallino, S./ Moreno, A. (2013): Offline Showrooms and Customer Migration in Omni-Channel Retai, online unter: http://ssrn.com/abstract=2370535, Zugriff am 15.08.2015.

BSI (2016): Cross-Channel-CRM, online unter: www.bsi-software.com/ch-de/crm/cross-channel-crm.html, Zugriff am 21.09.2016.

Bruhn, M. (2011): Zufriedenheits- und Kundenbindungsmanagement, in Hippner, H. et al. (Hrsg.): Grundlagen des CRM, 3. Aufl., Wiesbaden, S. 409 – 439.

Cao, L./ Li, L. (2015): The Impact of Cross-Channel Integration on Retailers' Sales Growth, in: Journal of Retailing, 91, 2, S. 198–216.

Cornelsen, J./ Reinnarth, J. (2015): Cross-Channel-Marketing im Handel – Wie Sie Ihre Kunden glücklich machen, in Marke41, 8, 4, S. 56-61.

EHI Handelsdaten (2015): Umsatz im Online-Lebensmittelhandel, Online unter: https://www.handelsdaten.de/internationaler-handel/umsatz-online-lebensmittelhandel-ausgewaehlte-laender-prognose, Zugriff am 11.10.2016.

Fowler, D./ Pitta, D./ Leventhal, R. (2013): Technological advancements and social challenges for one-to-one marketing, in: Journal of Consumer Marketing, 30, 6, S. 509 – 516.

Gönsch, J./ Klein, R./ Steinhardt, C. (2009): Dynamic Pricing – State-of-The-Art, in: Zeitschrift für Betriebswirtschaft, Ergänzungsheft Nr. 3 - Operations Research in der Betriebswirtschaft, S. 1 - 40.

Haderlein, A. (2013): Die digitale Zukunft des stationären Handels – Auf allen Kanälen zum Kunden, 2. Aufl., München.

Heinemann, G. (2011): Cross-Channel-Management – Integrationserfordernisse im Multi-Channel-Handel, 3. Aufl., Wiesbaden.

Helmke, S./ Uebel, M./ Dangelmaier W. (2013): Inhalte des CRM-Ansatzes, in: Helmke, S. et al. (Hrsg.): Effektives Customer Relationship Management, 5. Aufl., Wiesbaden, S. 3 - 21.

Herhausen, D./ Binder, J./ Schoegel, M./ Herrmann, A. (2015): Integrating Bricks with Clicks: Retailer-Level and Channel-Level Outcomes of Online–Offline Channel Integration, in: Journal of Retailing, 91, 2, S. 309 - 325.

Holland, H. (2014): Digitales Dialogmarketing, Wiesbaden.

Huang, Lei/ Lu, Xianghua/ Ba, Sulin (2016): An empirical study of the cross-channel effects between web and mobile shopping channels, in: Information & Management, 53. Jg., Nr. 2, S. 265-278.

O.V. (2016): Customer Journeys im Handel, online unter: www.innovation-handel.de, Zugriff 21.09.2016.

Kreutzer, R. (2016): Kundenbeziehungsmanagement im digitalen Zeitalter, Stuttgart.

Mayring, P. (2015): Qualitative Inhaltsanalyse: Grundlagen und Techniken, 12. Aufl., Weinheim u. a.

Morschett, D. (2012a): Cross-Channel-Retailing – Die Zukunft des Handels, http://www.unifr.ch/intman/assets/files/Publications/Whitepaper_CrossChannelRetailing.pdf, Zugriff am 28.08.2014.

Morschett, D. (2012b): Distanzhandel – Online-Shops und andere Formen, in: Zentes, J. et al. (Hrsg.): Handbuch Handel, Wiesbaden, S. 375-398.

PWC (2014): Modern Retail – Innovative Handelskonzepte im Fokus.

Rittlinger, Sebastian (2014): Multi-Channel-Retailing – Prinzip, Konzepte und Erfolgsfaktoren, Wiesbaden.

Schögel, M./ Herhausen, D./ Aregger, M. (2010): Konsumentenverwirrtheit in Mehrkanalsystemen – Identifikation der Ursachen, Konsequenzen und Reduktionsstrategien für Handelsunternehmen, in: Ahlert, D. et al. (Hrsg.), Multichannel-Management - Jahrbuch Vertriebs- und Handelsmanagement 2010/2011, Frankfurt a. M., S. 39 – 54.

Schramm-Klein, Hanna (2012): Multi Channel Retailing – Erscheinungsformen und Erfolgsfaktoren, in: Handbuch Handel, hrsg. von Zentes, Joachim/ Swoboda, Bernd/ Morschett Dirk/ Schramm-Klein, Hanna, Wiesbaden, S. 419-437.

Wilde, K./ Hippner, H./ Engelbrecht, A. (2015): CRM – Strategie und IT-Systeme, online unter: http://www.absatzwirtschaft.de/crm-strategie-und-it-systeme-3002/, Zugriff am 12.10.2015.

Wolf, A./ Lenk, S. (2015): E-FOOD – Lebensmittel auf dem Weg ins Web, in: Markenartikel, 77, 4, S. 70-73.

Wolf, A. (2013): Einsatzmöglichkeiten und Grenzen des Social Commerce für die Markenführung im Einzelhandel, in: Crockford

Die Autorinnen

Prof. Dr. Annett Wolf ist seit 2010 Professorin für Marketing und Strategische Unternehmensführung an der Hochschule für Technik und Wirtschaft (HTW) Berlin. Im Jahr 2012 erhielt sie den Wolfgang-Wirichs-Förderpreis im Handel für die Dissertation „Premiumhandelsmarken im Sortiment des Einzelhandels". Seit 2004 ist sie freiberuflich für verschiedene Unternehmen aus Industrie und Handel (unter anderem in Kooperation mit Conomic Marketing & Strategy Consultants) tätig.

Frau Schmidt studiert derzeit im Master Industrial Sales and Innovation Management an der Hochschule für Technik und Wirtschaft (HTW) Berlin. Aktuell arbeitet sie als Werkstudentin bei der Wirtschaftsprüfungsgesellschaft KPMG im Bereich Client Insights. Zuvor war sie unter anderem für die Volkswagen AG Region Ost im Bereich Marketing und Vertrieb tätig.

Kontakt

Prof. Dr. Annett Wolf
Professorin für Marketing und Strategische Unternehmensführung
Hochschule für Technik und Wirtschaft (HTW) Berlin
Wirtschafts- und Rechtswissenschaften,
Treskowallee 8
10318 Berlin
annett.wolf@htw-berlin.de

Karolin Schmidt
Studentin im Master Industrial Sales and Innovation Management
Hochschule für Technik und Wirtschaft (HTW) Berlin
Wirtschafts- und Rechtswissenschaften
Treskowallee 8
10318 Berlin
schmidt.karolin1990@gmail.com

Management von Kundenbeziehungen im E-Commerce – Eine Untersuchung von Kundenbeziehungstypen im österreichischen Online-Bekleidungseinzelhandel

Katharina Visur

Inhalt

1 CRM im E-Commerce 26
2 Stand der Forschung 27
2.1 Kundensegmentierung im E-Commerce 28
2.2 Kundensegmentierung anhand von Dimensionen der Kundenbeziehung 29
3 Wissenschaftliche Methodik 31
4 Ergebnisse 34
4.1 Identifizierte Kundenbeziehungstypen 34
4.2 Unterschiede in der Präferenz von CRM-Instrumenten 39
4.3 Unterschiede in der Profitabilität 40
5 Fazit, Limitationen und Ausblick 41

Literatur 43
Die Autorin 44
Kontakt 44

Management Summary

In Zeiten gesättigter Märkte und homogener Produkte erlangt die langfristige Bindung von Kundinnen und Kunden eine bedeutende Rolle. Insbesondere Unternehmen, die ihre Angebote online, im Rahmen des E-Commerce, zur Verfügung stellen, sind darauf angewiesen, bestehende Kundenbeziehungen zu pflegen, um langfristig am Markt zu bestehen. Customer Relationship Management (CRM) ist folglich, aufgrund der im Onlinehandel vorherrschenden hohen Kundengewinnungskosten bei verhältnismäßig niedrigen Wechselbarrieren, unerlässlich.

> Im Mittelpunkt des CRM stehen die Kundinnen und Kunden als Individuen mit ihren persönlichen Wünschen, Bedürfnissen und Erwartungen an die Austauschbeziehung mit den Unternehmen ihrer Wahl. Da ebendiese Erwartungshaltung als ausschlaggebend für das Verhalten der Kundinnen und Kunden gilt, kann sie als bedeutendes Kriterium der Kundensegmentierung im Rahmen des CRM angesehen werden.
> Der vorliegende Beitrag beschäftigt sich mit der Frage, ob im E-Commerce gemessen an der Erwartungshaltung der Kundinnen und Kunden hinsichtlich der Austauschbeziehung mit einem Unternehmen, unterschiedliche Kundenbeziehungstypen identifiziert werden können. Weiter wird festgestellt, ob zwischen den identifizierten Typen Unterschiede in Bezug auf ihre Profitabilität und die Präferenz von CRM-Instrumenten bestehen.

1 CRM im E-Commerce

Der Erfolg eines Unternehmens wird in Zeiten gesättigter Märkte und austauschbarer Güter maßgeblich davon bestimmt, wie intensiv die Bindung der Kundinnen und Kunden an ein Unternehmen ist. Eine stärkere Kundenbindung kann über zahlreiche Maßnahmen etabliert werden. Im Fokus steht dabei stets die Erfüllung oder das Übertreffen der Kundenerwartungen. Somit zielen alle Bemühungen auf Kundenzufriedenheit ab (vgl. Holland 2009, S. 307 ff.).

Obwohl diese Erkenntnisse bekannt sind, erlangen sie durch das wirtschaftliche Wachstum des Electronic Commerce (E-Commerce) und seinen Plattformen, welche den Onlinehandel von Produkten ermöglichen, neue Bedeutung (vgl. Strauss 2011b, S. 53 ff.). Da im Onlinehandel, im Vergleich zum stationären Handel, Kundenbeziehungen nicht durch persönlichen Kontakt gepflegt werden können, stellt die Etablierung einer starken Kundenbindung in diesem Bereich eine wesentliche Herausforderung dar (vgl. Meier und Stormer 2012, S. 203 f.).

Insbesondere vor dem Hintergrund, dass Kaufabschlüsse im Onlinebereich noch intensiver auf Vertrauen basieren als reale, ist es für Unternehmen im E-Commerce essenziell, langfristige Beziehungen zu Kundinnen und Kunden aufzubauen und zu pflegen (vgl. Meier und Stormer 2012, S. 205). Dabei ist zu beachten, dass jeder Kunde und jede Kundin individuelle Erwartungen und Bedürfnisse haben, die es zu erfüllen gilt (vgl. Avery et al. 2014, S. 73 f.).

Es ist folglich für den E-Commerce von großer Relevanz, die persönlichen Bedürfnisse der Kundinnen und Kunden zu kennen und zu bedienen. Dabei wird es immer wichtiger, unterschiedliche Kundentypen zu identifizieren und zielgenau anzusprechen, um individuellen Anforderungsprofilen zu genügen. Dieses Vorgehen der Segmentierung lässt sich in den Ansatz des Customer Relationship Managements (CRM) einordnen, welches eine Teildisziplin des Dialogmarketings darstellt (vgl. Holland 2009, S. 243 ff.).

Somit wird auch der Kundensegmentierung im E-Commerce essenzielle Bedeutung zugesprochen. Da klassische Ansätze zur Gruppierung von Kundinnen und Kunden jedoch oft zu kurz greifen, werden vermehrt Determinanten der Kundenbeziehung wie beispielsweise der Kundenwert oder die Beziehungsdauer zur Segmentierung herangezogen. Diese sind allerdings häufig monetär ausgerichtet und versäumen es, persönlichkeitsbasierte Charakteristika der Kundenbeziehung zu integrieren. Ein Ansatz, der im Kontext der Kundensegmentierung bislang nur partiell eingesetzt und erforscht wurde, jedoch fähig ist, diese um „weiche" Dimensionen zu ergänzen, stellt die Segmentierung anhand von Erwartungen der Kundinnen und Kunden an die Beziehung mit einem Unternehmen dar.

Die sogenannte Nutzensegmentierung obliegt der Annahme, dass die Erwartungshaltungen ausschlaggebend für das Verhalten von Kundinnen und Kunden ist und kann als Technik beschrieben werden, welche Kundensegmente auf Basis des erwarteten Nutzens vonseiten der Kundinnen und Kunden formt (vgl. Haley 1968, S. 31). Sie kann folglich als ein Lösungsansatz angesehen werden, um Kundinnen und Kunden in relevante Cluster zu teilen und ihnen anschließend die angemessene Betreuung zukommen zu lassen, welche eine Bindung an das Unternehmen ermöglicht.

Gegenstand der vorliegenden Untersuchung ist es daher, festzustellen, ob eine solche Segmentierung auch im Kontext des E-Commerce trennscharfe Kundencluster ergibt und ob zwischen ebendiesen Clustern Unterschiede hinsichtlich der Profitabilität und der Präferenz von Kommunikationsinstrumenten ausgemacht werden können.

2 Stand der Forschung

Zur Einordnung der Untersuchung in den bestehenden wissenschaftlichen Diskurs wird im Folgenden ein Einblick in den Stand der Forschung relevanter Bereiche gegeben.

Der Forschungsstand soll anhand von zwei Herangehensweisen erläutert werden, welche beide von Relevanz für die Analyse sind und im Kontext der Kundensegmentierung stehen. Abbildung 1 gewährt einen ersten Überblick über die nachfolgend diskutierten Forschungen.

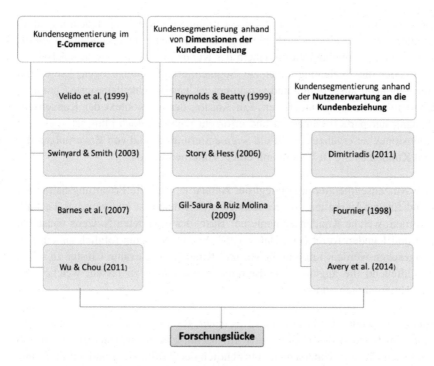

Abb. 1: Herleitung der Forschungslücke

2.1 Kundensegmentierung im E-Commerce

Als eines der ersten Forschungsteams beschäftigten sich *Vellido et al.* (1999) mit der Segmentierung und Typologisierung von Onlineshopperinnen und Onlineshoppern. Sie bildeten Kundensegmente auf Basis von Einkaufserfahrungen und Einstellungen der Kundinnen und Kunden sowohl gegenüber Onlinekäufen als auch Onlinehändlern. Dabei gelangten sie zu folgenden sechs Segmenten: „Unconvinced", „Security Conscious", „Undecided", „Complexity Avoider", „Cost Conscious" und „Customer Service Wary". Diese Segmente wurden in weiterer Folge anhand diverser demografischer Daten beschrieben, wodurch ihre Profitabilität für Unternehmen interpretiert werden konnte.

Basierend auf psychografischen Merkmalen entwickelten *Swinyard und Smith* (2003) eine weitere Typologie der Onlineshopperinnen und Onlineshopper, welche hierbei den Clustern „Shopping Lover", „Internet Explorer", „Suspicious Learner" und „Business User" zugeordnet wurden. Zusätzlich wurden im Zuge dieser Forschung auch spezifische Non-Shopper-Typen identifiziert. Durch die Analyse der Kundensegmente in Bezug auf das Internetverhalten sowie demografische Kriterien konnten deutliche Unterschiede zwischen Onlineshopperinnen und Onlineshopper und Non-Onlineshopperinnen und Non-Onlineshopper erkannt werden.

Barnes et al. (2007) beschäftigten sich mit der Eignung von ausgewählten Segmentierungskriterien für das Clustern von Kundentypen im Onlinehandel. Dabei wurden psychografische und kulturelle Kriterien sowie Merkmale des beobachtbaren Kaufverhaltens zusammengeführt, um anhand dieser eine Typologie von Onlineshopperinnen und Onlineshopper zu erstellen. Es stellte sich heraus, dass die Segmentierung in die drei Cluster „Risk-Averse Doubters", „Open-Minded Onlineshoppers" und „Reserved Information-Seekers" sowohl die Anforderung nach Trennschärfe sowie nach Praxisrelevanz am besten erfüllt. Weiter wurde erkannt, dass insbesondere die Dimensionen „neuroticism", „willingness to buy" und „shopping pleasure" der Segmentierung zweckdienlich sind.

Wu und Chou (2011) entwickelten einen „Soft-Clustering-Ansatz" zur Segmentierung von Onlineshopperinnen und Onlineshoppern, welcher auf einem Zusammenschluss von vier Kategorien basiert. Demnach wurden Kundinnen und Kunden nach dem Grad der Zufriedenheit, ihrer Internetnutzungsintensität, ihrem Kaufverhalten sowie demografischen Daten geclustert. Besonders ist hierbei, dass die Kundinnen und Kunden mehr als einem Cluster zugeordnet werden konnten, wodurch laut Wu und Chou (2011) vielversprechendere Ergebnisse für reale Anwendungen gewonnen werden können.

Anhand dieser ausgewählten wissenschaftlichen Forschungen wird deutlich, dass die Segmentierung von Kundinnen und Kunden im E-Commerce zwar untersucht wurde, Dimensionen der Kundenbeziehung dabei jedoch nur ergänzend Anwendung gefunden haben. Primär bedienten sich die Forscherinnen und Forscher bislang an klassischen Segmentierungskriterien.

2.2 Kundensegmentierung anhand von Dimensionen der Kundenbeziehung

Reynolds und Beatty (1999) befassten sich bereits Ende der Neunziger Jahre mit Ansätzen zur Typologisierung von Kundinnen und Kunden hinsichtlich ihrer Beziehung zu Unternehmen prinzipiell und zu Verkaufspersonal im Bekleidungseinzelhandel im Speziellen. Anhand von vier Charakteristika wurden im Rahmen einer Analyse sechs Cluster von Kundenbeziehungen gebildet, welche darüber hinaus in Bezug auf relevante Variablen getestet wurden. Dadurch konnten signifikante Unterschiede in der Zufriedenheit, Loyalität und dem Kaufniveau zwischen den Kundinnen und Kunden differenter Cluster festgestellt werden.

Story und Hess (2006) untersuchten die Eignung funktionaler und persönlicher Dimensionen von Kundenbeziehungen als Segmentierungskriterien. Hierbei konnte festgestellt werden, dass eine solche Abgrenzung besonders effektiv ist, um Erkenntnisse in Bezug auf den Grad der Kundenloyalität zu gewinnen. Darüber hinaus ergab die Analyse, dass die erstellten Kundensegmente gegenüber einer exemplarisch gewählten Marke unterschiedlich starke emotionale Verbundenheit empfinden. Besonders hervorzuheben ist, dass im Rahmen der Forschungsarbeit zwei zeitlich versetzte Untersuchungen mit denselben Probandjnnen und Probanden durchgeführt wurden, wodurch die Reliabilität der Erkenntnisse als hoch bewertet werden kann.

Gil-Saura und Ruiz-Molina (2009) analysierten Kundensegmente im spanischen Einzelhandel. Basierend auf der Wahrnehmung der Kundinnen und Kunden hinsichtlich des Nutzens und der Kosten einer Beziehung zu einem Handelsunternehmen konnten zwei Cluster identifiziert werden. Diese unterscheiden sich signifikant in Bezug auf die Auffassung von Beziehungsvorteilen und zeigen eindeutige Differenzen bei der Beurteilung von Unternehmenscharakteristika wie der Servicequalität und dem Einsatz von Kommunikations- und Informationstechnologien.

2011 beschäftigte sich *Dimitriadis* mit der Eignung des Nutzenansatzes im Hinblick auf die Segmentierung von Kundinnen und Kunden. Er untersuchte dabei anhand einer multidimensionalen Studie, ob und in welchem Ausmaß Beziehungserwartungen für das Clustern von Kundengruppen geeignet sind und kam zu dem Ergebnis, dass dieses Vorgehen insbesondere für die Positionierung und Zielgruppenansprache von großer Bedeutung ist.

Fournier (1998) führte im Rahmen ihrer Forschung zu „Consumer-Brand-Relationship" erstmals eine Kundensegmentierung auf Basis der Erwartungen der Kundinnen und Kunden durch. Dabei konnten 15 differente Kundenbeziehungstypen identifiziert werden, deren Erwartungshaltungen und Bedürfnisse in Bezug auf eine Marke klar voneinander abzugrenzen sind. Des Weiteren wurde festgestellt, dass jedes dieser Segmente unterschiedliche Leistungen für die Marke erbringt, wodurch die individuellen Kundenbeziehungen in ihrer Profitabilität differieren. Auf Basis dieser Erkenntnisse wurden Empfehlungen in Bezug auf das Management sowie die kommunikative Ansprache der Segmente gegeben, wodurch diese Arbeit als besonders praxisrelevant beschrieben werden kann.

Basierend auf dieser Forschung stellte *Fournier* gemeinsam mit *Avery et al. (2014)* weitere Untersuchungsergebnisse vor, welche zeigen, dass der damals entwickelte Ansatz zur Segmentierung von Kundenbeziehungen auch aktuell von großer Bedeutung ist. Im Rahmen dieser weiterführenden Untersuchung wurden die eruierten Kundenbeziehungstypen in einer zweidimensionalen Matrix bestehend aus den Variablen „Preisbereitschaft" und „Einfluss auf Marktanteil" verortet, wodurch neue Erkenntnisse in Bezug auf die Profitabilität der Kundensegmente erschlossen werden konnten.

Nach Erläuterung relevanter Untersuchungen im Kontext des bestehenden Forschungsinteresses wird deutlich, dass zwar wissenschaftliche Beiträge zur Kundensegmentierung im E-Commerce existieren, diese jedoch nicht anhand von Dimensionen einer Kundenbeziehung hergleitet werden. Weiter wurde im Bereich der Kundensegmentierung auf Basis von Kundenerwartungen weder im Offline- noch im Onlinebereich erschöpfend geforscht, wodurch die wissenschaftliche Relevanz der durchgeführten Untersuchung verdeutlicht wird.

Es konnte demzufolge ein Forschungsdefizit im Bereich der Kundensegmentierung anhand der Erwartungshaltung von Kundinnen und Kunden in Bezug auf die Beziehung zu einem E-Commerce-Unternehmen erkannt werden. Der vorliegende Beitrag zielt darauf ab, einen Beitrag zur Schließung ebendieser Lücke zu leisten.

3 Wissenschaftliche Methodik

Nach Skizzierung der Problemstellung sowie Darlegung bestehender Forschungen im Kontext des Untersuchungsbereiches kann schließlich eine konkrete Forschungslücke identifiziert werden. Diese manifestiert sich in folgender Leitfrage:

Lassen sich im E-Commerce, gemessen an der Erwartungshaltung von Kundinnen und Kunden, unterschiedliche Kundenbeziehungstypen identifizieren und bestehen (gegebenenfalls) Differenzen zwischen ihnen?

Ziel der empirischen Untersuchung ist es folglich, Onlineshopperinnen und Onlineshopper anhand ihrer Erwartungshaltung gegenüber der Beziehung zu ausgewählten E-Commerce-Unternehmen zu kategorisieren und Erkenntnisse in Bezug auf Differenzen zwischen diesen zu gewinnen. Hierbei wird zum einen die Präferenz spezifischer Instrumente des Customer Relationship Managements analysiert, zum anderen soll festgestellt werden, ob zwischen den Kundenbeziehungstypen Unterschiede in der Profitabilität bestehen.

Durch die Analyse und Einordnung der Kundinnen und Kunden in Segmente können somit konkrete Handlungsempfehlungen gegeben werden, um die entsprechenden Kundenbeziehungstypen mittels passender Maßnahmen zufriedenzustellen und zu binden.

Die Segmentierung, die im Rahmen dieser empirische Untersuchung eingesetzt wird, orientiert sich an den von Fournier (1998) erforschten Kundenbeziehungstypen, welche auf sieben Dimensionen basieren. Einleitend soll daher ein Einblick in ebendiese Forschungsarbeit gewährt werden:

In ihrer wissenschaftlichen Veröffentlichung „Consumers and Their Brands: Developing Relationship Theory in Consumer Research" beschäftigte sich Fournier (1998) mit phänomenologischen Unterschieden von Beziehungen zwischen Marken und Kundinnen und Kunden. Dabei verfolgte sie zwei Hauptziele: Zum einen sollte ein Rahmenwerk konzipiert werden, das es ermöglicht, unterschiedliche Arten von Kundenbeziehungen zu differenzieren, charakterisieren und in weiterer Folge besser zu verstehen. Zum anderen stellte sie das Konzept der „Brand-Relationship-Quality" vor, welches die Messung und Evaluierung der Intensität und Stärke einer Kundenbeziehung ermöglicht.

Zu diesem Zweck wählte Fournier eine explorative Forschungsmethodik, bei welcher mit Hilfe von tiefenpsychologischen Interviews die Dynamik von Marken-Konsumenten-Interaktionen und deren Beziehungsprinzipien analysiert wurden. Untersucht wurde hierbei die Bedeutung der Markenbeziehung im Leben von Kundinnen und Kunden, indem Nutzungsgeschichten sowie Details aus der Lebenswelt der Probandinnen und Probanden erfasst wurden. Diese qualitativen Daten wurden basierend auf Erkenntnissen bestehender Literatur sowohl idiographisch als auch personenübergreifend ausgewertet.

Fournier (1998, S. 361) evaluierte auf Basis eines umfangreichen wissenschaftlichen Portfolios sieben charakteristische, bipolare Dimensionen, welche der Datenanalyse zugrunde gelegt wurden. Diese sind die folgenden:

1. Freiwilligkeit (freiwillig versus aufgezwungen)
2. Intensität (intensiv versus schwach)
3. Beständigkeit (andauernd versus temporär)
4. Öffentlichkeit (exklusiv versus flexibel)
5. Valenz (funktional versus emotional)
6. Symmetrie (einseitig versus zweiseitig)
7. Formalität (positiv versus negativ)

Diese kennzeichnenden Dimensionen wurden eingesetzt, um allgemein verbindliche Verhaltensmuster anhand der fallübergreifenden Auswertung von Gemeinsamkeiten der Beziehungsfallbeispiele zu identifizieren.

Anhand Fourniers (1998) Beziehungsdimensionen wurde für die vorliegende Untersuchung ein Fragenkatalog ausgearbeitet, der die Zuteilung der Kundinnen und Kunden in die jeweiligen Cluster ermöglichte. Der ausgearbeitete Fragenkatalog wurde im Rahmen eines standardisierten Onlinefragebogens an eine exemplarisch ausgewählte Zielgruppe ausgegeben. Diese umfasst Österreicherinnen und Österreicher, die in den letzten zwölf Monaten zumindest einen Onlinekauf von Kleidung bei Universal, Zalando oder H&M getätigt haben und einem hauptberuflichem Studium in Wien nachgehen. Somit beschränkt sich die Untersuchung auf einen spezifischen Ausschnitt österreichischer Onlineshopperinnen und Onlineshopper. Jegliche Erkenntnisse der Untersuchung gelten daher für ebendiese Zielgruppe.

Die Auswahl der Probandinnen und Probanden erfolgte nach Zufallsprinzip, da alle Elemente der Grundgesamtheit die gleiche Chance hatten, in die Stichprobe zu gelangen. Die Befragungsdauer wurde mit drei Wochen inklusive Remindertätigkeit angesetzt und es wurden n=390 Interviews berücksichtigt.

Neben Fragen, die eine Zuteilung in Kundenbeziehungstypen ermöglichen, wurden die Probandinnen und Probanden außerdem noch zu ausgewählten Instrumenten des CRM befragt sowie um die Bekanntgabe demografischer und kaufverhaltensspezifischer Daten ersucht.

Die Auswertung der generierten Daten erfolgte mit dem Statistikprogramm IBM SPSS Statistics 22, welches die Durchführung diverser mathematischer Tests sowie der Clusteranalyse ermöglicht.

Die Tabelle 1 fasst die Rahmenbedingungen der wissenschaftlichen Methodik zusammen:

Erhebungsmethode	**Befragung mittels Onlinefragebogen**
Grundgesamtheit	Österreicherinnen und Österreicher, die in den letzten zwölf Monaten zumindest einmal Bekleidung online bei Universal, Zalando oder H&M gekauft haben und einem hauptberuflichem Studium in Wien nachgehen
Stichprobe	Basis-Umfrage: n=390 - Umfrage zu Universal: n=130 - Umfrage zu Zalando: n=130 - Umfrage zu H&M: n=130 Zufallsstichprobe
Befragungszeitraum	3 Wochen inklusive Remindertätigkeit
Analysemethode	Clusteranalyse (K-Means-Verfahren) mittels SPSS Mittelwertvergleiche (Einfaktorielle Varianzanalyse) mittels SPSS

Tabelle 1: Wissenschaftliche Methodik

4 Ergebnisse

Im Rahmen der empirischen Untersuchung konnten die folgenden Erkenntnisse hinsichtlich der Kundensegmentierung anhand der Erwartungshaltung der Kundinnen und Kunden in Bezug auf die Beziehung zu einem E-Commerce-Unternehmen gewonnen werden:

4.1 Identifizierte Kundenbeziehungstypen

Im ersten Untersuchungsschritt sollte festgestellt werden, ob in der Zielgruppe der Wiener Studentinnen und Studenten, die in den letzten zwölf Monaten zumindest einmal Bekleidung online bei Universal, Zalando oder H&M eingekauft haben, unterschiedliche Kundenbeziehungstypen bestehen. Anhand von separiert durchgeführten Clusteranalysen zeigte sich, dass jedes der untersuchten Unternehmen über ein individuelles Kundenbeziehungsportfolio verfügt, welches aus unterschiedlich vielen und unterschiedlich großen Segmenten besteht, die inhaltliche Differenzen aufweisen.

Anhand der Clusteranalyse der *Universal*-Kundinnen und -Kunden konnten sieben markante Kundenbeziehungstypen identifiziert werden, die ihrerseits auf einmaligen Kombinationen von Dimensionsausprägungen basieren. Der Typ „Casual Friend" stellt jenen Beziehungstyp dar, welcher in der definierten Zielgruppe am stärksten vertreten ist. Dieser findet sich außerdem auch in Fourniers (1998) Arbeit wieder.

Bei einer Gegenüberstellung der sieben vertretenen Typen wird ersichtlich, dass Universal in der untersuchten Zielgruppe lediglich eine Kundengruppe bedient, deren Beziehung als exklusiv angesehen wird. Folglich tendieren Universal-Kundinnen und -Kunden verstärkt dazu, neben Universal auch in anderen Onlineshops Bekleidung einzukaufen. Darüber hinaus zeigt sich, dass 85 % der Beziehungen auf funktionalen Aspekten beruhen und folglich nur ein Beziehungstyp auf emotionalem Involvement basiert.

Die Ergebnisse des K-Means-Clusterverfahrens der Kundenbeziehungstypen des Unternehmens *Zalando* zeigt ein deutlich differenziertes Ergebnis. Hierbei wurden lediglich vier vorherrschende Cluster identifiziert, wobei der Typ „Freunde mit Vorzügen" die höchste Fallzahl erzielt. Auch Fourniers (1998) „Casual Friend" ist bei Zalando vertreten. Ein Vergleich der vier identifizierten Kundenbeziehungstypen zeigt, dass diese in den Dimensionen „Valenz" und „Formalität" zur Gänze übereinstimmen. Die Beziehungen werden demnach durchwegs positiv bewertet, wobei die Funktionalität meist im Vordergrund steht. Auffallend ist außerdem, dass lediglich ein Kundenbeziehungstyp exklusiv auf Zalando ausgerichtet ist.

Hinsichtlich der Kundinnen und Kunden von *H&M* konnte die Clusteranalyse drei ausgeprägte Kundenbeziehungstypen hervorbringen. Diese zeigen deutliche Ähnlichkeiten in

Bezug auf ihre Dimensionsausprägungen. Alle drei Segmente sind flexibel, funktional, zweiseitig und positiv ausgerichtet. Folglich unterscheiden sie sich lediglich in drei Dimensionen voneinander. Am stärksten vertreten ist der Cluster der „Losen Kollegen", welcher in Bezug auf die Beständigkeit temporären Charakter aufweist. Die weiteren Beziehungstypen zeichnen sich hingegen durch Dauerhaftigkeit aus.

Kunden-beziehungstyp	Beschreibung	Unternehmen
Limitierter Verbund	Kundinnen und Kunden dieses Beziehungstyps erwarten sich symmetrische Kommunikation mit dem Unternehmen und sind bereit, eine exklusive Verbindung einzugehen, die zeitlich zwar begrenzt jedoch in Bezug auf die Intensität stark ist. Im Vordergrund steht hierbei die Funktionalität der Beziehung. Kundinnen und Kunden dieses Typs suchen folglich nicht nach emotionaler Ansprache, sondern interessieren sich für eine kurze intensive und zweckgebundene Austauschbeziehung.	Universal
Freunde mit Vorzügen	Der Beziehungstyp „Freunde mit Vorzügen" kann als zeitlich andauernd und intensiv beschrieben werden. Kundinnen und Kunden gehen diese Beziehung aus freien Stücken ein und erwarten Gegenseitigkeit. Die emotionale Komponente dieses Typs ist weniger ausgeprägt als die funktionale, weshalb die Kundinnen und Kunden keine Notwendigkeit erkennen, eine exklusive Bindung einzugehen. Sie bevorzugen bei der Wahl ihres Beziehungspartners Flexibilität.	Universal Zalando H&M
Mittel-zum-Zweck Bekanntschaft	Dieser Kundenbeziehungstyp definiert sich darüber, dass eine temporäre und schwache Verbindung eingegangen wird. Sie wird von den Kundinnen und Kunden als negativ bewertet und es zeigt sich hierbei emotionales Involvement. Darüber hinaus kann das Onlineshopping bei Anbietern dieses Typs als aufgezwungen beschrieben werden. Folglich kaufen Kundinnen und Kunden eventuell nur, da keine andere Möglichkeit besteht, Bedürfnisse zu stillen. Die Problemlösung steht im Fokus.	Universal

Funktionale Kurzzeit-Kooperation	Dieser Cluster steht für einen Kundenbeziehungstyp, der flexibel, kurzzeitig und in Bezug auf die Beziehungsintensität schwach ist. Dennoch werden Käufe aus freien Stücken und nicht aus Ermangelung an Alternativen getätigt. Es besteht ein zweiseitiger Kommunikationsfluss und Kundinnen und Kunden nutzen diesen, um funktional begründete Kaufentscheidungen zu treffen.	Universal
Langzeit-Affäre	Dieser Typ umfasst Kundenbeziehungen, die vonseiten der Kundinnen und Kunden negativ bewertet werden. Trotzdem sind sie langfristig und intensiv ausgelegt. Die Beziehung zum Unternehmen besteht hierbei zwar auf freiwilliger Basis, ist jedoch nicht exklusiv, was darauf hindeutet, dass Kundinnen und Kunden ihre Freiheit in Bezug auf die Wahl des passenden Transaktionspartners nicht aufgeben möchten.	Universal
Ad-hoc-Bekanntschaft	Kundinnen und Kunden, deren Beziehungen diesem Cluster angehören, erwarten die Präsenz eines Anbieters lediglich im Bedarfsfall. Abseits der Transaktionskommunikation wird folglich keine Beziehungspflege gewünscht. Dies spiegelt sich auch in der temporären und flexiblen Ausrichtung und der schwachen Intensität der Beziehung wider. Kundinnen und Kunden erhalten diese Form der Beziehung nur aufgrund von Funktionalität und aus Ermangelung an Alternativen. Es handelt sich hierbei um eine situationsspezifische Beziehung.	Universal Zalando
Casual Friend	Kundinnen und Kunden dieses Typs wünschen sich von einer Austauschbeziehung eine zwanglose Freundschaft mit niedrigem emotionalem Engagement. Da die Beziehung nicht langfristig, sondern eher von sporadischem Charakter ist, besteht keine intensive Bindung und die Kommunikation reduziert sich auf den Zeitpunkt der Transaktion. Die Beziehung wird aus freien Stücken erhalten und daher positiv bewertet.	Universal Zalando

Exklusive Kooperation	Kundinnen und Kunden dieses Kundenbeziehungstyps sind gewillt, eine exklusive Handelsbeziehung einzugehen. Somit kaufen sie Produkte lediglich bei einem ausgewählten Beziehungspartner. Dies wird jedoch weniger auf emotionale Aspekte zurückgeführt, als eher auf praktische Argumente wie Gemütlichkeit, Risikoscheu oder Sonderleistungen des Anbieters. Dementsprechend besteht eine eher schwache Bindung, die als einseitig angesehen werden kann.	Zalando
Konditionspartnerschaft	Dieser Typ zeichnet sich dadurch aus, dass Kundinnen und Kunden die Beziehung aus Gründen der Funktionalität eingehen. Dadurch besteht ein gewisser Zwang, der durch das Streben nach bestmöglichen Konditionen erklärt werden kann. Die Beziehung ist langfristig ausgerichtet und kann als intensiv beschrieben werden. Da Kundinnen und Kunden Käufe jedoch bei verschiedenen Shops tätigen, kann nicht von einer exklusiven Ausrichtung gesprochen werden.	H&M
Lose Kollegen	Kundinnen und Kunden, die diesem Cluster angehören, erwarten von der Beziehung zu einem Unternehmen eine lose Zusammenkunft, die auf fairen Bedingungen und der nötigen Gegenseitigkeit beruht. Dieser Beziehungstyp ist flexibel und temporär, die Verbindung zum Unternehmen ist schwach und wird eher aus Gründen der Funktionalität aufrechterhalten. Die Basis der Beziehung kann in der Ermangelung an Alternativen oder anderen Umwelteinflüssen liegen.	H&M

Tabelle 2: Identifizierte Kundenbeziehungstypen

Der Abgleich der identifizierten Kundenbeziehungstypen zeigt, dass zwischen den unternehmensspezifischen Kundenportfolios Übereinstimmungen bestehen. So lässt sich zum Beispiel das Segment „Freunde mit Vorzügen" in sämtlichen Analysen antreffen und die Beziehungstypen „Ad-hoc-Bekanntschaft" und „Casual Friend" sind in zwei der drei Clusteranalysen als markant hervorgestochen. Dennoch konnten auch Differenzen festgestellt werden. Diese lassen sich insbesondere bei einem Abgleich des Universal-Kundenbeziehungsportfolios mit jenen der anderen Unternehmen feststellen. Demgemäß konnte der „Limitierte Verbund" sowie auch die „Langzeit-Affäre" ausschließlich im Rahmen der Analyse von Universal identifiziert werden.

Obwohl zwischen den Portfolios Überschneidungen bestehen, werden bei einem inhaltlichen Vergleich der größten Cluster je Unternehmen weitere Unterschiede deutlich:

Zalandos markantester Cluster „Freunde mit Vorzügen" ist andauernd und intensiv ausgerichtet und basiert auf Gegenseitigkeit. Käufe von Kundinnen und Kunden dieses Beziehungstyps basieren weniger auf der Notwendigkeit des Kaufes bei Zalando als vielmehr auf dem individuellen Wunsch, ebendiesen Onlineshop zu nutzen. Es kann angenommen werden, dass diese Freiwilligkeit in Zusammenhang mit dem Retourenmanagement des Unternehmens steht, welches liberaler gestaltet ist als jenes von Universal und H&M, wie die Unternehmensanalyse gezeigt hat. Da bei Rücksendung der Ware an Zalando für Kundinnen und Kunden keinerlei Kosten anfallen, wird die Beziehung als besonders ungezwungen wahrgenommen.

Im Vergleich dazu, ist bei *H&M* der Beziehungstyp „Lose Kollegen" am stärksten vertreten. Charakteristisch für diese Kundenbeziehungen sind die temporäre und schwache Bindung sowie die Flexibilität in Bezug auf den Kauf von Bekleidung bei anderen Onlineshops. Kundinnen und Kunden dieses Typs stehen häufig mit H&M nur in einer Beziehung, da ihr Bedarf in keiner anderen Form gedeckt werden kann. Hierbei kann ein Zusammenhang mit der Integrationsstrategie des Unternehmens hergestellt werden, laut welcher H&M ein Unternehmen des „Click-and-Mortar"-Geschäftsmodelles ist. Es kann angenommen werden, dass der Onlineshop von H&M von diversen Kundinnen und Kunden lediglich genutzt wird, um Produkte zu erstehen, die im stationären Handel nicht verfügbar sind. Darüber hinaus kann auch davon ausgegangen werden, dass der vergleichsweise spärliche Kundenservice mitverantwortlich für diese lose Beziehungsform ist. Auf Basis dieses Zusammenhangs lässt sich ebenfalls der temporäre und schwache Aspekt der Beziehung erklären.

Im Rahmen der Analyse der Kundinnen und Kunden von *Universal*, konnte der Kundenbeziehungstyp „Casual Friend" als vorherrschend identifiziert werden. Hierbei steht die Problemlösung für die Kundinnen und Kunden im Vordergrund. Die Beziehung kann als einseitig beschrieben werden, da sich die Kommunikation zwischen Kundinnen und Kunden und Unternehmen auf den Zeitpunkt der Transaktion beschränkt. Wie bereits erwähnt, wurde dieser Kundenbeziehungstyp im Rahmen von Fourniers (1998) Forschungsarbeit entdeckt. Da diese jedoch lediglich „Brick-and-Mortar"-Unternehmen untersucht hat, zeigt sich, dass in Bezug auf diese Form der Kundenbeziehung Überschneidungen zwischen dem Online- und dem Offlinehandel bestehen.

Auch hinsichtlich der identifizierten Clusteranzahl und -Größe zeigen sich klare Differenzen zwischen den drei untersuchten Unternehmen. Die Segmentierung der Universal-Kundinnen und -Kunden fällt wesentlich granularer aus, als jene der Kundinnen und Kunden von Zalando oder H&M. Daraus kann geschlossen werden, dass Universal disperse Zielgruppen bedient. Dies kann zum einen auf die Geschichte des Unternehmens zurückgeführt werden, laut welcher dessen Ursprünge im Katalogversandhandel liegen, zum anderen jedoch auf das sehr breite und tiefe Sortiment des Unternehmens. Die Unternehmensanalyse hat gezeigt, dass Universal mit über einer Million Produkten ein deutlich umfangreicheres Sortiment anbietet als Zalando und H&M und demzufolge eine breitere, inhomogene Masse anspricht. Darauf basierend, kann angenommen werden, dass auch die Erwartungen der Kundinnen und Kunden heterogen ausfallen.

Aus diesen Ergebnissen kann schlussendlich folgendes Fazit gezogen werden:
Bei Betrachtung der unternehmensübergreifenden Analyse wird deutlich, dass die Kundenbeziehungen der definierten Zielgruppe im Online-Bekleidungshandel im überwiegenden Maß von Flexibilität und Funktionalität charakterisiert werden. Dies impliziert, dass Kundinnen und Kunden immer dann eine Beziehung mit einem Onlineanbieter eingehen, wenn es für sie nützlich und in Bezug auf die Konditionen vorteilhaft ist. Sie sind jedoch nicht bereit, ihre Bekleidungseinkäufe im Internet auf einen einzelnen Onlineshop zu beschränken. Da 80 % der identifizierten Kundenbeziehungstypen als positiv bewertet wurden, kann von einer bejahenden Einstellung der Kundinnen und Kunden zu den Beziehungspartnern im Internet ausgegangen werden.

Die drei untersuchten Unternehmen *Universal, Zalando und H&M* verfügen über differente Portfolios an Kundenbeziehungstypen, wodurch die Bedeutung einer Segmentierung anhand der Erwartungshaltung der Kundinnen und Kunden an eine Beziehung verdeutlicht werden kann. Der Annahme folgend, dass Kundinnen und Kunden eines spezifischen Segments in vergleichbarer Weise auf Maßnahmen reagieren, ermöglicht die Zuordnung der Kundinnen und Kunden in Beziehungstypen die Ergründung typischer Bedürfnisse, Wünsche und Anforderungen (vgl. Rizal 2003, S. 375).

4.2 Unterschiede in der Präferenz von CRM-Instrumenten

Aufbauend auf der Identifikation der unternehmensspezifischen Kundenbeziehungsportfolios wurden Varianzanalysen durchgeführt, um festzustellen, ob zwischen den Kundenbeziehungstypen je Unternehmen signifikante Unterschiede in der allgemeinen Präferenz und der Nutzung von CRM-Instrumenten bestehen. Das Ergebnis dieser Analysen soll Aufschluss darüber geben, ob die differenzierte Ansprache der Kundinnen und Kunden je Beziehungstyp im Rahmen des Kundenbeziehungsmanagements sinnvoll beziehungsweise notwendig ist.

Hinsichtlich der identifizierten Kundenbeziehungstypen von *Universal* konnte ein solch signifikanter Unterschied bei dem CRM-Instrument „Social Media" erkannt werden. Folglich bewerten die Kundinnen und Kunden der sieben Typen ihr Interesse an der Nutzung von Social-Media-Angeboten des Unternehmens Universal divergent. Daraus lässt sich schließen, dass Universal im Rahmen seiner CRM-Aktivitäten Differenzierungen in Anbetracht der Kundenbeziehungstypen vornehmen sollte. Dieses Vorgehen könnte das Unternehmen bei der Bindung interessierter Typen unterstützen und außerdem das Abwandern jener Kundenbeziehungstypen verhindern, die weniger interessiert an Universals Social-Media-Aktivitäten sind.

Auch im Rahmen der einfaktoriellen Varianzanalyse der Kundenbeziehungstypen von *Zalando* hinsichtlich der spezifischen Instrumente zeigt sich ein relevantes Ergebnis. Dieses bezieht sich jedoch im Gegensatz zu Universal auf „Mobile Applikationen". Es konnte dementsprechend ein signifikanter Unterschied zwischen den Kundenbeziehungstypen von Zalando in Bezug auf das Interesse der Nutzung von unternehmensbezogenen mobilen Applikationen gemessen werden. Folglich differiert das diesbezügliche Nutzungsinteresse zwischen den vier identifizierten Kundenbeziehungstypen erheblich voneinander. Für Zalando kann daraus abgeleitet werden, dass in der Ansprache der Kundinnen und Kunden hinsichtlich mobiler Anwendungen differenziert vorgegangen werden sollte. Während ein Kundenbeziehungstyp beispielsweise großes Interesse zeigt, können andere darauf eher mit Abneigung reagieren. Um individuelles CRM umzusetzen, bedarf es folglich Anpassungen entsprechend des Kundenbeziehungstyps.

Bei der Untersuchung der Unterschiede zwischen den Kundenbeziehungstypen von *H&M* hinsichtlich spezifischer CRM-Instrumente wurde keine Signifikanz festgestellt. Es konnten dementsprechend zwischen den Clustern keine relevanten Abweichungen im Interesse der Nutzung von Newslettern, personalisierten Websites, Social Media, mobilen Applikationen, postalischen Werbesendungen, Telefonmarketing, Kundenclubs oder Blogs und Foren erhoben werden. Dieses Ergebnis impliziert, dass für H&M keine Notwendigkeit der Differenzierung hinsichtlich der untersuchten CRM-Instrumente besteht, da sich die Beziehungstypen diesbezüglich stark ähneln.

4.3 Unterschiede in der Profitabilität

Neben diesen Erkenntnissen wurde außerdem der Unterschied zwischen den Kundenbeziehungstypen je Unternehmen in Bezug auf den durchschnittlichen Einkaufswert sowie die durchschnittlichen Jahresausgaben für Onlineshopping von Bekleidung analysiert. Ziel war es hierbei festzustellen, ob bestimmte Typen für das Unternehmen profitabler sind als andere.

Die durchgeführten einfaktoriellen Varianzanalysen führten zur Falsifizierung beziehungsweise dem vorzeitigen Verwerfen der Hypothesen. Folglich kann in den untersuchten Stichproben kein signifikanter Unterschied zwischen den Kundenbeziehungstypen von Universal, Zalando und H&M hinsichtlich des durchschnittlichen Einkaufswertes und der durchschnittlichen Jahresausgaben gemessen werden. In der Zielgruppe der Wiener Studentinnen und Studenten, die in den vergangenen zwölf Monaten bei einem der drei Unternehmen online Bekleidung eingekauft haben, bedarf es folglich keiner Differenzierung auf Basis der Profitabilität, da sich die Beziehungstypen in diesem Aspekt nicht signifikant unterscheiden.

5   Fazit, Limitationen und Ausblick

Die Kundinnen und Kunden des E-Commerce können laut dieser empirischen Untersuchung markanten Kundenbeziehungstypen zugewiesen werden, welche hinsichtlich der Kombination ihrer Dimensionsausprägungen trennscharf voneinander abzugrenzen sind. Intern verhalten sich diese Cluster folglich homogen, während sie untereinander von Heterogenität geprägt sind.

Hinsichtlich der untersuchten Variablen „Präferenz von CRM-Instrumenten" und „Profitabilität" konnten lediglich zwei signifikante Unterschiede zwischen den Kundenbeziehungstypen evaluiert werden, die eine differenzierte Ansprache der Kundinnen und Kunden im Rahmen des CRM erfordern. Die überwiegende Mehrheit der Varianzanalysen zeigte jedoch, dass hinsichtlich dieser beiden Variablen Ähnlichkeit zwischen den Clustern besteht.

Somit liegt die Relevanz der Segmentierung von Kundinnen und Kunden anhand ihrer Erwartungshaltung gegenüber der Austauschbeziehung mit einem E-Commerce-Unternehmen in erster Linie in der Identifikation markanter Kundenbeziehungstypen, welche in einem weiteren Schritt anhand unternehmensspezifisch relevanter Variablen untersucht werden sollten.

Hinsichtlich der Forschungsarbeit von Fournier (1998), welche die Basis dieser empirischen Untersuchung darstellt, zeigt sich lediglich eine Übereinstimmung im Kundenbeziehungstyp „Casual Friend". Folglich unterscheidet sich das Kundenbeziehungsportfolio ihrer Studie stark von jenem, dass im Rahmen der vorliegenden Analyse evaluiert werden konnte. Dennoch können die Ergebnisse Fourniers Untersuchung, welche aufzeigen, dass eine Segmentierung anhand der Erwartungshaltung der Kundinnen und Kunden hinsichtlich der Austauschbeziehung mit einem Unternehmen differente Beziehungstypen hervorbringt, bestätigt werden.

Auch die Erkenntnisse diverser anderer Forschungen, wie Velido (1999), Swynyard und Smith (2003), Barnes et al. (2007) und Wu und Chou (2011), welche sich mit der Segmentierung von Kundengruppen im E-Commerce beschäftigen und die Dienlichkeit dieses Vorgehens im Onlinebereich anhand unterschiedlicher Ansätze verdeutlichen, können aufgrund dieser empirischen Untersuchung bestärkt werden. Jene Forschungen, die eine Differenz zwischen den Kundenbeziehungstypen bezüglich der kommunikativen Bedürfnisse sowie der Profitabilität festgestellt haben (Avery et al. 2014; Fournier 1998), können jedoch nur eingeschränkt bestätigt werden.

Anzumerken ist, dass sich die Ergebnisse der vorliegenden empirischen Untersuchung ausschließlich auf die definierte Zielgruppe der Wiener Studentinnen und Studenten, die in den vergangenen zwölf Monaten zumindest einen Onlinekauf bei Universal, Zalando und H&M getätigt haben, beziehen. Folglich wurde nur ein Ausschnitt des gesamten E-Commerce-Marktes in Österreich betrachtet. Dies soll als Limitation der Untersuchung erwähnt werden, da die Ergebnisse nicht den Anspruch haben, Generalisierbarkeit hinsichtlich des gesamten Online-Einzelhandels in Österreich aufzuweisen.

Eine weitere Grenze der gewonnenen Erkenntnisse liegt in der zeitlichen Stabilität der identifizierten Cluster. Demzufolge besteht das Risiko, dass sich die Kundenbeziehungstypen im Laufe des Beziehungszyklus verändern und die Ergebnisse somit keine Gültigkeit mehr versprechen. Folgerichtig sollten Unternehmen Studien wie diese in regelmäßigen Abständen wiederholen, um aktuelle Kundenbeziehungsportfolios zu generieren.

Anzumerken ist weiter, dass die Unterschiede zwischen den identifizierten Kundenbeziehungstypen anhand einer Auswahl relevanter Variablen untersucht wurden. Diese Analyse kann folglich nicht als erschöpfend angesehen werden. Je nach Untersuchungsbedarf kann dieses Vorgehen auch auf Aspekte wie die Beziehungsdauer oder den Kundenwert ausgeweitet werden.

Betreffend weiterführender Forschungen lässt sich in der Ergründung konkreter Unterschiede zwischen den Kundenbeziehungstypen eine weitere Forschungslücke erkennen. Da die vorliegende Untersuchung lediglich festgestellt hat, ob zwischen diesem signifikanten Unterschied in Bezug auf ausgewählten Variablen bestehen, liegt ein weiteres Erkenntnisinteresse in der Detailuntersuchung dieser Unterschiede. Dies kann in weiterer Folge auch der Optimierung von CRM-Maßnahmen dienen.

Weiter kann nahegelegt werden, mithilfe von tiefenpsychologischen Methoden der Marktforschung clusterspezifische Bedürfnisprofile zu erforschen, um den Kundinnen und Kunden nicht nur im Rahmen der Kommunikationspolitik entgegenzukommen, sondern auch auf andere Aspekte des Marketings einzugehen. Da sich diese Forschung auf den österreichischen E-Commerce bezieht, kann sie in weiterer Folge auch für Ländervergleiche herangezogen werden, wodurch ergänzende Erkenntnisse in Bezug auf die Segmentierung von Kundinnen und Kunden anhand ihrer Erwartungshaltung gewonnen werden können.

Literatur

Avery, J./Fournier, S./Wittenbraker, J. (2014): Unlock the Mysteries of Your Customer Relationships. Are you connecting with consumers the way they want you to? In: Harvard Business Review, H. 92, S. 72–81.

Barnes, S. J./Bauer, H. H./Neumann, M. M./Huber, F. (2007): Segmenting cyberspace. A customer typology for the internet. In: European Journal of Marketing, 41. Jg., H. 1/2, S. 71–93.

Dimitriadis, S. (2011): Customers' relationship expectations and costs as segmentation variables. Preliminary evidence from banking. In: Journal of Services Marketing, 25. Jg., H. 4, S. 294–308.

Fournier, S. (1998): Consumer and their Brands. Developing Relationship Theory in Consumer Research. In: Journal of consumer research, 24. Jg., o.H., S. 343–372.

Gil-Saura, I./Ruiz-Molina, M. E. (2009): Retail Customer Segmentation Based on Relational Benefits. In: J. of Relationship Marketing, 8. Jg., H. 3, S. 253–266.

Haley, R. (1968): Benefit segmentation. A decision oriented research tool. In: Journal of Marketing, 32. Jg., H. 3, S. 30–35.

Holland, H. (2009): Direktmarketing. Im Dialog mit dem Kunden. 3., vollst. überarb. u. erw. Aufl. München: Vahlen Verlag.

Meier, A./Stormer, H. (2012): eBusiness & eCommerce. Management der digitalen Wertschöpfungskette. 3. Aufl. 2012. Berlin, Heidelberg: Springer Verlag.

Reynolds, K./Beatty, S. (1999): A Relationship Customer Typology. In: Journal of Retailing, 75. Jg., H. 4, S. 509–523.

Rizal, A. (2003): Benefit Segmentation. A potentially useful technique of segmenting and targeting older customers. In: International Journal of Marketing Research, 45. Jg., H. 3, S. 373–388.

Story, J./Hess, J. (2006): Segmenting customer-brand relations. Beyond the personal relationship metaphor. In: Journal of Consumer Marketing, 23. Jg., H. 7, S. 406–413.

Strauss, S. C. (2011b): Neukundengewinnung und Kundenbindung im Internethandel unter Berücksichtigung rechtlicher Aspekte. Potentiale, Massnahmen und Gefahren. Hamburg: Diplomica Verlag.

Swinyard, W. R./Smith, S. M. (2003): Why people (don't) shop online. A lifestyle study of the internet consumer. In: Psychology and Marketing, 20. Jg., H. 7, S. 567–597.

Vellido, A./Lisboa, P./Meehan, K. (1999): Segmentation of the online shopping market using neural networks. In: Expert Systems with Applications, 17. Jg., H. 4, S. 303–314.

Wu, R.-S./Chou, P.-H. (2011): Customer segmentation of multiple category data in e-commerce using a soft-clustering approach. In: Electronic Commerce Research and Applications, o. Jg., H. 10, S. 1567–4223.

Die Autorin

Katharina Visur, MA, ist Absolventin des Masterstudienganges „Media- und Kommunikationsberatung" mit Vertiefung auf Dialogmarketing und Werbung (Fachhochschule St. Pölten/Österreich). Im Rahmen ihrer Abschlussarbeit untersuchte sie den österreichischen E-Commerce im Hinblick auf unkonventionelle Segmentierungsansätze und beschäftigte sich mit Kundenbeziehungsportfolios diverser Online-Einzelhändler. Nach mehrjähriger Berufserfahrung im Bereich Online-Marketing ist sie seit 2016 in der Position des Customer Relationship Managers für den mobilen Online-Marktplatz Shpock tätig. Dabei ist sie für die Aktivierung und Bindung von Usern in sechs europäischen Märkten verantwortlich.

Kontakt

Katharina Visur, MA
Franz Grasslergasse 104
1230 Wien, Österreich
katharina.visur@outlook.com

Segmentierung von Onlinekäufern auf Basis ihrer Einkaufsmotive

Silvia Zaharia, Tatjana Hackstetter

Inhalt

1	Ausgangssituation und Problemstellung	46
2	Theoretischer Rahmen der Untersuchung	47
2.1	Segmentierung	47
2.2	Einkaufsmotive	49
3	Ergebnisse der empirischen Untersuchung	51
3.1	Das Untersuchungsdesign	51
3.2	Ergebnisse der Clusteranalyse	52
3.3	Analyse der Einkaufsmotive	53
3.4	Charakterisierung der identifizierten Online-Käufersegmente	58
4	Implikationen für die Handelspraxis	64
4.1	Implikationen für Online-Pure-Player	64
4.2	Implikationen für Multichannel-Händler	65

Literatur 66
Anhang 68
Die Autorinnen 72
Kontakt 72

Management Summary

Der Onlinehandel boomt und immer mehr Menschen nutzen das stationäre und mobile Internet zur Information und zum Kauf. Ziel der vorliegenden Untersuchung ist es, eine aktuelle Segmentierung von Onlinekäufern, basierend auf Einkaufmotiven durchzuführen, um marketingspezifische Maßnahmen für die Handelspraxis (sowohl Online-Pure-Player als auch Multichannel-Retailer) abzuleiten. Dabei wurden sieben Einkaufsmotive als Segmentierungskriterien ausgewählt: Erlebnisorientierung, Convenience-Orientierung, Unabhängigkeitsorientierung, Risikoabneigung, Preisorientierung, Variety Seeking, Beratungsorientierung.

1 Ausgangssituation und Problemstellung

Einkaufen im Internet erfreut sich wachsender Beliebtheit: Knapp 73 % der Bevölkerung ab 14 Jahre kaufen häufig oder gelegentlich online ein (vgl. Statista 2015a). Die Onlineumsätze sowie die Anteile des E-Commerce am Einzelhandel sind in den letzten Jahren gestiegen. So ist in einzelnen Branchen wie zum Beispiel Elektronik und Technik mit 31 % sowie Fashion und Lifestyle mit 16 % der Onlineanteil am Umsatz bereits sehr hoch (vgl. HDE 2015).

Parallel dazu steigen auch Dynamik und Wettbewerbsdruck im Onlinehandel. Die schnelle und einfache Vergleichbarkeit der Webshops und Onlineangebote führt zu einer Steigerung der Konsumentenerwartungen gegenüber Onlinehändlern. Zu dieser Entwicklung trägt auch die rasante Verbreitung von Smartphones bei. 2016 war das Smartphone das meist genutzte Gerät für den Internetzugang: Zwei Drittel der deutschen Bevölkerung ging darüber ins Netz (ARD/ZDF-Onlinestudie 2016). Mithilfe des Smartphones können Konsumenten immer und von überall Produkte kaufen oder sich über Produkte informieren – sogar im stationären Geschäft.

Um langfristig erfolgreich am Onlinemarkt agieren zu können, müssen sich Händler immer mehr auf die Präferenzen unterschiedlicher Zielgruppen einstellen und flexibel auf sich ändernde Kundenanforderungen reagieren. Vor diesem Hintergrund kommt der Analyse des Kundenverhaltens und der Segmentierung der Onlinekäufer eine große Bedeutung zu. Onlineshop-Betreiber sollten sich damit auseinandersetzen, welche Kundentypen sich mit welchen Erwartungshaltungen und Einkaufsgewohnheiten in den Onlineshops aufhalten und wie diese dort gezielt angesprochen werden können. Eine detaillierte Kenntnis der Kundensegmente und ihrer Bedürfnisse erlaubt Rückschlüsse auf Sortimentsoptimierung, Preisgestaltung, Kommunikation und Distribution.

Der vorliegende Beitrag beschäftigt sich mit folgenden Forschungsfragen:

1. Lassen sich die Onlinekäufer unterschiedlichen Segmenten zuordnen? Und wenn ja, welche Segmente gibt es?
2. Wie unterscheiden sich die Online-Käufersegmente hinsichtlich:
   - Einkaufsmotiven?
   - der Kanäle, die sie zur Information vor dem Kauf und für den Kauf nutzen (mobiles oder stationäres Internet, Ladengeschäft)?
   - der Produktkategorien, die sie online kaufen?
   - Devices, die sie nutzen, um ins Internet zu gehen (Smartphone, Tablet, Laptop, Desktop-PC)
   - soziodemografischer Merkmale?

2 Theoretischer Rahmen der Untersuchung

2.1 Segmentierung

„Unter Marktsegmentierung wird die Aufteilung eines Gesamtmarktes in bezüglich ihrer Marktreaktion intern homogene und untereinander heterogene Untergruppen (Marktsegmente) sowie die Bearbeitung eines oder mehrerer dieser Marktsegmente verstanden." (Meffert et al. 2015, S. 186). Die Segmentierungskriterien in der Kaufverhaltenstheorie lassen sich in soziodemografische, psychografische sowie verhaltensorientierte Kriterien unterteilen. Segmentierungskriterien müssen folgende Anforderungen erfüllen: Kaufverhaltensrelevanz, Messbarkeit (beziehungsweise Operationalität), Wirtschaftlichkeit, Erreichbarkeit, Handlungsfähigkeit sowie zeitliche Stabilität (vgl. Meffert et al. 2015 S. 194-195). Um die Onlinekäufer segmentieren zu können, sollen Segmentierungskriterien herangezogen werden, die für den Onlinehandel relevant sind.

Die Erhebung *soziodemografischer Merkmale* ist mit vergleichsweise geringen Schwierigkeiten verbunden, die in erster Linie in der Auskunftsscheu der Kunden liegen. Zum *beobachtbaren Verhalten* lassen sich vor allem das Informationsverhalten (Welche Informationsquelle, -kanal oder Device wird wann genutzt?), die Kaufentscheidung (Welches Produkt wird wann in welcher Menge zu welchem Preis in welchem Kanal gekauft?), das Beschwerdeverhalten (Welches Produkt wird wann mit welcher Begründung reklamiert/retourniert?) zählen. Das beobachtbare Verhalten der Kunden im Internet oder in einem Onlineshop wird heute vermehrt mit Hilfe von Webanalyse-Tools gemessen. Die größte Herausforderung ist die Erfassung *psychografischer Merkmale*. Denn hierbei handelt es sich um theoretische Konstrukte (nicht unmittelbar beobachtbare Sachverhalte), die es zu definieren und zu operationalisieren gilt. Erst dann sind sie einer Messung zugänglich. In der vorliegenden Untersuchung werden zur Segmentierung der Onlinekäufer psychografische Kriterien angewandt, da diese eine besonders hohe Kaufverhaltensrelevanz besitzen (vgl. Kroeber-Riel et al. 2009, S. 25-30).

In der wissenschaftlichen Literatur gibt es verschiedene Online-Käufersegmente beziehungsweise Shopper-Typen auf Basis psychografischer Merkmale wie zum Beispiel Einkaufsorientierung, Einkaufsmotiven, Kaufabsicht, Shoppingerfahrung oder Bewertung von E-Store-Eigenschaften. Abbildung 1 gibt eine Auswahl relevanter Studien wieder.

Autoren	Datenbasis	Methode	Untersuchungsbasis	Typisierung
Swaminathan und Rohm (2004)	Online und Offline Grocery Shopper (USA) Online: n=429 Offline:n=103	Online- und Offline-Umfrage	**Online-Motive** • Convenience • Orientierung • Informationsnutzung • Variety Seeking **Offline-Motive** • Orientierung • Erlebnis • Impulsives Shoppen • Zeitersparnis	**Online** • Convenience Shopper • Variety Seeker • Balanced Buyer • Store-Oriented Shopper **Offline** • Time Concious Shopper • Functional Shopper • Recreational Shopper
Ahlert et al. (2005)	Offline: n=562 Online: n=598 Deutschlandweit	Internetbefragung und schriftliche Befragung	• Internetnutzung • Kaufverhalten Einkaufsorientierung	**Online-Typen** • Convenience Shopper • Rational Silver Shopper • Enthusiastic Shopper • Interested Shopping Youngester **Offline-Typen** • Interested Shopping Youngster • Apathetic Shopper • Advanced Online Shopper • Convenience Shopper • Rational-Silver Shopper
Jayawardhena et al. (2007)	Internetnutzer aus UK (n=396)	Umfrage per E-Mail	• Kauforientierung • Kaufabsicht • Shopping Experience • Demografische Daten	• Active Shoppers • Price Sensitives • Discerning Shoppers • Brand Loyals • Convenience Oriented
Ganesh et al. (2010)	Internetnutzer in den USA (n=3.059)	Umfrage per E-Mail	• Kaufmotive • Wichtigkeiten der E-Store-Eigenschaften (e-store attribute)	**Shopper-Typen nach Shopping-Motiven** • Interactive • Destination • Apathetic • E-Window Shopper • Basic • Bargain Seeker • Shopping Enthusiast **Shopper-Typen nach E-Store Eigenschaften** • Destination • Basic • Risk Averse • Apathetic • Shopping Enthusiast • Bargain Seeker

Abb. 1: Auswahl relevanter Studien zur Segmentierung von Onlinekäufern

2.2 Einkaufsmotive

Zu den Hauptdeterminanten der Wahl zwischen den Online- und Offlinekanälen zählen die Motive, die das Kundenverhalten auslösen, die sogenannten Einkaufsmotive. Einkaufsmotive sind grundlegende, sich im Organismus des Einzelnen abspielende, zielorientierte Antriebskräfte, die beim Einkaufen befriedigt werden können. Folgende sieben Einkaufsmotive stellten sich aus bereits durchgeführten Studien (vgl. Zaharia 2006) sowie nach der qualitativen Untersuchung (Fokusgruppen mit Onlineshoppern) als ausschlaggebend für die Nutzung der digitalen beziehungsweise stationären Kanäle zwecks Information oder Kauf heraus: Erlebnisorientierung, Convenience-Orientierung, Unabhängigkeitsorientierung, Risikoabneigung, Preisorientierung, Variety Seeking und Beratungsorientierung.

1. Erlebnisorientierung

Für den erlebnisorientierten Shopper stehen hedonistische Kaufmotive sowie das Einkaufsvergnügen und ein positives Einkaufserlebnis im Vordergrund (vgl. Zaharia 2006, S. 149). Das Einkaufsmotiv Erlebnisorientierung bezieht sich auf den Erlebnisnutzen aus dem Kaufprozess, nicht auf dem Nutzen aus dem Produkt (vgl. Ahlert et al. 2005, S. 30 f.). Die Erlebnisorientierung zeichnet sich durch zahlreiche Dimensionen aus. Die Dimensionen der Erlebnisorientierung werden in der vorliegenden Untersuchung durch Statements erhoben, die den Spaßfaktor beim Internetkauf messen.

2. Convenience-Orientierung

Der Begriff Convenience wird ins Deutsche mit Bequemlichkeit oder Annehmlichkeit für den Kunden übersetzt und steht im Zusammenhang mit Einkaufen für die Bequemlichkeit, Leichtigkeit beziehungsweise Mühelosigkeit, mit der ein Einkaufsvorgang erledigt werden kann, sowie für den damit verbundenen geringen Zeitaufwand (vgl. Zaharia 2006, S. 152-154). In der Literatur werden im Shoppingkontext unter anderem folgende Aspekte unter dem Oberbegriff Convenience untersucht: Zeiteinsatz, um ein Produkt zu finden (*search convenience*), Bequemlichkeit des Kaufprozesses (*transaction convenience*), physischer und psychischer Aufwand des Einkaufs (*energy convenience*), bequeme Beurteilung des Produkts (evaluation convenience), Aufwand der Rückgabe (possession/post-purchase convenience) (vgl. Jiang et al. 2013; Zaharia 2006; Ciesielski 2008; Ehrlich 2011; Kaufman-Scarborough und Lindquist 2002). Diese Aspekte wurden auch in der vorliegenden Untersuchung berücksichtigt.

3. Unabhängigkeitsorientierung

Das Streben nach Unabhängigkeit beschreibt das Bedürfnis der Kunden, frei und unabhängig von externen Zwängen einkaufen zu können: wenn sie wünschen, 24 Stunden am Tag, 7 Tage die Woche und unabhängig vom Standort. Dieses Motiv wird bei manchen Autoren auch als einen Aspekt des Convenience-Motivs gesehen: Die zeitbezogene Unabhängigkeit wird auch als „schedule convenience" bezeichnet und die einkaufsortbezogene Unabhängigkeit als „place convenience" (vgl. Kaufman Scarborough und Lindquist, 2002).

4. Risikoabneigung

Der Begriff der generellen Risikoabneigung bezeichnet eine dauerhafte, mehrdimensionale individuelle Verhaltensprädisposition. Da es sich um eine dauerhafte Abneigung handelt, ist diese situationsunabhängig (vgl. Zaharia 2006, S. 155). Gleichermaßen lassen sich auch hier mehrere Risikodimensionen unterscheiden: Zahlungsrisiko (security risk), Datenrisiko (privacy risk), Leistungsrisiko (performance risk), Produktrisiko (product risk) und Lieferrisiko (delivery risk) (vgl. Iconaru 2013). Gegenstand dieser Arbeit sind folgende Aspekte der Risikoabneigung: Zahlungsrisiko, Lieferrisiko und Produktrisiko.

5. Preisorientierung und Smart-Shoppingorientierung

Mit Preisorientierung wird das Einkaufsmotiv bezeichnet, möglichst preisbewusst einzukaufen, (Preisgünstigkeit) während Smart-Shoppingorientierung die Preiswürdigkeit eines Angebotes bewertet. Dem Preis kommt innerhalb aller individuellen Kaufentscheidungskriterien eines Kunden eine gewichtige Rolle zu. Eine deutschlandweite Umfrage mit 914 Konsumenten aus dem Jahr 2015 ergab, dass 57 % der Befragten preisgünstiges Einkaufen als einen der wichtigsten Gründe für das Einkaufen im Internet sehen. Weiterhin nannten 67 % der Konsumenten „gezielte Suche nach Schnäppchen" (Smart-Shoppingorientierung) als einen wichtigen Grund für den Kauf im Internet (vgl. Statista 2015b).

6. Variety Seeking

Bei dem Motiv Variety Seeking handelt es sich um den Wunsch des Konsumenten nach Abwechslung und Alternativen. Dabei kann es sich um Abwechslung in Form von Produkten, Leistungen sowie der Nutzung alternativer Beschaffungskanäle (zum Beispiel Einkaufen mit dem Smartphone) handeln (vgl. Swaminathan und Rohm 2004). In der vorliegenden Untersuchung wird das Motiv Variety Seeking durch Statements erhoben, die die Bedeutung einer großen Produktauswahl und auch von seltenen Produkten messen.

7. Beratungsorientierung

Konsumenten nehmen Beratungsleistungen in Kauf, um den Entscheidungsprozess bei einem Kauf zu verbessern und um Unsicherheiten zu beseitigen. Die Beratungsleistung eines Onlineshops kann mittels Telefon oder Chat erbracht werden, während persönliche Kaufberatung durch das Verkaufspersonal stationär stattfindet (vgl. Zaharia 2006, S. 165-167; Ciesielski 2008, S. 89-91). Zusätzlich herrscht auch die Meinung, dass fehlende persönliche Beratung im Internet der Hauptgrund für die Kombination von stationären und Onlinekanälen während eines Kaufprozesses ist (vgl. Hönle 2013, S. 17).

Die *Operationalisierung der Einkaufsmotive* erfolgte mit Multi-Item-Skalen. Zur Messung der einzelnen Items wurden fünfstufige Likert-Skalen herangezogen, die die Zustimmung beziehungsweise Ablehnung der Aussage erfassen (*1 = stimme gar nicht zu bis 5 = stimme voll und ganz zu*). Ein Pretest mit einem Convenience-Sample bestätigte die einzelnen Konstrukte anhand eines Reliabilitätstests mit Cronbachs Alpha. Dies ist ein Maß für die Reliabilität einer Gruppe von Indikatoren, die ein Konstrukt messen (vgl. Zaharia 2006, S. 223).

3 Ergebnisse der empirischen Untersuchung

3.1 Das Untersuchungsdesign

Die Untersuchung erfolgte im Rahmen eines Projektes des eWeb Research Center der Hochschule Niederrhein am Beispiel von Mönchengladbach. Das Untersuchungsdesign sah eine qualitative Voruntersuchung (4 Fokusgruppen á 8 Konsumenten) sowie eine quantitative Hauptstudie vor. Die quantitative Erhebung fand 2015 statt (Onlinebefragung und klassische telefonischen Interviews). Die Stichprobe ist hinsichtlich soziodemografischer Merkmale repräsentativ für das Einzugsgebiet der Innenstadt von Mönchengladbach (50 % Stadt und 50 % Umland). Die Stichprobe umfasst 1002 Personen, die in den letzten 12 Monaten vor der Befragung mindestens einmal online gekauft haben. Die Befragten waren zwischen 18 und 83 Jahren alt (Durchschnittsalter 42,86 Jahre). Davon sind 49,5 % weiblich und 50,5 % sind männlich.

Der *Fragebogen* deckt folgende Themen ab:

- Statements zu den sieben Einkaufsmotiven (1 = stimme gar nicht zu bis 5 = stimme voll und ganz zu)
- Einkaufshäufigkeit im Internet (1 Mal bis mehr als 50 Mal im Jahr)
- Informationsverhalten vor dem letzten Einkauf in der Innenstadt (online, stationär, mobil)
- Attraktivität des Internets zum Einkaufen (1 = sehr unattraktiv bis 5 = sehr attraktiv)
- Aussagen zum typischen Kaufverhalten im Internet (Zielkauf versus Erlebniskauf).
- Devices, die genutzt werden, um online zu gehen (Desktop-PC, Laptop, Smartphone, Tablet)
- Bevorzugte Einkaufsstätte zum Einkaufen von Produkten wie Bekleidung, Bücher, Schmuck und Uhren, Computer und Zubehör, Wohnmöbel, Medikamente etc. Antwortmöglichkeiten sind: Ladengeschäft (Innenstadt beziehungsweise woanders) und Internet (Zuhause beziehungsweise unterwegs via Smartphone)
- Soziodemografische Fragen.

3.2 Ergebnisse der Clusteranalyse

Als Segmentierungskriterien wurde die psychografische Variable „Einkaufsmotive" herangezogen. Obwohl ein Pretest mit einem Convenience-Sample die Reliabilität der einzelnen Einkaufsmotive bestätigte, ergab eine am vorliegenden Datensatz durchgeführte Faktorenanalyse keine zufriedenstellende Güte der Konstrukte. In der Regel werden zur Verbesserung der Güte der Konstrukte einzelne Items eliminiert, bis Cronbachs Alpha einen zufriedenstellenden Wert erreicht. Die Autoren entschieden sich gegen diese Vorgehensweise und führten die Clusteranalyse anhand der einzelnen Items, die zur Konzeptualisierung und Operationalisierung der Einkaufsmotive genutzt wurden. Als zusätzliche Variable kam noch das Statement zur Beurteilung der Attraktivität des Internets zum Einkaufen hinzu.

Bei der Segmentierung auf der Basis mehrerer Variablen kommen Verfahren der Clusteranalyse sowie der Diskriminanzanalyse zum Einsatz. In der vorliegenden Studie wurde zuerst untersucht, ob der Datensatz sich überhaupt für eine Clusteranalyse eignet. In einem zweiten Schritt wurde untersucht, ob und hinsichtlich welcher Merkmale sich die Cluster signifikant voneinander unterscheiden. Abschließend wurde eine Diskriminanzanalyse zur Prüfung der Güte der Clusteranalyse durchgeführt. Bei der Clusteranalyse wurde eine Kombination aus hierarchischen und partitionierenden Verfahren angewandt (vgl. Bühl 2014, S. 656; Backhaus et al. 2011, S. 426; Lorenz 2009, S. 293; Mayerhofer und Secka 2010, S. 87; Schendera 2010, S. 29).

Nach Bereinigung des Datensatzes gingen 802 Fälle in die Untersuchung ein. Unterschiedliche Verfahren wie das Elbow-Kriterium, die ANOVA-Tabelle der Clusterzentrenanalyse sowie die Diskriminanzanalyse führten zu einer Vier-Clusterlösung. Eine Trefferquote von 93 % attestiert der Vier-Cluster-Lösung ein hohes Maß an Reliabilität. Auch die Überprüfung der Stabilität der Vier-Cluster-Lösung (Verfahren von Bach), der Homogenität der Cluster (mit Hilfe des F-Wertes und des t-Wertes) sowie der Trennkraft mittels Diskriminazanalyse ergab eine hohe Güte der Clusteranalyse. Die Verteilung der Stichprobe auf die vier Cluster ist in Tab. 1 dargestellt.

	Absolute Häufigkeit	**Anteil in %**
Cluster 1	259	32,3
Cluster 2	104	13,0
Cluster 3	257	32,0
Cluster 4	182	22,7
Gesamt	**802**	**100%**

Tabelle 1: Verteilung der Fälle auf die Cluster

3.3 Analyse der Einkaufsmotive

Wie bereits in Abschnitt 3.2 erwähnt, ergab eine am vorliegenden Datensatz durchgeführte Faktorenanalyse keine zufriedenstellende Güte der sieben Konstrukte. In der Regel werden zur Verbesserung der Güte der Konstrukte einzelne Items eliminiert, bis Cronbachs Alpha einen zufriedenstellenden Wert erreicht. Da durch die Reduktion der Statements auch die Aussagekraft der Ergebnisse geschmälert wird, entschieden sich die Autoren gegen diese Vorgehensweise.

Zur Analyse der Einkaufsmotive für die vier Online-Käufersegmente wurden die Mittelwerte der Statements, die zur Messung der Motivstärke herangezogen wurden, mittels einer multivariaten Varianzanalyse (MANOVA) untersucht. Anhand der Ergebnisse der multivariaten Varianzanalyse lässt sich feststellen, dass es hinsichtlich ihrer Einkaufsmotive signifikante Unterschiede zwischen Cluster 2 und Cluster 4 sowie zwischen Cluster 3 und Cluster 1 gibt. Die Mittelwerte dieser Variablen bezüglich der gebildeten Gruppen (Clusterzentren) sind für jedes einzelne Einkaufsmotiv in Abb. 1 bis 7 dargestellt.

1. Erlebnisorientierung

Eine Betrachtung der Mittelwerte der erlebnisorientierten Statements lässt erkennen, dass Cluster 3 bei den meisten Statements den höchsten Spaß am Stöbern und Einkaufen im Internet aufweist und sich diesbezüglich auch höchstsignifikant von den anderen Clustern unterscheidet ($p = 0{,}000$) (Abb. 2).

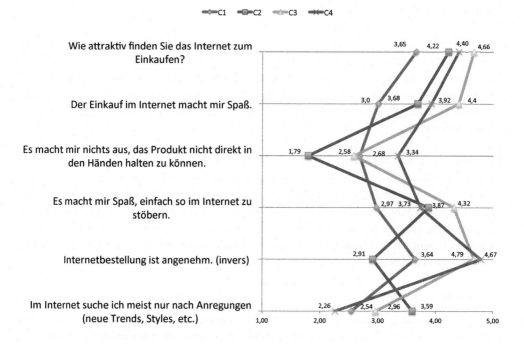

Abb. 2: Erlebnisorientierung: Clusterzentren der vier Cluster

2. Convenience-Orientierung

Hinsichtlich der Convenience-orientierten Statements wird deutlich, dass sich Cluster 3 und Cluster 4 sehr ähnlich sind. Lediglich bezüglich der Irrelevanz des Aufwands für Retouren und bei der Bequemlichkeit des mobilen Einkaufs unterscheiden sie sich höchstsignifikant voneinander (p = 0,000) (Abb. 3).

Segmentierung von Onlinekäufern auf Basis ihrer Einkaufsmotive

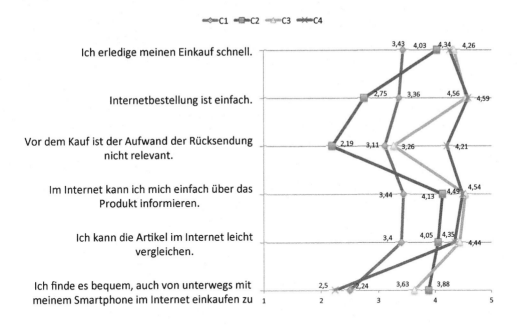

Abb. 3: Convenience-Orientierung: Clusterzentren der vier Cluster

3. Unabhängigkeitsorientierung

Auch hinsichtlich der Unabhängigkeitsorientierung sind sich Cluster 2, Cluster 3 und Cluster 4 sehr ähnlich. Die drei Cluster unterscheiden sich nur von Cluster 1 höchstsignifikant (p = 0,000) (Abb. 4).

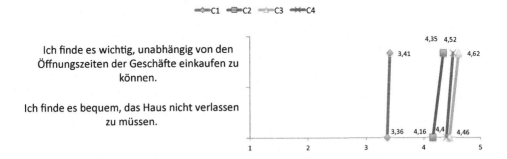

Abb. 4: Unabhängigkeitsorientierung: Clusterzentren der vier Cluster

4. Risikoabneigung

Die Risikoabneigung ist bei Cluster 2 am stärksten ausgeprägt. Die Vertreter dieses Clusters finden es problematisch, per Vorkasse zu bezahlen (wodurch sie sich höchstsignifikant (p = 0,000) von Cluster 3 und 4 unterscheiden), persönliche Daten im Internet preiszugeben und sie vertrauen wenig auf rechtzeitige Lieferung (wodurch sie sich höchstsignifikant (p = 0,000), von allen anderen Clustern unterscheiden). (Abb. 5)

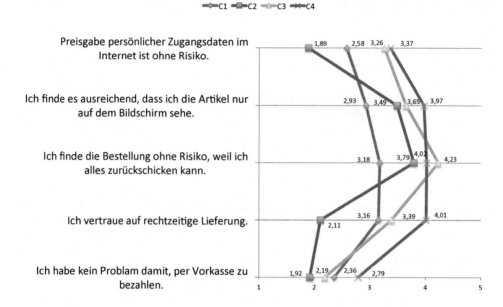

Abb. 5: Risikoabneigung: Clusterzentren der vier Cluster

5. Preisorientierung und Smart-Shoppingorientierung

Cluster 3 und Cluster 4 zeigen eine starke Preis- und Smart-Shoppingorientierung und unterscheiden sich bei allen Statements höchstsignifikant (p = 0,000) von Cluster 1. Für Cluster 4 und 1 scheinen die Suche nach Sonderangeboten und Gutscheinen im Internet sowie nach den niedrigsten Versandkosten weniger relevant zu sein (Abb. 6).

Segmentierung von Onlinekäufern auf Basis ihrer Einkaufsmotive

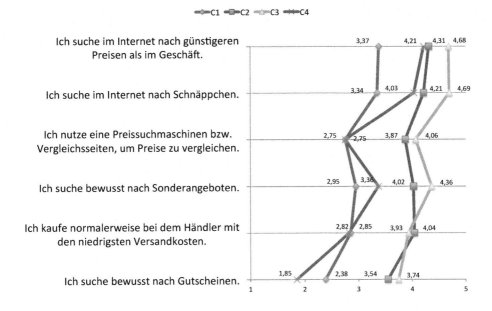

Abb. 6: Preis- und Smart-Shoppingorientierung: Clusterzentren der vier Cluster

6. Variety Seeking

Auch hinsichtlich der Statements zur Messung dieses Einkaufsmotives unterscheidet sich Cluster 1 höchstsignifikant (p = 0,000) von allen anderen Clustern (Abb. 7).

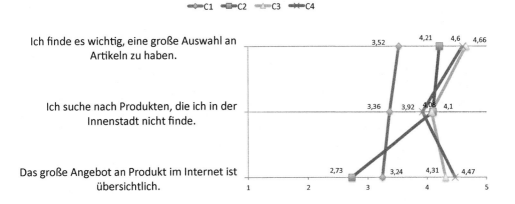

Abb. 7: Variety Seeking: Clusterzentren der vier Cluster

7. Beratungsorientierung

Hinsichtlich des Wunsches nach der persönlichen Komponente der Beratung (die im Internet fehlt) unterscheiden sich alle Cluster höchstsignifikant voneinander (p = 0,000), wobei Cluster 4 die persönliche Beratung am wenigstens vermisst (Abb. 8).

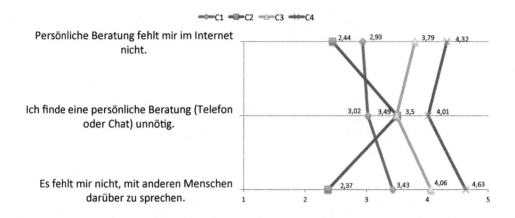

Abb. 8: Beratungsorientierung: Clusterzentren der vier Cluster/Statements sind negativ formuliert

3.4 Charakterisierung der identifizierten Online-Käufersegmente

Zur Charakterisierung der vier Online-Käufersegmente wurden einerseits die Mittelwerte der Cluster bildenden Variablen mittels einer multivariaten Varianzanalyse untersucht. Zusätzlich wurden die genutzten Devices, das Informationsverhalten vor dem Kauf sowie die soziodemografischen Merkmale analysiert. Die Befragten wurden auf Basis der Nutzungsintensität des Internets zum Kauf wie folgt gruppiert: Light-Nutzer (1-5 Mal/Jahr); Regular-Nutzer (6-30 Mal/Jahr); Heavy-Nutzer (3150+ Mal/Jahr).

Die zum Kauf von unterschiedlichen Produktgruppen genutzten Einkaufsstätten wurden mittels einer Kontingenzanalyse überprüft (s. Anhang). Im Folgenden werden die Cluster nun eingehend dargestellt, wobei die Benennung der identifizierten Gruppen aufgrund besonders auffälliger Charakteristika erfolgt.

Cluster 1: Kritische Internet-Wenig-Käufer (32,3 %)

Einkaufsmotive

Als erstes Cluster wird eine Zielgruppe identifiziert, die sich im Vergleich zu anderen Gruppen in keinem spezifischen Merkmal eindeutig dominierend repräsentiert. Charakteristisch ist eine dem Einkaufen im Internet gegenüber weitgehend negative Bewertung. Demnach ordnet dieser Käufertyp den Convenience-bezogenen Merkmalen einen vergleichsweise niedrigen Stellenwert zu. Ebenso wenig, wie dieser Käufertyp ein Bedürfnis nach Beratung verspürt, ist er bereit, mit anderen Menschen über den Einkauf im Internet zu sprechen. Weder das Einkaufen, noch das Stöbern im Internet bereiten ihm Vergnügen. Dieser Typ neigt eher zu gezielten Käufen. Kennzeichnend für dieses Segment ist ein starkes Desinteresse hinsichtlich des Einkaufens im Internet. Die Attraktivität des Einkaufens als auch der Nutzen des Internets verbleiben auf dem Niveau des funktionalen Interesses. Weder die erlebnisorientierten Aspekte noch die preisbezogenen Einkaufsorientierungen motivieren diesen Käufertyp.

Devices und Internetnutzung:

Der geringe Anteil an Smartphone-Nutzern (56 %) spricht nicht für eine positive Aufgeschlossenheit gegenüber neuen Technologien. Dies äußert sich sowohl in der überwiegend niedrigen Nutzungsintensität des Internets zum Einkaufen als auch im hohen Anteil an Light-Onlineshoppern im Segment (über 42 %). Über 60 % dieser Käufer kauften in den letzten zwölf Monaten maximal bis zu zehn Mal im Internet ein.

Produktkategorien

Ein Blick auf die im Internet erworbenen Produktkategorien zeigt verglichen zu anderen Segmenten besonders hohe Anteile im Kauf von Drogerieartikeln (12 %), Kosmetik/Parfüm (18,9 %) sowie Tiernahrung (12,5 %). Daneben werden vor allem Bücher (40,5 %), Unterhaltungselektronik (31,4 %) und Medien, Bild- und Tonträger (33,7 %) im Internet von zuhause aus eingekauft. Allerdings ist dieser Typ vor allem ein traditioneller Käufer, der die höchsten Anteile bei Käufen im Geschäft verzeichnet.

Informationsverhalten vor dem Kauf in einem Geschäft

Hinsichtlich des Informationsverhaltens vor dem Kauf in einem Geschäft neigen über 42 % dazu, sich im Geschäft persönlich beraten zu lassen.

Soziodemografische Merkmale

In Bezug auf die soziodemografischen Merkmale weist dieses Segment den höchsten Anteil an Rentnern (über 13,5 %) und an Männern (56,4 %) auf. Diese Gruppe verzeichnet einen 51,4%igen Anteil an Einwohnern aus der Stadt (Mönchengladbach). Das Einkommensniveau dieser Gruppe ist relativ heterogen. Zudem ist die Altersstruktur gekennzeichnet von einem hohen Anteil der 70-Jährigen (und älter) und weist einen hohen Altersdurchschnitt von 44,11 Jahren.

Cluster 2: Beratungsorientierte, risikoscheue Hedonisten (13 %)

Einkaufsmotive

Das zweite und zugleich kleinste Segment charakterisiert sich im Vergleich zu anderen Gruppen vor allem in seiner überdurchschnittlichen Neigung zur puren Suche nach Anregungen (neuen Trends, Styles). Dabei sucht dieser Konsumententyp vor allem nach Produkten, die in der Innenstadt nicht erhältlich sind. Erlebnisorientierten Kaufmotiven kommt ein besonders hoher Stellenwert zu. Bei der Betrachtung des zweiten Segments fällt auf, dass der Wunsch nach Abwechslung und Sonderangeboten stark ausgeprägt ist. Dieser Shopper strebt nach günstigen Preisen, Schnäppchen, Gutscheinen, Sonderangeboten und kauft normalerweise bei dem Händler mit den niedrigsten Versandkosten. Allerdings strebt dieser Shopper nach sozialen Interaktionsmöglichkeiten während des Einkaufs. Bei ihm besteht Interesse an einer Beratung und an der Kommunikation mit anderen Menschen. Auffallend ist bei dieser Gruppe, die im Vergleich zu allen anderen Segmenten am höchsten ausgeprägte Risikoaversion. Die Käufertypen dieses Clusters möchten es vermeiden, per Vorkasse zu bezahlen und empfinden die Preisgabe ihrer Zahlungsdaten als relativ hohes Risiko. Außerdem finden sie das große Angebot im Internet sei unübersichtlich und der Bestellprozess eher frustrierend als einfach.

Devices und Internetnutzung

Diese Gruppe zeichnet sich durch ein überdurchschnittlich hohes Interesse an der Nutzung mobiler Endgeräte (Smartphone/Tablet) zum Einkaufen im Internet aus. Der Anteil von 47 % an Regular Onlineshoppern und 23,1 % Heavy Onlineshoppern spricht für eine rege Nutzung des Internets zum Einkaufen. Ähnlich verhält es sich bei der Smartphone-Nutzung sowie dem mobilen Shoppen von unterwegs. Fast 5 % der Befragten geben an, ihren letzten Kauf im Internet mobil getätigt zu haben. Über 72 % der Befragten nutzen ein Smartphone.

Informationsverhalten vor dem Kauf in einem Geschäft

Zudem informieren sich 15,4 % der Befragten vor einem Kauf im Geschäft <u>unterwegs</u> über ein mobiles Endgerät und 12,5 % informieren sich <u>direkt</u> im Geschäft über ein mobiles Endgerät. Allerdings ist der Anteil der Personen, die sich im Geschäft persönlich beraten lassen bei dieser Gruppe mit 50 % am höchsten. Dies bestätigt die Beratungsorientierung dieses Käufertyps.

Produktkategorien

> Hinzu kommen relativ hohe Anteile an mobilen Käufen nach den Produktkategorien. Am meisten werden Bücher (7,7 %), Spielwaren/Bastelbedarf (7,7 %) sowie Kosmetik/Parfüm (6,7 %) und Telekomunikation/Handy/Zubehör (5,85 %) im Internet von unterwegs gekauft.

Soziodemografische Merkmale

> Mit Blick auf die soziodemografischen Variablen besticht dieser Onlinekäufertyp durch einen extrem hohen Anteil an jungen Befragten. Fast 34 % sind zwischen 18 und 29 Jahren alt. Somit zeichnet sich dieses Cluster durch das niedrigste Durchschnittsalter von 37,8 Jahren aus. Außerdem verfügt dieses Segment, verglichen zu anderen Gruppen, über den höchsten Frauenanteil (55,8 %). Zusätzlich kommen die Befragten dieses Clusters überwiegend aus dem Umland (von Mönchengladbach). Über 60 % dieses Segments verfügen über ein vergleichsweise niedriges Netto-Haushaltseinkommen von 1500 EUR bis 3000 EUR. Dies spricht für ein geringes Kaufkraftpotenzial, was sich durch die höchste Anzahl von Schülern und Studenten (10,6 %) begründen lässt.

Cluster 3: Preisorientierte, mobile Internet-Viel-Nutzer (32 %)

Einkaufsmotive

> Die Betrachtung dieses zweitgrößten Segments besticht durch die höchste Bewertung für die Aspekte Attraktivität des Internets zum Einkaufen und Relevanz einer großen Auswahl an Artikeln. Zudem weist diese Gruppe eine hohe Bereitschaft zur Nutzung von Preisvergleichsseiten auf. Das Interesse an günstigen Preisen, Gutscheinen, Sonderangeboten und Schnäppchen ist größer als beim zweiten Segment. Ein genauso hoher Stellenwert kommt der Convenience-Orientierung und Unabhängigkeitsorientierung zu. Tendenziell wird viel Wert auf die Unabhängigkeit von den Öffnungszeiten der Geschäfte, Bequemlichkeit von Zuhause aus bestellen zu können, Zeitersparnis sowie der Einfachheit des Bestellprozesses gelegt. Der Spaßfaktor beim Stöbern und Einkaufen im Internet ist bei diesem Cluster am höchsten ausgeprägt, der soziale Aspekt hingegen spielt während des Kaufprozesses eine untergeordnete Rolle. Auch persönliche Beratung fehlt diesem Käufertypen beim Einkaufen im Internet nicht. Weiterhin sticht die relativ niedrige Risikoaversion (vergleichen mit den ersten beiden Gruppen) hervor. Vor allem vertraut dieser Käufertyp auf eine rechtzeitige Lieferung, empfindet die Preisgabe von Zahlungsdaten nicht als riskant und es genügt ihm völlig, die Ware nur auf dem Bildschirm zu sehen. Bei den Punkten Bezahlung per Vorkasse sowie die sofortige Mitnahme des erworbenen Produktes sind die Werte zwar höher als bei dem zweiten Segment, allerdings liegen sie eher im durchschnittlichen Bereich. Besonders angetan ist dieser Käufertyp von der Möglichkeit, die Bestellung problem-

los zurückschicken zu können. Dieser Konsumententyp legt auch viel Wert auf das Vergleichen von Artikeln und Preisen im Internet.

Devices und Internetnutzung:

Dieses Segment hat die höchste Smartphone-Nutzungsrate von 79 %. Aufgrund der höchsten Zahl an Heavy Onlineshoppern (24,5 %) und einer relativ hohen Zahl an Regular Onlineshoppern (58,8 %), wurde diesem Segment die Bezeichnung „Viel-Nutzer" vergeben. Dieses Segment weist die höchste Anzahl an Befragten auf, die in den letzten zwölf Monaten öfter als 50 Mal online eingekauft haben. Insgesamt kaufen fast 55 % dieser Käufertypen öfter als 20 Mal im Jahr ein.

Informationsverhalten vor dem Kauf in einem Geschäft

Dieses Segment hat den höchsten Anteil (25,7 %) an Personen, die sich auf Vergleichsseiten, Foren und anderen Testseiten informieren. Außerdem kann auf eine relativ hohe Technologieaffinität geschlossen werden, denn 16,7 % der Befragten informieren sich unterwegs mobil, 16,3 % informieren sich mobil im Geschäft und weitere 16 % auf der Website des Händlers. Mit etwas über 80 % bezeichnet sich dieser Käufertyp als utilitaristischer Onlineshopper, der gezielt im Internet nach Produkten sucht.

Produktkategorien

Was die Produktkategorien angeht, werden die meisten Waren überwiegend von Zuhause aus im Internet gekauft. Die höchsten Anteile sind bei Computern (59,5 %), Unterhaltungselektronik (54,1 %) und Medien, Bild-und Tonträgern (56,8 %) zu verzeichnen. Allerdings fallen besonders hohe Anteile bei Kategorien wie Medikamente, Spielwaren, Schmuck/Uhren und Spielwaren auf.

Soziodemografische Merkmale

In dieser Zielgruppe findet sich ein relativ hoher Anteil von Frauen (53,7 %). Zusätzlich zeichnet sich diese Gruppe durch den höchsten Anteil an Befragten aus dem Umland (66,1 %) aus. Zudem ist das Cluster gekennzeichnet durch den höchsten Anteil an Hausfrauen/Hausmännern (9,7 %). Das Netto-Haushaltseinkommen verteilt sich eher heterogen. Das Durchschnittsalter von 40,39 Jahren kennzeichnet sich durch eine Altersstruktur mit leicht überwiegendem Anteil von 30-39- (26,8 %) und 40-59- (24,9%) Jährigen.

Cluster 4: Convenience-orientierte Beratungsmuffel (22,7 %)

Einkaufsmotive

Charakteristisch für dieses Segment ist die höchste Ausprägung im Bereich des Convenience-Shoppings sowie relativ geringe Werten im Bereich der Risikoaversion. Besonders viel Wert legt diese Zielgruppe auf die Einfachheit der Bestellung, Zeitersparnis und Bequemlichkeit. Dieser Käufertyp wurde als „Beratungsmuffel" bezeichnet, da die Bereitschaft gegenüber persönlicher Beratung (auch per Telefon oder Chat) besonders gering ausgeprägt ist. Tendenziell wird viel Wert auf das Fehlen der sozialen Komponente beim Einkaufen im Internet gelegt. Zudem macht diesem Käufertypen der Einkauf im Internet Spaß. Allerdings spielen erlebnisorientierte Aspekte während des Kaufprozesses keine Rolle. Dieser Konsumententyp gibt zwar an, günstigere Preise als im Geschäft zu suchen, jedoch unterscheidet sich dieser Käufertyp von anderen Segmenten dadurch, dass er bei anderen Merkmalen der Preisorientierung wie „Suche nach Sonderangeboten" und Ähnliches vergleichsweise unterrepräsentiert ist. Die Risikobereitschaft dieser Zielgruppe ist von allen Clustern am höchsten ausgeprägt.

Devices und Internetnutzung:

Bei der Nutzung neuer Technologien ist wenig Bereitschaft vorhanden. Dies stützt die niedrigste Ausprägung von allen Clustern, bei der Variable „Bequem von unterwegs mit Smartphone/Tablet einkaufen zu können". Der Anteil der Smartphone-Nutzung ist mit 67,5 % niedriger als bei den Clustern 2 und 3. Dieser Konsumententyp weist mit leicht über 60 % den höchsten Anteil an Regular Onlineshoppern auf. Insgesamt kauften 60,4 % im letzten Jahr zwischen vier und 20 Mal im Internet ein.

Informationsverhalten vor dem Kauf in einem Geschäft

Mit fast 50 % informiert sich die Hälfte der Zielgruppe nicht über ein Produkt, bevor es im Geschäft gekauft wird. Der Anteil der Befragten, die sich persönlich im Geschäft beraten lassen, ist vergleichsweise der niedrigste und liegt bei 24,2 %. Dies bestätigt die Abneigung gegenüber der Beratungsleistung. Der Großteil der Käufer des Segments (86,3 %) kauft gezielt ein, weswegen diese Gruppe den utilitaristischen Käufern angehört.

Produktkategorien

Konsumenten dieses Segments kaufen vor allem Bücher (57,1 %), Telekommunikationsartikel (55,5 %) sowie Computer und Zubehör (54,9 %) online. Verglichen mit anderen Käufergruppen weist die Produktkategorie Bürobedarf bei diesem Cluster den höchsten Wert von 28,8 % auf.

Soziodemografische Merkmale

Innerhalb dieser Gruppe überwiegt der männliche Anteil der Probanden mit 54,4 %. Fast 60 % der Befragten wohnen in der Stadt (Mönchengladbach). Die Zielgruppe liegt mit einem Altersdurchschnitt von 44,91 Jahren über dem Durchschnitt aller Befragten. Zudem verzeichnet dieses Cluster die höchsten Anteile an Selbstständigen (9,7 %) und Angestellten (61,4 %). Knapp 68 % verfügen über ein Netto-Haushaltseinkommen von 2500 EUR bis mehr als 3500 EUR. Demensprechend ist das Kaufkraftpotenzial dieser Zielgruppe am höchsten.

4 Implikationen für die Handelspraxis

4.1 Implikationen für Online-Pure-Player

Wenn der Pure Player die Verhaltensmuster seiner Käufer kennt, kann er kundenspezifische Maßnahmen ergreifen. Zunächst ist es als Ergebnis der Untersuchung für den Onlineanbieter wichtig zu wissen, dass es Onlinekäufertypen gibt, die den Bestellprozess als frustrierend empfinden. Folglich ist es ratsam, den Bestellprozess zu vereinfachen und die Navigation und Shop-Usability zu verbessern. Mit Hinblick auf die kontinuierlich steigende Bedeutung mobiler Endgeräte, besonders Smartphones, sollte dies ebenfalls beachtet werden (vgl. Wirtschaftswoche 2015).

Die Personen des Segments „Convenienceorientierte Beratungsmuffel" wissen, was sie wollen und verzichten auf persönliche Beratung. Sie kaufen gezielt ein und legen viel Wert auf die Einfachheit und Schnelligkeit des Kaufvorgangs. In diesem Fall scheint es sinnvoll, die Absatzkanalleistungen auf funktionale und effizienzorientierte Kaufaspekte auszurichten. Ebenso zielgerichtet kauft der „Kritische Internet-Wenig-Käufer" ein, somit sollte diesem Käufersegment ein Fokus auf eine einfache Navigation und einen unkomplizierten Bestellprozess einen Nutzenvorteil verschaffen.

Weiterhin ist festzuhalten, dass bei „Preisorientierten mobile Internet-Viel-Nutzern" und „Beratungsorientierten, risikoscheuen Hedonisten" besonderes Interesse an Sonderangeboten, Schnäppchen und Gutscheinen besteht. Außerdem werden von diesen zwei Käufersegmenten Preissuchmaschinen am meisten genutzt. Folglich sind diese beiden Cluster hauptsächlich durch Maßnahmen wie Gutscheine, Sale-Aktionen, Rabatte und Ähnliches zu erreichen.

Eine weitere Gemeinsamkeit dieser beiden Segmente ist der Wunsch nach einem Shoppingerlebnis. Der Einkaufsvorgang soll Spaß machen. Dabei sollte der Fokus eher auf Frauen gelegt werden, da beide Segmente sich durch hohe Frauenanteile auszeichnen. Vor allem der Spaß am Stöbern ist für diese zwei Cluster von hoher Bedeutung. Dabei empfiehlt es sich für den Händler, eine große Auswahl an Produkten anzubieten. Der Fokus des digitalen Marketings sollte von der reinen Steigerung der Konversion (Conversion Rate) zu einer langfristig orientierten Strategie der Erlebnisschaffung verlagert werden. Der Erlebnisfaktor der Webseite würde diese teilweise hedonistischen Segmente zu einer Wiederkehr auf die Webseite verleiten. Kontakt zu Menschen ist ein weiteres Merkmal, das erheblich zur Gruppentrennung beiträgt. Da vor allem „Beratungsorientierte, risikoscheuen Hedonisten" der Kontakt zu Menschen beim Einkaufen im Internet fehlt, empfiehlt es sich, Maßnahmen wie eine Beratung per Live-Chat, WhatsApp, Service-Hotline und anderes wie zum Beispiel „Chat-mit-Freunden-Funktion" zu offerieren.

Die vorliegende Untersuchung hat auch gezeigt, dass Risiken des Onlineshoppings nicht zu vernachlässigen sind. Da die Käufersegmente (über die Cluster hinweg) vor allem das Zahlungsrisiko vermeiden möchten, gilt es dieses mit Maßnahmen wie Rechnungszahlung abzubauen.

Ebenso wie das dritte Cluster (Preisorientierte mobile Internet-Viel-Nutzer), neigt das Segment der „Convenienceorientierten Beratungsmuffel" dazu, Produkte im Internet zu vergleichen. Dies spricht für hilfreiche Rezensionen und aussagekräftige Produktbeschreibungen.

Generell haben die Ergebnisse gezeigt, dass vor allem Personen aus dem Umland Viel-Nutzer des Internets zum Einkaufen sind. Dies wirft die Frage auf, ob sich neue Onlineshopping-Konzepte (zum Beispiel: Lebensmittellieferungen) nicht vor allem im Umland von Großstädten besonders bewähren würden.

4.2 Implikationen für Multichannel-Händler

Die aufgedeckten Käufersegmente und ihre Verhaltensmuster zeigen Stärken und Schwächen des Onlinekanals auf. Besonders bei den Schwächen des Onlinekanals bieten sich dem Multichannel-Händler Möglichkeiten, diese durch den Offlinekanal in einen Mehrwert für den Kunden umzuwandeln.

Denn besonders das Multichannel Marketing bietet das Potenzial ein multisensoriales Einkaufserlebnis für Segmente („Beratungsorientierte, risikoscheue Hedonisten" und „Preisorientierte mobile Internet-Viel-Nutzer"), die den Einkaufsprozess genießen, zu schaffen. Besonders die relativ junge Gruppe der „Beratungsorientierte, risikoscheue Hedonisten" äußert ein starkes Interesse an persönlicher Beratung. Diese soziale Komponente kann durch einen Multichannel-Retailer im Geschäft übernommen werden. Im Onlineshop würden Hinweise auf die Möglichkeit, sich in der Filiale beraten zu lassen, dem Kunden entgegenkommen.

Das zweite Segment der „Preisorientierten mobile Internet-Viel-Nutzern" legt viel Wert auf die Bequemlichkeit und Einfachheit des Einkaufs im Internet. Dazu zählt auch der Aufwand der Rücksendung. Hier gilt es, den Aufwand durch einen Rücksendungsschein, die Rückgabe der Ware in einer Multichannel-Filiale oder sogar durch sofortige Mitnahme der Ware bei Unzufriedenheit zu verringern. Diese Gruppe zeichnet sich ebenfalls durch einen hohen Anteil an Personen aus dem Umland aus. Ein Serviceangebot, wie etwa die sofortige Mitnahme der Ware bei Nichtgefallen, wäre hier eine Überlegung wert. Die Frage, ob Käufer einen Aufpreis für solch einen Service zahlen würden, war nicht Gegenstand dieser Arbeit.

Eine Gemeinsamkeit der „Preisorientierten mobile Internet-Viel-Nutzer" und „Convenienceorientierter Beratungsmuffel" ist der Wunsch nach einer großen Auswahl an Artikeln. Dies können Geschäfte durch eine Sortimentserweiterung im Webshop erreichen. Im stationären Geschäft könnte diese Erweiterung mit mobilen Endgeräten zugänglich gemacht werden.

Literatur

Ahlert, D.; Evanschitzky, H.; Thesing, M. (2005): Kundentypologie in der Multikanalwelt: Ergebnisse einer Online- und Offline-Befragung. Unter: http://www.marketingcenter.de/ifhm/forschung/hybridesysteme/Hybride_Systeme_FB44.pdf, [Stand:03.09.2015].

ARD/ZDF (2016): ARD/ZDF-Onlinestudie; http://www.ard-zdf-onlinestudie.de/ [Stand: 12.10.2016].

Backhaus, K.; Bernd, E.; Wulff, P., Weiber, R. (2011): Multivariate Analysemethoden, Eine anwendungsorientierte Einführung, 13. Auflage, Heidelberg.

Bühl, A. (2014): SPSS 22, Einführung in die moderne Datenanalyse, 14. Auflage, Hallbergmoos.

Ciesielski, C. (2008): Internetapotheke versus stationäre Apotheke, Veränderungen des Apothekenmarktes im Internet-Zeitalter, 1. Auflage, Wiesbaden.

Ehrlich, O. (2011): Determinanten der Kanalwahl im Multichannel-Kontext, Eine branchenübergreifende Untersuchung, 1.Auflage, Wiesbaden

Ganesh, J.; Reynolds, K.E.; Luckett, M.; Pomirleanu, N. (2010): Online Shopper Motivations, and e-Store Attributes: An Examination of Online Patronage Behavior and Shopper Typologies, in: Journal of Retailing, Vol. 86 No. 1, S. 106-115.

HDE (2015): Pressemitteilung des HDE vom 24.09.2015

Hönle, J. H. (2013): Online beraten und verkaufen. So führen Sie Kunden persönlich durch den Kaufprozess im Internet. 1 Auflage. Wiesbaden.

Iconaru, C. (2013): The Moderating Role of Perceived Self-efficacy in the Context of Online Buying Adoption, in: Broad Research in Accounting, Negotiation, and Distribution, Vol. 4 No 1, S. 20-29.

Jayawardhena, C.; Wright, T.L.; Dennis, C. (2007): Consumers Online: Intentions and Segmentation, in: International Journal of Retail & Distribution Management, Vol. 35 No. 6, S. 515-526.

Jiang, L.A.; Yang, Z., Jun, M. (2013): Measuring Consumer Perceptions of Online Shopping Convenience, in: Journal of Service Management, Vol. 24 No. 2, S. 191-214.

Kaufman-Scarborough, C.; Lindquist, J.D. (2002): E-shopping in a multiple channel environment, in: JCM, 19. Jg., H. 4, S. 333-350.

Kroeber-Riel, W.; Weinberg, P.; Gröppel-Klein (2009): Konsumentenverhalten, 9. Auflage, München.

Lorenz, B. (2009): Beziehungen zwischen Konsumenten und Marken. Eine empirische Untersuchung von Markenbeziehungen. 1.Auflage, Wiesbaden.

Meffert, H.; Burmann, C.; Kirchgeorg, M. (2015): Marketing - Grundlagen marktorientierter Unternehmensführung Konzepte - Instrumente – Praxisbeispiele. 12. Auflage, Wiesbaden.

Mayerhofer, W.; Secka, M. (2010): Aktuelle Beiträge zur Marktforschung. Tagungsband des 3. Internationale Marketingtags. 1.Auflage, Wiesbaden.

Wirtschaftswoche (2015): Die Deutschen lieben ihr Smartphone. Unter: http://www.wiwo.de/technologie/digitale-welt/studie-zu-mobilen-endgeraeten-die-deutschen-lieben-ihr-smartphone/12316552.html. [Stand: 15.09.2015].

Schendera, C., FG. (2010): Clusteranalyse mit SPSS, Mit Faktorenanalyse. 1.Auflage, Oldenburg.

Swaminathan V.; Rohm, A.J. (2004): A Typology of Online Shoppers Based on Shopping Motivations, in: Journal of Business Research, Vol. 57, S. 748–757.

Statista (2015a): Anteil der Online-Käufer in Deutschland bis 2014. Unter: http://de.statista.com/statistik/daten/studie/2054/umfrage/anteil-der-online-kaeufer-in-deutschland/. [Stand: 20.09.2015].

Statista (2015b): Was sind die wichtigsten Gründe, im Internet einzukaufen? Unter: http://de.statista.com/statistik/daten/studie/5204/umfrage/wichtigste-gruende-fuer-einkauf-im-internet/, [Stand: 04.09.2015].

Zaharia, S. (2006): Multi-Channel-Retailing und Kundenverhalten, Wie sich Kunden informieren und wie sie einkaufen, 1.Auflage, Köln.

Anhang: Kontingenzanalyse (Vergleich der Einkaufsstättenwahl)

Online-Kaufverhalten Typen Einkaufsstätte nach Produktkategorie			Cluster1	Cluster2	Cluster3	Cluster4
Bekleidung und Wäsche						
(p=,042)	Innenstadt	%	45,9	34,6	36,2	39,6
	woanders	%	29,7	31,7	25,7	30,8
	Zuhause (Internet)	%	21,2	28,8	**35**	29,7
	Unterwegs (Internet/Smartphone)	%	2,7	3,8	2,7	0
Bücher						
(p=,000)	Innenstadt	%	32	26,9	19,8	19,8
	woanders	%	22	17,3	14	16,5
	Zuhause (Internet)	%	40,5	39,4	**52,9**	**57,1**
	Unterwegs (Internet/Smartphone)	%	3,1	**7,7**	5,8	1,1
Unterhaltungselektronik						
(p=,000)	Innenstadt	%	31	29,8	17,5	20,9
	woanders	%	32,2	31,7	21	22,5
	Zuhause (Internet)	%	31,4	26	**54,1**	**52,2**
	Unterwegs (Internet/Smartphone)	%	0,8	**5,8**	3,5	0
Medien, Bild-und Tonträger						
(p=,000)	Innenstadt	%	28,7	23,1	13,2	16,5
	woanders	%	29,5	26,9	16	22
	Zuhause (Internet)	%	33,7	34,6	**56,8**	**53,3**
	Unterwegs (Internet/Smartphone)	%	1,2	5,8	3,9	0
Haushaltswaren und Hausrat						
(p=,043)	Innenstadt	%	32,6	31,7	29,2	39
	woanders	%	47,7	40,4	50,2	42,9
	Zuhause (Internet)	%	17,4	18,3	16,7	15,4
	Unterwegs (Internet/Smartphone)	%	1,2	**4,8**	2,7	2,7

Sportartikel						
(p=,001)	Innenstadt	%	34	25	23,3	23,6
	woanders	%	35,9	31,7	30	25,8
	Zuhause (Internet)	%	16,6	25	**28,4**	**28**
	Unterwegs (Internet/Smartphone)	%	1,9	**3,8**	**3,1**	0,5
Wohnmöbel, Lampen						
(p=,004)	Innenstadt	%	23,6	25	17,9	20,3
	woanders	%	61,4	45,2	58,4	59,9
	Zuhause (Internet)	%	10,4	16,3	16,3	14,8
	Unterwegs (Internet/Smartphone)	%	0,8	**5,8**	1,6	0
Drogerieartikel						
(p=,002)	Innenstadt	%	39,4	44,2	36,2	50
	woanders	%	47,1	42,3	56	47,8
	Zuhause (Internet)	%	12	**10,6**	5,4	2,2
	Unterwegs (Internet/Smartphone)	%	0,8	**1,9**	1,2	0
Kosmetik und Parfüm						
(p=,007)	Innenstadt	%	37,8	41,3	33,5	40,7
	woanders	%	37,8	26	39,7	17,6
	Zuhause (Internet)	%	**18,9**	**19,2**	**19,1**	0,5
	Unterwegs (Internet/Smartphone)	%	0	**6,7**	2,7	6

Online-Kaufverhalten-Typen			Cluster1	Cluster2	Cluster3	Cluster4
Einkaufsstätte nach Produktkategorie						
Computer und Zubehör						
(p=,000)	Innenstadt	%	26	**29,8**	13,6	17
	woanders	%	33,7	**30,8**	18,7	20,9
	Zuhause (Internet)	%	31	**26**	59,5	54,9
	Unterwegs (Internet/Smartphone)	%	2,3	**4,8**	2,3	0,5
Spielwaren, Bastelbedarf						
(p=,000)	Innenstadt	%	24,9	**24**	20,2	20,9
	woanders	%	28,4	**22,1**	23	18,7
	Zuhause (Internet)	%	25,7	**26,9**	31,5	23,6
	Unterwegs (Internet/Smartphone)	%	1,2	**7,7**	2,7	0,5
Telekommunikation, Handy, Zubehör						
(p=,000)	Innenstadt	%	28,6	**29,8**	17,1	15,9
	woanders	%	33,2	**25**	20,2	25,3
	Zuhause (Internet)	%	29,3	**35,6**	54,9	55,5
	Unterwegs (Internet/Smartphone)	%	4,6	**5,8**	2,3	0
Bürobedarf						
(p=,017)	Innenstadt	%	30,9	**29,8**	20,2	27,6
	woanders	%	35,1	**30,8**	38,5	35,7
	Zuhause (Internet)	%	22	**20,2**	28	28,8
	Unterwegs (Internet/Smartphone)	%	1,5	**3,8**	1,6	0
Nahrungs-und Genussmittel						
(p=,000)	Innenstadt	%	27,4	**31,7**	26,8	37,9
	woanders	%	59,5	**45,2**	68,1	58,8
	Zuhause (Internet)	%	11,6	**17,3**	3,5	2,2
	Unterwegs (Internet/Smartphone)	%	0,4	**2,9**	0,8	0

Schmuck und Uhren						
(p=,001)	Innenstadt	%	34	**29,8**	25,3	28,2
	woanders	%	46,3	**41,3**	34,6	35,9
	Zuhause (Internet)	%	13,5	**17,3**	25,3	24,3
	Unterwegs (Internet/Smartphone)	%	0	**2,9**	1,9	0,6
Optik und Akustik						
(p=,006)	Innenstadt	%	33,3	**30,8**	26,5	37,6
	woanders	%	40,3	**28,8**	34,6	32
	Zuhause (Internet)	%	11,2	**17,3**	11,3	8,3
	Unterwegs (Internet/Smartphone)	%	0,8	**2,9**	1,2	0
Tiernahrung						
(p=,003)	Innenstadt	%	13,2	**15,4**	8,2	11
	woanders	%	32,3	**33,7**	37	32,6
	Zuhause (Internet)	%	12,5	**12,5**	18,7	13,8
	Unterwegs (Internet/Smartphone)	%	1,2	**5,8**	0,8	0
Medikamente und Sanitätswaren						
(p=,036)	Innenstadt	%	30,9	**34,6**	24,1	35,7
	woanders	%	47,9	**36,5**	44,7	42,9
	Zuhause (Internet)	%	18,9	**22,1**	25,7	20,3
	Unterwegs (Internet/Smartphone)	%	1,2	1,9	1,2	0,5

Kontingenzanalyse (fortgesetzt).

Die Autorinnen

Prof. Dr. Silvia Zaharia ist Professorin für Marketing und International Sales Management an der Hochschule Niederrhein, geschäftsführende Leiterin des „eWeb Research Center" sowie Koordinatorin des Masterstudiengangs „E-Business". Vor ihrer wissenschaftlichen Laufbahn war sie in verschiedenen Managementpositionen bei der Tchibo GmbH tätig. Von 2006 bis 2009 lehrte sie an der HTW in Berlin als Marketing-Professorin. Ihre Arbeits- und Forschungsgebiete sind Multichannel-Retailing, E-Commerce, Käuferverhalten und Internationale Aspekte des Marketings und Handels. Sie ist Autorin einer Reihe von Artikeln in deutschen und internationalen Fachzeitschriften sowie diverser Fachbücher.

Tatjana Hackstetter (M.Sc.) ist Junior Category Manger bei K-Mail Order GmbH & Co. KG. Sie war während ihres Masterstudiums „E-Business" an der Hochschule Niederrhein als Wissenschaftliche Mitarbeiterin am „eWeb Research Center" tätig. Verbunden mit einer Vielzahl von Auslandsaufenthalten hat Tatjana Hackstetter ihren Bachelorabschluss des Studiengangs „Internationales Management" an der Hochschule Hof im Jahr 2013 erlangt. Im Laufe des Bachelorstudiums absolvierte sie eine Reihe von Praktika, unter anderem in der internationalen Marktforschung der Beiersdorf AG und im Business Development des German Center Singapore. Ihr Interessenschwerpunkt liegt in den Bereichen des E-Business, Marktforschung und des internationalen Marketings.

Kontakt

Prof. Dr. Silvia Zaharia
Hochschule Niederrhein
Reinarzstraße 49
47805 Krefeld
silvia.zaharia@hs-niederrhein.de

Tatjana Hackstetter (M.Sc.)
Tatjana.hackstetter@gmail.com

Abo-Commerce-Modelle in Deutschland: Eine inhaltsanalytische Untersuchung

Sandra Haas

Inhalt

1 Abo-Commerce als Geschäftsmodell 74
2 Inhaltsanalytische Untersuchung zur Abbildung der Abo-Commerce-Landschaft in Deutschland 76
2.1 Erfassung von Abo-Commerce-Angeboten 76
2.2 Darstellung und Interpretation der Ergebnisse 78
2.2.1 Wie hat sich Abo-Commerce in Deutschland im Zeitablauf (2002-2015) entwickelt? 78
2.2.2 Sind hinsichtlich des Unternehmenssitzes von Abo-Commerce-Händlern räumliche Agglomerationen feststellbar? Wird Abo-Commerce in Deutschland (eher) als Vertriebsoption oder als eigenständiges Geschäftsmodell praktiziert? 79
2.2.3 Haben sich in der Branche klassische Vertragsmodalitäten herausgebildet? Welche Relevanz besitzen transparente Kundenbewertungsportale bei diesem Geschäftstyp? 79
2.2.4 Welche Besonderheiten weist die Sortimentsgestaltung von Abo-Commerce-Händlern hinsichtlich Sortimentsbreite/-tiefe und zielgruppenspezifischer Standardangebote auf? 80
2.2.5 Werden Soft-Subscription-Modelle in Deutschland angeboten? Wenn ja, welche Möglichkeiten zur Individualisierung des Abonnements werden genutzt? 81
3 Zusammenfassung 82

Literatur 83
Die Autorin 85
Kontakt 85

Management Summary

In den letzten Jahren wurde in der Start-up-Szene über eine neuartige Form des Onlinehandels debattiert: Abo-Commerce. Hierbei handelt es sich um ein Geschäftsmodell, bei dem Kunden in regelmäßigen Abständen mit einer online bestellten Ware beliefert werden, ohne dafür erneute Bestellungen aufgeben zu müssen (Warkentin 2013; ExperCash 2015). Trotz der steigenden Anzahl an Abo-Commerce-Händlern wird das Thema in Deutschland nur begrenzt von Wissenschaftlern aufgegriffen und diskutiert. Der Beitrag stellt die Ergebnisse einer inhaltsanalytischen Untersuchung von Abo-Commerce-Modellen in Deutschland vor.

1   Abo-Commerce als Geschäftsmodell

Abonnements für Zeitschriften, den Öffentlichen Personennahverkehr oder auch das Theater sind seit Jahren in Deutschland etabliert und die Vorzüge für Kunden wie auch Unternehmen weithin diskutiert. Seit geraumer Zeit wird in der deutschen Gründerszene jedoch eine neuartige Form des Abonnements diskutiert: Abo-Commerce (gruenderszene.de; deutsche-startups.de, 2015). Hierbei handelt es sich um ein Geschäftsmodell, bei dem Kunden in regelmäßigen Abständen mit einer online bestellten Ware beliefert werden, ohne dafür erneute Bestellungen aufgeben zu müssen (Warkentin 2013; EXPERCASH 2015). Die Abonnements können vielfältige Produkte umfassen (wie etwa Kosmetikartikel, Kleidung, Lebensmittel, Rezepte, Futterboxen für Tiere oder Bastelartikel), werden allerdings hauptsächlich für Konsumgüter angeboten (abo-boxen.de 2016).

Trotz der steigenden Anzahl an Abo-Commerce-Händlern wird das Thema in Deutschland nur begrenzt von Wissenschaftlern aufgegriffen und diskutiert. Da die Geschäftsidee erst vor wenigen Jahren aus den USA nach Deutschland kam, existiert nur sehr wenig deutschsprachige wissenschaftliche Literatur. Der vorliegende Beitrag widmet sich dem Thema aus einer Angebotsperspektive, indem in Deutschland aktive Abo-Commerce-Händler systematisch erfasst und deren unternehmens- sowie angebotsbezogene Merkmale inhaltsanalytisch untersucht werden.

Abo-Commerce ist dem Pure-Onlinehandel, also dem reinen Onlinehandel zuzuordnen. Händler dieses Betriebstypen zeichnet aus, dass sie ausschließlich online tätig sind und keinen stationären Handel betreiben (Heinemann 2015, S. 111 f.). Obwohl Abo-Commerce eine junge Vergangenheit hat, basiert die Geschäftsidee auf einem traditionellen Verkaufsmodell. Die Grundlage bilden klassische Offlineabonnements, wie etwa für Zeitungen. Eine Weiterentwicklung und Übertragung ins E-Commerce-Business stellen reine Onlineabonnements wie Streaming-Dienste für Musik und Videos dar. Abo-Commerce hingegen verbindet Offline- und Onlineabonnements: Die Ware beziehungsweise die Dienstleistung wird im Abo online bestellt und offline ausgeliefert. Häufig spricht man auch von sogenannten Subscriptions (Heinemann 2015, S. 110). Subscriptions werden oft mit dem Curated Shopping verbunden, bei dem der Händler für den Kunden eine Vorauswahl an Produkten trifft (Heinemann und Boersma 2015, S. 17). Mit der Übernahme eines bewährten Ansatzes aus dem traditionellen Handel (Verkäufer berät Kunden), versucht man im E-

Commerce stärker auf individuelle Kundenbedürfnisse einzugehen (Möhlenbruch et al. 2014, S. 24).

Der Bestellvorgang eines Onlineabonnements ist dem eines typischen Onlineshops ähnlich. Nach dem Aufrufen der Webseite wählt der Kunde die gewünschte Ware. Je nach Abonnementtyp kann gegebenenfalls das Lieferintervall gewählt und Vorlieben angegeben werden. Um den Bestellvorgang abzuschließen, muss der Kunde seine persönlichen Daten angeben. Zuletzt wählt der Kunde die Versandart aus und schließt die Bestellung mit der Bezahlung ab. Die Gestaltung eines Abo-Commerce basierenden Geschäftsmodells muss sich an rechtliche Rahmenbedingungen anlehnen, die sich aus der Gestaltung rechtsgeschäftlicher Schuldverhältnisse durch Allgemeine Geschäftsbedingung des Bürgerlichen Gesetzbuches ergeben (§ 309 Nr. 9 BGB). Dennoch bestehen ausreichend gestalterische Spielräume:

- **Ausrichtung des Geschäftskonzeptes:** Abo-Commerce-Händler können sich nur auf den Vertrieb von Abonnements fokussieren oder Abonnements als zusätzliche Vertriebsoption anbieten (zum Beispiel Lindt Chocoladen Club, Amazon Spar-Abo, Douglas Box of Beauty).
- **Inhalt der Abobox:** In Abhängigkeit vom Informationsstand des Kunden zum Boxeninhalt kann zwischen dem *klassischen Abomodell* und dem *Soft-Subscription-Modell* unterschieden werden. Ersteres zeichnet sich dadurch aus, dass zu einem zuvor festgelegten Geldbetrag die Ware in einem bestimmten Zeitintervall geliefert oder die Dienstleistung erbracht wird. Dieses Modell ist daher mit einem einfachen Offline-Zeitungsabonnement vergleichbar. Das *Soft-Subscription-Modell* wird oft auch als individuelles Abo beschrieben, bei dem der Kunde neben Lieferintervallen auch den Boxeninhalt selbst festlegen kann. Beispielsweise kann es sich um ein Lebensmittelabonnement handeln, bei dem der Kunde jede Woche aus verschiedenen Gerichten wählt.

Laut dem E-Commerce-Center Köln wurden die ersten Abo-Commerce-Händler im Jahr 2000 gegründet. Ein verstärkter Anstieg sei allerdings erst in den vergangenen Jahren zu verzeichnen (Warkentin 2013). Als Vorreiter des Abo-Commerce wird häufig der US-amerikanische Händler Birchbox genannt, der im September 2010 seine ersten „Beauty-Boxen" versendete (Jänisch o.J.; Birchbox 2016 J). In Deutschland wurde diese Form des Onlinehandels durch das Unternehmen Glossybox, eine Art Klon von Birchbox, bekannt. Glossybox wurde 2011 gegründet und ist mit 21 ausländischen Niederlassungen Vorreiter des Abo-Commerce in Europa (von der Forst 2013, S. 243).

Begünstigt wird die Entwicklung des Abo-Commerce durch Smart-Convenience-Geschäftsmodelle und Efficient Automation. Diese Trends des Onlinehandels gehen auf die Bedürfnisse der Kunden ein, indem sie den Einkaufsvorgang nicht nur einfacher und bequemer gestalten, sondern auch eine Kontrolle aufbauen, zum Beispiel durch das ständige

Verfolgen der Ware (Heinemann 2015, S. 21). Erlebnislose Einkäufe des täglichen Bedarfs werden durch das Angebot eines Abonnements für Kunden bequemer gestaltet (Gyllensvärd und Kaufmann 2013, S. 188).

2 Inhaltsanalytische Untersuchung zur Abbildung der Abo-Commerce-Landschaft in Deutschland

2.1 Erfassung von Abo-Commerce-Angeboten

Bei der Erfassung der Deutschen Abo-Commerce-Landschaft wurde empirisch nach der reduktiven, qualitativen Inhaltsanalyse nach Mayring (2002) vorgegangen, da die Anwendung einer *Mixed Method* (Kombination aus qualitativen und quantitativen Untersuchungsschritten) angezeigt war (Lamnek 2010). Das untersuchte Material umfasst ausschließlich Webseiteninhalte relevanter Abo-Commerce-Händler. Bei der Identifizierung der Händler wurde mit verschiedenen Suchbegriffen gearbeitet, die einen Bezug zum Abo-Commerce aufweisen. Dafür wurden auch booleschen Suchbegriffe und Google Operatoren verwendet, um die Suchergebnisse zu erweitern oder zu beschränken. Zunächst wurde bei Google unter dem Stichwort „abo commerce" gesucht. Die ersten angezeigten Ergebnisse waren vom *Gründerszene Magazin*, *Deutsche-Startups.de*, *etailment*, *Für-Gründer.de* und *t3n*. Zur Erfassung der Händler wurden die Startseite des jeweiligen Google-Eintrages sowie etwaige weitere Unterpfade durchsucht. Beispielsweise führte das erste Google-Ergebnis bei der Suche nach „abo commerce" zu „Abo-Commerce I Gründerszene Magazin". Auf der Zielseite ist eine Aufzählung verschiedener Artikel, die jeweils als Pfade mit den in diesen Artikel erwähnten Händlern erfasst wurden. Weitere Stichwörter, mit denen bei Google nach Abo-Commerce-Händlern gesucht wurde, sind „abo boxen" und „produkt abo"). Je nach Suchbegriff weichte die Anzahl der erzielten Suchergebnisse stark voneinander ab („abo commerce": 7330 Treffer; „abo boxen": 1.540.000 Treffer und „produkt abo": 839.000 Treffer). Trotz Löschung und Deaktivierung des Google Webprotokolls variierten die Suchergebnisse nach Standort der Suchanfrage (unter einem Prozent). Insgesamt wurden 209 Händler erfasst, die in der Folge auf ihre Relevanz hin überprüft wurden (Prüfkriterien: Definition Abo-Commerce, aktiv, Standort Deutschland). Im Ergebnis wurden **91 Abo-Commerce-Händler** als relevant eingestuft und in die Kategorisierung der Webseiteninhalte einbezogen.

Im Rahmen einer Stichprobenanalyse wurde zunächst der Informationsgehalt von Webseiten verschiedener Abo-Commerce-Händler erfasst und verglichen. Auf diese Weise wurden Inhalte bestimmt, die mehrheitlich von Abo-Commerce-Händlern auf ihren Webseiten kommuniziert werden und in der Folge inhaltsanalytisch ausgewertet wurden. Die Abo-Commerce-Landschaft in Deutschland konnte somit anhand folgender Merkmale abgebildet werden (Abb. 1):

Abb. 1: Codierung des Informationsgehalts von Webseiten von Abo-Commerce-Händlern

Informationen zum Preis, zu konkreten Boxeninhalten oder dem Bestellvorgang wurden nicht erfasst. Basierend auf den zwölf Merkmalskategorien wurde in unternehmens- und leistungsangebotsbezogene Informationen unterschieden. Zudem wurden die Forschungsfragen der inhaltsanalytischen Untersuchung weiter konkretisiert:

- Wie hat sich Abo-Commerce in Deutschland im Zeitablauf (2002-2015) entwickelt?
- Sind hinsichtlich des Unternehmenssitzes von Abo-Commerce-Händlern räumliche Agglomerationen feststellbar?
- Wird Abo-Commerce in Deutschland (eher) als Vertriebsoption oder als eigenständiges Geschäftsmodell praktiziert?
- Haben sich in der Branche klassische Vertragsmodalitäten herausgebildet? Welche Relevanz besitzen transparente Kundenbewertungsportale bei diesem Geschäftstyp?
- Welche Besonderheiten weist die Sortimentsgestaltung von Abo-Commerce-Händlern hinsichtlich Sortimentsbreite/-tiefe und zielgruppenspezifischer Standardangebote auf?
- Werden Soft-Subscription-Modelle in Deutschland angeboten? Wenn ja, welche Möglichkeiten zur Individualisierung des Abonnements werden genutzt?

2.2 Darstellung und Interpretation der Ergebnisse

2.2.1 Wie hat sich Abo-Commerce in Deutschland im Zeitablauf (2002-2015) entwickelt?

Bezüglich der zeitlichen Entwicklung des Abo-Commerce in Deutschland ist ein Trend erkennbar (s. Abb. 2). Im Jahr 2002 wurde der erste heute noch aktive Abo-Commerce-Händler, der *Pralinen Club*, gegründet. Bis ins Jahr 2009 war die Entwicklung Abo-Commerce „sehr zaghaft". Der erste größere Anstieg in der Anzahl an noch heute aktiven Abo-Commerce-Händlern ist im Jahr 2010 zu verzeichnen. Mit dem Bierabonnement von *BrauKunst*, dem Unterwäscheabonnement von *Dailybread* und *Sox in a Box*, mit *Kommt-Essen* und *Oh!Saft* sowie dem Kaffeeabonnement von *Tchibo* starteten sechs weitere Händler. Zwischen 2011 und 2014 erlebte die Geschäftsidee ihren „Boom": Nachdem 2011 acht weitere Abonnements angeboten wurden, erfolgte 2012 der größte Anstieg mit 21. Dieser Trend verlief bis 2014 leicht rückläufig. Zum Stand der Untersuchung (20.07.2015) wurde für 2015 nur *Lucky Vegan* als Neuhändler erfasst.

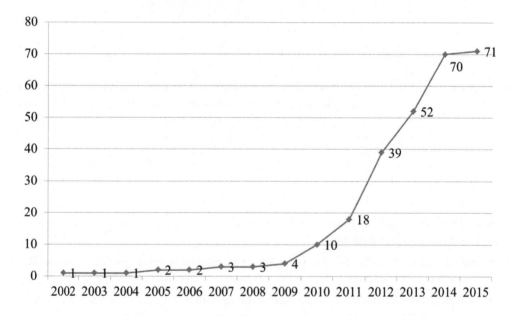

Abb. 2: Kumulierte Anzahl von aktiven Abo-Commerce-Händlern in Deutschland

2.2.2 Sind hinsichtlich des Unternehmenssitzes von Abo-Commerce-Händlern räumliche Agglomerationen feststellbar? Wird Abo-Commerce in Deutschland (eher) als Vertriebsoption oder als eigenständiges Geschäftsmodell praktiziert?

Betrachtet man die Kategorie Unternehmenssitz, so führt Berlin mit 24 Abo-Commerce-Händlern, gefolgt von Hamburg (12) und München (6). Je zwei Abo-Commerce-Händler sitzen in Dresden, Düsseldorf, Köln, Oldenburg und Passau.

Zur Differenzierung nach Geschäftsmodell oder Vertriebsoption wurde deduktiv vorgegangen. Um ein Geschäftsmodell handelt es sich, wenn der Onlineshop auf das Angebot eines Abonnements ausgerichtet ist. Bei einer Vertriebsoption wird das Abonnement nicht als Kerngeschäft, sondern als zusätzliche Bestellmöglichkeit für Kunden offeriert (etwa A*mazon Spar-Abo*). Eine diesbezügliche Unterscheidung offenbarte eine stärkere Präsenz von Geschäftsmodellen: 53 Händler betreiben Abo-Commerce als Geschäftsmodell, während 38 Händler es als Add-on-Option für ihre Kunden anwenden.

2.2.3 Haben sich in der Branche klassische Vertragsmodalitäten herausgebildet? Welche Relevanz besitzen transparente Kundenbewertungsportale bei diesem Geschäftstyp?

Zu den Vertragsmodalitäten gehören Laufzeit, Versandart, Kündigungsmodalitäten und Bezahloptionen. Die Ausprägungsmöglichkeiten dieser Kategorien wurden zunächst vollständig erfasst und in Abhängigkeit ihrer Häufigkeiten klassifiziert. Von den 183 erfassten Abonnements wurde ein Drittel als unbegrenztes Abonnement angeboten. Darüber hinaus dominieren 3-monatige, 6-monatige und 12-monatige Laufzeiten. Bei der Versandart dominiert DHL, gefolgt von der Deutschen Post. Immerhin neun Händler bieten für ihre Abonnements die Selbstabholung an. Amazon liefert als einziger Händler unter anderem mit Hermes und benutzt für den Versand, wie auch Lebensmittel.de, eine Vielzahl an weiteren Kurieren. *Brötchenbursche*, *Impuls Diät*, *Kochhaus* und *KommtEssen* arbeiten vor allem im städtischen Bereich mit ortsansässigen Kurieren zusammen. Bezüglich der offerierten Kündigungsfristen scheint man im Sinne der Kundengewinnung „Zugeständnisse" zu machen. So wird die Mehrheit der Abonnements mit fristlosen, kurzen Fristen angeboten oder laufen automatisch aus. Bei den Bezahloptionen ist die Bezahlungsmöglichkeit per PayPal, Lastschriftverfahren oder Kreditkarte am häufigsten vorzufinden.

Um heute im umkämpften Offline- und Onlinewettbewerb bestehen zu können, ist ein gutes Kundenbeziehungsmanagement unabdingbar. Hierzu „ist es notwendig, dem Kunden den Kontakt mit dem Unternehmen zunächst einmal so einfach wie möglich zu gestalten" (Wiegran und Harter 2002, S. 39). Zudem sind transparente Kundenbewertungsportale in Onlineshops weithin präsent, um Kauf- und Entscheidungsprozesse der Kunden zu vereinfachen. So wird die Informationsbeschaffung zum Angebot für Neukunden erleichtert. Ferner unterstützen positive Kundenfeedbacks bereits im Vorfeld des Kaufes den Vertrauensaufbau zum Onlinehändler (bandwagon effect) (Leibenstein 1950). Im Rahmen der Analyse wurden die Kundenbewertungsportale der Abo-Commerce-Händler erhoben und bewertet. Dabei wurden zwischen „kein Feedback möglich", „Feedback in Textform" und „Feedback anhand Ranking" unterschieden. Im Ergebnis ist zunächst festzuhalten, dass 43 Händler das Feedback ihrer Kunden nicht veröffentlichen. Von den 48 Händlern, die ein Feedback veröffentlichen, publizieren fast alle ein Feedback in Textform. 30 Händler setzen Rankings ein. Eine Rückmeldung in Form von Text und Ranking bieten 29 Anbieter an. Eine Ausnahme bildet *foodvibes*, das lediglich ein Feedback mit Symbolen, jedoch nicht in Textform veröffentlicht. Die hohe Anzahl an Händlern ohne transparentes Kundenbewertungsportal ist überraschend, meint man doch, dass Kunden an dieses neuartige Geschäftsmodell herangeführt werden müssen und Kundenbewertungen zum Abbau etwaiger Kaufbarrieren beitragen.

2.2.4 Welche Besonderheiten weist die Sortimentsgestaltung von Abo-Commerce-Händlern hinsichtlich Sortimentsbreite/-tiefe und zielgruppenspezifischer Standardangebote auf?

Um im Onlinehandel erfolgreich zu sein, muss das Sortiment aus Kundensicht einen Mehrwert bieten. Zudem sollte ein Zielgruppenfokus in der Sortimentsgestaltung ersichtlich sein (Gehrckens und Boersma 2013). Zur Erfassung der Sortimentsstrategien wurden die Händler bezüglich ihrer Sortimentsbreite und möglicher zielgruppenspezifischer Standardangebote untersucht. Hierzu wurden zunächst Anzahl und Art der im Abonnement angebotenen Produktgruppen der Abo-Commerce-Händler erfasst. Im Anschluss wurden die Händler deduktiv in drei Merkmalskategorien strukturiert: „enges Sortiment", „Kernsortiment" und „breites Sortiment ohne Schwerpunkt". Ein „enges Sortiment" besteht aus nur einer Produktklasse, wie beispielsweise Heißgetränke. „Kernsortiment" spiegelt das Angebot mehrerer ähnlicher Produktklassen wider, die inhaltlich logisch zu einer Oberkategorie zusammengefasst werden können (wie etwa Getränke). Die Option „breites Sortiment ohne Schwerpunkt" erfasst alle übrigen Händler, die nicht den zuvor genannten Kategorien entsprachen. Dazu zählen etwa traditionelle Onlinehändler, die diverse Produktklassen anbieten und Abo-Commerce als Vertriebsoption nutzten (zum Beispiel *Amazon*). Im Ergebnis bieten 40 Händler ein enges Sortiment und 48 Händler ein Kernsortiment an. Damit sind Nischensortimente sehr stark unter Abo-Commerce-Händlern verbreitet. Dies begründet sich zum einen darin, dass ein breites Produktangebot einen höheren Aufwand nach sich zieht (Beschaffungs- und Lagerkosten; zeit- und kostenintensiver Produktverwaltung; Vermarktungsaufwand (onlineshop-basics 2014). Zum anderen sind Abo-Commerce-Händler aufgefordert, ihren Kunden nicht nur Waren, sondern einen mehrdimensionalen Nutzen (zum Beispiel Produktneuheiten, individuelle Boxeninhalte, Preisersparnisse, sorgenfreie Nachbeschaffung und Content und Stories rund um die Nutzung der Produkte, Vernetzung der Produktanwender) anzubieten (Konrad und Wittenhagen 2015, S. 53). Erst mit einer wahrgenommenen Differenzierung zu herkömmlichen Angeboten wird es gelingen, Neukunden zu gewinnen und zu binden.

Zielgruppenspezifische Standardangebote umfassen vom Anbieter zusammengestellte Leistungsbündel, die auf ähnliche Bedürfnisse bestimmter Kunden zugeschnitten sind, wie etwa spezielle Angebote für Vegetarier/Veganer oder Frauen/Männer. Auch reine alkoholfreie Angebote wurden hierzu gezählt, da sie sich speziell an die Gruppe Menschen richten, die keinen Alkohol bestellen wollen. Die Untersuchung zeigte, dass nicht einmal 20 % der Händler zielgruppenspezifische Standardangebote anbieten.

2.2.5 Werden Soft-Subscription-Modelle in Deutschland angeboten? Wenn ja, welche Möglichkeiten zur Individualisierung des Abonnements werden genutzt?

Bei einem *Soft-Subscription-Modell* kann der Kunde das Abonnement hinsichtlich mindestens eines Gestaltungsmerkmals frei bestimmen. Im Rahmen der Erhebung wurde sich auf die Individualisierungsmöglichkeiten beim Lieferintervall und bei der Produktauswahl fokussiert. Hinsichtlich der Produktauswahl wurde zwischen den Optionen „Kunde bestimmt zu 100 %", „Angabe von Vorlieben" und „Überraschungsbox" unterschieden. Bei der Option „Kunde bestimmt zu 100 %" stellt der Abonnent das Abo inhaltlich selbst zusammen, da er die Produkte frei auswählen kann. Angebote, bei denen Kunden den Inhalt des Abonnements beeinflussen, allerdings nicht vollends bestimmen konnten, charakterisiert die Option „Angabe von Vorlieben". Dazu zählten zum Beispiel Geschmacksrichtung oder die Wahl zwischen Ohrringen und Ketten. Ein weiteres Beispiel ist die Angabe von Alter oder Größen, die zur Personalisierung der Ware beitragen. Die Zuteilung zur „Überraschungsbox" erfolgte dann, wenn der Kunde in keiner Weise Einfluss auf die Produkte nehmen konnte.

Es wurde festgestellt, dass die Mehrheit der Händler ihren Kunden keine Individualisierungsmöglichkeiten beim Lieferintervall und der Produktauswahl anbietet (ca. 60 %). Somit werden bisher in Deutschland überwiegend klassische Abonnements und keine Soft-Subscription-Modelle angeboten. 34 Händler offerierten Individualisierungsmöglichkeiten: Beim Lieferintervall dominieren wöchentliche, zweiwöchentlich, monatliche sowie die zwei- und dreimonatliche Wahlmöglichkeiten. Hinsichtlich der Produktauswahl ist festzustellen, dass in Deutschland die Überraschungsbox dominiert und somit der Kunde keine Einflussmöglichkeiten auf die Produktauswahl hat. Bei 27 Händlern bestimmt der Kunde die Produktauswahl und bei lediglich zehn Händlern besteht die Möglichkeit, Vorlieben anzugeben. Da es sich bei den meisten Abo-Commerce-Händlern um Start-ups handelt, sind die mit einer Individualisierung des Angebots verbundenen Zusatzkosten vermutlich zu hoch (geringe Skaleneffekte beim Einkauf, komplexere interne Prozesse und Zahlungssysteme, hoher logistischer Aufwand) und der Fokus der Händler liegt zunächst auf dem Aufbau einer (überlebensfähigen) soliden Kundenbasis und der Stärkung ihrer Markenbekanntheit.

3 Zusammenfassung

Im Rahmen einer Google-basierten Onlinerecherche konnten 91 aktive Abo-Commerce-Händler ermittelt werden. Insbesondere im Zeitraum 2010-2014 stieg die Anzahl dieser neuen Form des Onlinehandels in Deutschland, wobei Berlin der Sitz der meisten Unternehmen ist.

Basierend auf inhaltsanalytischen Untersuchungen der Webseiten von Abo-Commerce-Händlern gestaltet sich die Abo-Commerce-Landschaft in Deutschland wie in Abb. 3 dargestellt. Es konnten starke Gemeinsamkeiten in den offerierten Geschäftsmodellen festgestellt werden, was die grundsätzlichen Vertragsmodalitäten betrifft (überwiegend unbefristet, Dominanz von 3/6/12-monatigen Laufzeiten, Versand per DHL, klassische Bezahloptionen). Fast alle Händler bieten ein Nischensortiment an, wobei nur knapp 40 % der Händler ihren (potenziellen) Kunden bestimmte Individualisierungsmöglichkeiten in Form wählbarer Lieferintervalle und Produkte offerieren. Vermutlich sind die mit einer Individualisierung des Angebots verbundenen zusätzlichen Aufwendungen und Kosten zu hoch und der Fokus der Händler liegt zunächst auf dem Aufbau einer (überlebensfähigen) soliden Kundenbasis und der Stärkung der Markenbekanntheit.

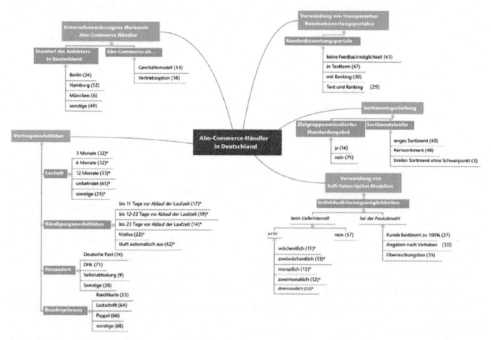

Abb. 3: Abo-Commerce-Landschaft in Deutschland (Kategoriensystem) (Haas und Schmolke 2016, S. 100) *Auswertungsbasis: Erfasste Abonnements der Händler

Überraschend sind zwei Ergebnisse: Die Mehrheit der Abo-Commerce-Händler bietet kurze Kündigungsfristen oder das automatische Auslaufen von Abonnements an. Möglicherweise möchte man hier gezielt etwaigen, negativen Erfahrungen der Kunden mit Offlineabonnements proaktiv beggnen, indem man den Vorteil der Absatzplanung durch längerfristige Kundenbindungen aufgibt und dem Kunden stattdessen mehr Flexibilität zugesteht. Charles von Abercron, CEO von Glossybox, erklärt hierzu: „Wir sind bei den Kündigungsfristen sehr flexibel, weil zufriedene Kunden für uns das wichtigste sind und wir wissen, dass jeder Onlinekunde mit mindestens fünf Freunden über unser Angebot spricht" (Konrad und Wittenhagen 2015, S. 52). Flexiblere Kündigungsmodalitäten tragen zum Abbau von Kaufbarrieren bei potenziellen Neukäufern und zur Reduzierung hoher Absprungraten im Onlineshop bei. Bei fast der Hälfte der untersuchten Händler war kein transparentes Kundenbewertungsportal feststellbar. Hinsichtlich einer notwendigen Heranführung von Neukunden an diese Form des Onlinehandels ist dies negativ zu werten, da damit Kauf- und Entscheidungsprozesse verlangsamt werden.

Abschließend ist festzuhalten, dass nicht jedes Abomodell am Markt erfolgreich bestehen kann. Deutsche Kunden sind tendenziell misstrauisch gegenüber Abonnements, kaufen mehrheitlich eher einzelne Boxen und fordern individualisierte sowie mehrdimensionale Nutzenangebote seitens der Händler (Lommer 2015). Dies verlangt Start-ups einen langen Atem und höhere Investitionen ab. International experimentieren auch größere Hersteller (Procter & Gamble, Kelloggs) und Händler (Walmart) mit dem Geschäftsmodell (Konrad 2012, S. 117). Der deutsche Lebensmitteleinzelhandel steckt jedoch diesbezüglich noch in den Kinderschuhen und verkennt womöglich das Potenzial von Abo-Commerce.

Literatur

Abo-Boxen.de (2016): Deutschlands größtes Abo Boxen Verzeichnis. Einzusehen unter: http://www.abo-boxen.de/(Stand: 13.10.2016).

Birchbox (2016) What Is Birchbox? https://www.birchbox.com/about/birchbox. Accessed 29.11.2016

EXPERCASH GmbH (2015): Kundenbindung mit Abo-Commerce, in: https://expercash.de/abo-commerce/, zuletzt geprüft am 21.06.2015.

Gehrckens, M.; Boersma, T. (2013): Zukunftsvision Retail – Hat der Handel eine Daseinsberechtigung?, in: Heinemann, G.; Gehrckens, M.; Haug, K.; dgroup (Hrsg.) (2013): Digitalisierung des Handels mit ePace – Innovative E-Commerce-Geschäftsmodelle unter Timing-Aspekten, Gabler-Springer, Wiesbaden, S. 51-76.

Gyllensvärd, D./Kaufmann, S. (2013): Curated Shopping als Alternative zu ePace getriebenen Category – Killer-Konzepten: Ein nachhaltiges Online-Geschäftsmodell am Beispiel von Kaufmann Mercantile, in: Heinemann, G.; Gehrckens, M.; Haug, K. (Hrsg.) (2013): Digitalisierungdes Handels mit ePace – innovative E-Commerce-Geschäftsmodelle und digitale Zeitvorteile, Springer-Gabler, Wiesbaden 2013, S. 188-200.

Haas, S./Schmolke, T. (2016): Die Abo-Commerce Landschaft in Deutschland. in: Wissenschaftliche Beiträge Technischen Hochschule Wildau 2016. (20. Jahrgang). S. 97-102.

Heinemann, G. (2015): Der neue Online-Handel: Geschäftsmodell und Kanalexzellenz im Digital Commerce. 6. und vollständig überarbeitete Aufl. Springer Gabler Wiesbaden.

Heinemann, G./Boersma, T. (2015): Innovative Formen der "Offsite-Downstream"-Kundeninteraktion, in: Bruhn, M./Hadwich, K. (Hrsg.): Interaktive Wertschöpfung durch Dienstleistungen. Strategische Ausrichtung von Kundeninteraktionen, Geschäftsmodellen und sozialen Netzwerken, Wiesbaden, S. 57–82.

Jänisch, S. (o. J.): Abo-Commerce, in: http://looking-forward.to/abo-commerce/, zuletzt geprüft am 23.06.2015.

Konrad, J. (2012): LZ-Ideenbörse. In: Lebensmittel Zeitung 27 vom 06.07.2012. S. 117.

Konrad, J./Wittenhagen, J. (2015): Urbaner Lebensstil aus der Abo-Box. In: Lebensmittel Zeitung 45 vom 06.11.2015. S. 52-53.

Lamnek, (2010): Qualitative Sozialforschung: LehrbuchAuflage: 5., vollständig überarbeitete Aufl. Beltz. Landsberg 2010.

Leibenstein, H. (1950): Bandwagon, Snob, and Veblen Effects in the Theory of Consumers' Demand. H. Quarterly Journal of Economics, Volume 64, Issue 2 (May, 1950), 183-207.

Lommer, I. (2015): Abo-Commerce: K(r)ampf um die Box. Einzusehen unter: http://www.internetworld.de/e-commerce/e-commerce-services/abo-commerce-k-r-ampf-um-box-1038738.html (Stand: 13.10.2016).

Mayring, P (2002): Einführung in die qualitative Sozialforschung. Eine Anleitung zu qualitativem Denken. Psychologie Verlags Union, München 1990, 5. Auflage, Beltz Studium, Weinheim 2002.

Möhlenbruch, D. et al. (2014): Erfolgspotenziale der Prozessorientierung im Curated Shopping, in: Marketing Review St. Gallen, Jahrgang 2014, 6. Ausgabe, S. 22–32.

Online-Shop-Basics (2014): Produktsortiment und Sortimentsgestaltung im Onlineshop-Betrieb einzusehen unter: http://www.onlineshop-basics.de/produktsortiment-und-sortimentsgestaltung-im-onlineshop-betrieb-67.html (Stand: 11.9.2015).

von der Forst, F. (2013): Beschleunigte Internationalisierung von Pure Play - Glossybox als Erfolgsbeispiel für einen globalen Ramp-up, in: Heinemann, G. et al. (Hrsg.): Digitalisierung des Handels mit ePace. Innovative E-Commerce-Geschäftsmodelle und digitale Zeitvorteile, Wiesbaden, S. 235–253.

Warkentin, I. (2013): Abo-Commerce – Steckt die Zukunft in Abo-Boxen?, in: http://www.ecckoeln.de/News/Abo-Commerce-%E2%80%93-Steckt-die-Zukunft-in-Abo-Boxen%3F, zuletzt geprüft am 21.06.2015.

Wiegran, G./Harter, G. (2002): Kunden-Feedback im Internet: Strukturiert erfassen, schnell beantworten, systematisch auswerten. Betriebswirtschaftlicher Verlag Gabler. 2002.

Die Autorin

Dr. Sandra Haas ist seit 2011 Professorin für Marketing & International Management an der Technischen Hochschule Wildau und seit 2010 wissenschaftliche Mitarbeiterin am Lehrstuhl für Absatz und Marketing der Universität Oldenburg. Sie sammelte rund neun Jahre Erfahrung als Beraterin im Bereich Marketing, Marktforschung, Vertrieb unter anderem bei The Nielsen Company.

Kontakt

Prof. Dr. Sandra Haas
Internationales Management/Marketing
Technische Hochschule Wildau
Fachbereich Wirtschaft, Informatik, Recht
Hochschulring 1
15745 Wildau
http://www.th-wildau.de/homepages/sandra-haas/gb-startseite00.html
Tel: 03375-508-550

Online-Communities: Was die User motiviert und wie sie aktiviert werden

Dorothea Schaffner, Esther Federspiel, Seraina Mohr, Florian Wieser

Inhalt

1 Potenzial und Herausforderungen von Online-Communities 88
2 Eine Studie zur Psychologie von Online-Communities 90
3 Die Motivation der Userinnen und User 91
4 Das Management der Partizipation in der Praxis 96
4.1 Extrinsisch-orientierte Anreize 97
4.2 Intrinsisch-orientierte Anreize 98
4.3 Inhalte 98
4.3.1 Feedback 99
4.3.2 Anerkennung 99
4.3.3 Status und Ranking (Rückmeldung, die einen Vergleich mit anderen ermöglicht) 99
4.3.4 Profilinformation 100
4.3.5 Autonomie 100
5 Wirkung der Anreize in Online-Communities 101
6 Fazit 104

Literatur 105
Die Autoren 106
Kontakt 107

Management Summary

Unternehmenseigene themenorientierte Online-Communities können zur Kundenbindung und langfristigen Wertschöpfung einen entscheidenden Beitrag leisten. Zentral für den Erfolg einer Online-Community ist aber eine aktive Beteiligung der Nutzerinnen und Nutzer. Vor diesem Hintergrund zielte das hier beschriebene Forschungsprojekt auf die Beantwortung folgender drei zentralen Fragen aus der Praxis des Managements von Online-Communities ab: Erstens, warum sind Userinnen und User in Online-Communities aktiv? Dabei zeigte sich, dass eine Vielzahl von unterschiedlichen Motivationen die Beteiligung an Online-Communities erklären: Es stehen die Motivation zu helfen,

Anschluss zu finden oder Geltungsmotive im Vordergrund. Userinnen und User beteiligen sich aber auch, weil sie etwas lernen möchten oder weil es ihnen Freude bereitet. Zweitens, mit welchen Instrumenten oder Anreizen können die Userinnen und User zur aktiven Beteiligung in Online-Communities motiviert werden? Die Experteninterviews zeigten, dass wenig Involvement meist Wettbewerbe erfordert. Zudem sind Inhalte mit Mehrwert wichtig, um Userinnen auf einem tiefen Niveau und mit geringem Involvement zu beteiligen. Ranking-Systeme, Feedback oder andere Formen der Anerkennung sind weiterführende Anreizelemente, die zu einem vertiefteren Engagement in der Community führen können. Am ganz anderen Ende der Partizipation erhalten hoch involvierte Userinnen und User weitgehende Autonomie, um beispielsweise neue Produkte zu kreieren. Drittens, welche Wirkung hat der Einsatz von Anreizelementen bei Online-Communities? Dazu wurden fünf Online-Experimente durchgeführt. Es zeigte sich, dass die Anreizelemente je nach Community-Typ unterschiedliche Wirkung zeigen: Wettbewerbe funktionieren in Communities mit einem eher kurzfristigen Charakter, bei denen Informationen im Vordergrund stehen. Gerade bei Experten-Communities erwies sich die Profilinformation als wichtig für die Aktivierung der Userinnen und User.

Insgesamt zeigt sich, dass das Management einer Community Fachkenntnisse, Fingerspitzengefühl und eine Struktur braucht, die autonomes Handeln der Community-Mitglieder begünstigt und auch anstrebt. Nur so lässt sich eine Community langfristig aufrechterhalten und kann zur Wertschöpfung eines Unternehmens beitragen.

1 Potenzial und Herausforderungen von Online-Communities

Wo früher von Unternehmen auf den Einwegdialog gesetzt wurde, steht heute der Austausch mit und zwischen den Kundinnen und Kunden immer mehr im Vordergrund der Marketingaktivitäten (Levine et al. 2002; Li und Bernoff 2008). Entsprechend setzen zahlreiche Unternehmen auf eigene Online-Communities, um den direkten Kontakt mit der Kundschaft und Interessierten zu pflegen. Im Gegensatz zu Social Networking Sites wie Facebook, sind die Beziehungen zwischen den Mitgliedern einer unternehmenseigenen Community stärker und es geht vermehrt darum, sich zu engagieren, sich zu profilieren oder gemeinsam ein Ziel zu erreichen (Howard 2010).

Unternehmenseigene Online-Communities sind ein Zusammenschluss von Individuen, die ein gemeinsames Interesse und/oder Ziel teilen und sich regelmäßig mit Hilfe einer von Unternehmen zur Verfügung gestellten und gemanagten technischen Plattform im Internet austauschen. Online-Communities sind als ein soziales Gefüge zu verstehen. Die Mitglieder sind freiwillig aktiv. Sie stellen Fragen, geben sich gegenseitig Antwort, tauschen Erfahrungen aus, wertschätzen Inhalte oder lesen die Beiträge, die andere verfasst haben (Döring 2003; Bullinger et al. 2002; Janzik 2012). Kundinnen und Kunden sind in dem Sinne auch immer mehr Mitdenker, Mitredner, Optimierer, Erfinder und Mithelfer. Wer mit seinem

Unternehmen eine Anlaufstelle oder eine Heimat für diese neue Art Kunden bieten und tatsächlich mit den Kunden die Zukunft gestalten will, benötigt nicht nur eine Facebook-Page, sondern eine zentrale Plattform, wo die Gespräche rund um das Produkt, die Marke und Services geschehen. Die Social-Media-Kanäle wiederum fungieren als eigentliche „Außenstellen", um auch dort präsent zu sein, wo sich aktuelle und potenzielle Kundinnen und Kunden aufhalten.

Beispiele für unternehmenseigene Online-Communities sind die Thermomix-Community des Unternehmens Vorwerk, Migipedia des Detailhändlers Migros in der Schweiz, die weltweit aktive SAP-Community oder die Mercedes-Community, um nur einige Beispiele zu nennen. Sie alle sind langfristige strategische Engagements und leisten einen Beitrag für ein nachhaltiges Customer Relationship Management. Entsprechend werden diese Communities von den Unternehmen mit erheblichem Aufwand aufgebaut und weiterentwickelt. Angelegt sind sie auf eine langfristige Bindung und als Dialogplattform, denn nur so entsteht eine Gemeinschaft, die den Community-Mitgliedern das Gefühl gibt, sozial eingebunden zu sein (Döring 2003). Zudem geht es darum, die Bindung zum Unternehmen sowie die Loyalität zu einer Marke oder einem Produkt zu stärken und die Weiterempfehlungswahrscheinlichkeit zu steigern (Brodie et al. 2011; Bullinger et al. 2002; Janzik 2012).

Der Grad der Einbindung und des Engagements ist je nach Reifegrad der Community unterschiedlich und deren Nutzen für die Unternehmen vielfältig (Brodie et al. 2011; Bullinger et al. 2002; Janzik 2012). Gelingt es einem Unternehmen, die Kundinnen und Kunden zu involvieren, verfügt es im Gegenzug über wertvolle Daten über die Vorlieben und auch Kritikpunkte und kann dies für die Entwicklung nutzen. Betreiber von Onlineshops profitieren von der Tester-Community, die ihre Produkte nicht nur kauft, sondern auch Testberichte schreibt und Produkte bewertet. Die Auswertungen von Onlineshops zeigen, dass Produkte mit Bewertung markant besser verkauft werden. Dank Support-Communities werden Anfragen im Callcenter reduziert und Themen-Communities haben das Potenzial praktisch in Echtzeit Informationen und Beratung zu liefern und damit einen Kaufentscheid direkt zu beeinflussen. Teilweise übernehmen Communities also wertschöpfende Unternehmensaktivitäten. Zudem kann die Toleranz gegenüber Fehlern und die Zufriedenheit mit der Marke verbessert werden.

Zentral für den Erfolg einer Online-Community ist eine aktive Beteiligung der Nutzerinnen und Nutzer (Nambisan und Baron 2009; Adiele 2011; Howard 2010). Vor diesem Hintergrund befasste sich eine umfassende Studie der Hochschule Luzern und verschiedenen Industriepartnern mit der Partizipation in unternehmenseigenen Online-Communities aus psychologischer Sicht. Der vorliegende Beitrag fasst die wichtigsten Erkenntnisse dieser Studie zusammen.

2 Eine Studie zur Psychologie von Online-Communities

Als Grundlage für das Forschungsprojekt diente ein klassisches Motivationsmodell aus der Psychologie: Das Motivationsmodell von Rheinberg (2008). In Anlehnung an diese Grundlagen geht das Projekt davon aus, dass Partizipation ein Produkt ist aus individuellen Motiven, welche in der Person und aus Anreizelementen, welche in der Situation verankert sind (Ryan und Deci 2000) (vgl. Abb. 1).

Motive sind dabei individuelle Ziele und Bedürfnisse, die eine Person dazu bewegen, etwas zu tun (Rheinberg 2008). Dazu zählt etwa das Bedürfnis, anderen zu helfen, etwas zu lernen oder das Ziel, andere zu beeinflussen. Die Motive sind individuell unterschiedlich, lassen sich aber bestimmten Kategorien zuordnen. Das heißt im Fall von Communities, dass es wichtig ist, dass Unternehmen mit den Motiven ihrer Community-Mitglieder vertraut sind. Das bedingt, dass sie ihre Zielgruppen sehr gut kennen und wissen, wie diese funktionieren und interagieren.

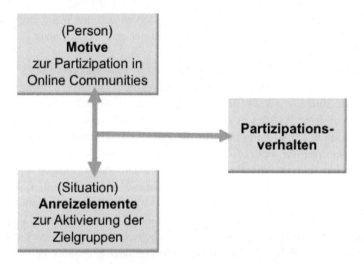

Abb. 1: Psychologisches Modell zur Partizipation in Online-Communities
(Rheinberg 2008; Ryan & Deci 2000)

Denn diese Motive treffen auf Anreize und falls diese passen, resultiert daraus Partizipation. Diese Zusammenhänge sind in Abb. 1 dargestellt. Im Falle von Online-Communities sind Anreize zum Beispiel Beiträge, Rückmeldungen durch die Moderation oder funktionelle und gestalterische Elemente, die auf ein stärkeres Partizipationsverhalten abzielen (Brzozowski et al. 2009; Burke et al. 2009; Adiele 2011; Garnefeld et al. 2012; Resnick et al. 2010). Dazu zählen Auszeichnungen, Ranglisten oder Badges, die eine besondere Leistung sichtbar machen. Eine andere Variante sind Feedback-Systeme, die es Nutzenden ermöglichen, ihre Dankbarkeit für eine hilfreiche Antwort kund zu tun oder mit „likes" besonders wertvolle Posts zu bewerten. In zahlreichen Communities übernehmen auch Moderatoren diese Aufgabe, indem sie Beiträge von Usern verdanken und damit ihre Wertschätzung ausdrücken.

Über die Anreizelemente kann ein Unternehmen das Partizipationsverhalten beeinflussen. Ein sinnvoller Einsatz der Anreizelemente ist aber nur möglich, wenn die Motive der Zielgruppe(n) bekannt sind. Ausgehend von dieser Basis zielte das Forschungsprojekt auf die Beantwortung folgender drei zentraler Fragen aus der Praxis des Managements von Online-Communities ab: (1) Warum sind Userinnen und User in unternehmenseigenen Online-Communities aktiv? (2) Wie können die Userinnen und User mit dem Einsatz von Anreizelementen zur aktiven Beteiligung in Online-Communities motiviert werden? (3) Welche Wirkung hat der Einsatz von Anreizelementen bei Online-Communities?

Diesen drei Fragen wurde in drei Arbeitsschritten nachgegangen: In einem *ersten Arbeitsschritt* wurden die Motive der Nutzerinnen und Nutzer von unternehmenseigenen Online-Communities mittels zwölf qualitativen Interviews sowie einer Umfrage bei drei Online-Communities (insgesamt 223 Teilnehmende) erhoben. Im *zweiten Arbeitsschritt* wurden mittels 20 Experteninterviews die in der Praxis eingesetzten Anreizelemente identifiziert. In einem dritten Arbeitsschritt wurde die Wirkung der Anreizelemente auf das Partizipationsverhalten gemessen. Dabei wurden drei Online-Experimente durchgeführt (insgesamt 478 Teilnehmende).

3   Die Motivation der Userinnen und User

Die erste Phase des Forschungsprojektes widmete sich den Motiven der Mitglieder von Online-Communities. Dabei haben sich fünf Motivationen herauskristallisiert, welche für das Partizipationsverhalten in Online-Communities relevant sind (vgl. zum Beispiel Dholakia et al. 2004; Nambisan und Baron 2009; Janzik 2012) (vgl. Abb. 2):

1. **Anschlussmotivation:** Diese Motivation treibt Personen an, mit Freunden oder überhaupt mit anderen Menschen zusammen zu sein. Menschen, die durch Anschlussmotivation aktiviert werden, akzeptieren andere Leute bereitwillig. Sie geben sich Mühe, Freundschaften einzugehen und Verbindungen zu anderen Menschen aufrechtzuerhalten. Das heißt, sie sind in Online-Communities aktiv, um Beziehungen zu vertiefen oder ein Zugehörigkeitsgefühl zu verstärken. Eine typische Aussage von einem geselligkeitsorientierten Community-Mitglied ist: *„Ein Suchen nach einem Daheim, ist vielleicht für mich stimmig."*

2. **Hilfsbereitschaft:** Hilfsbereite Personen sind motiviert, anderen Zuneigung und Trost zu vermitteln und wenn immer möglich zu helfen. Sie bieten Leuten, die es nötig ha-

ben, Unterstützung an und erweisen anderen bereitwillig Gefälligkeiten. Im Kontext von Online-Communities heißt dies, dass sie motiviert sind, ihre Erfahrungen oder auch Expertenwissen zu teilen und anderen Nutzerinnen und Nutzer bei der Problemlösung zu helfen. Ebenfalls ein Beispiel einer Aussage aus der qualitativen Studie: *„Das gibt ja immer eine Befriedigung, wenn man jemandem helfen kann."*

3. **Geltung und Status:** Das grundlegende Bedürfnis nach Geltung und Status bewegt Personen dazu, ihre Umwelt unter Kontrolle zu halten und andere Leute zu beeinflussen oder zu lenken. Solche Menschen vertreten ihre Meinung nachdrücklich. In Online-Communities zeigt sich die Motivation, indem Nutzerinnen und Nutzer eine Bestätigung ihrer Kompetenz suchen und versuchen, andere zu beeinflussen. In Communities werden bewusst auch Experten eingesetzt, die unter anderem auch durch Status und Reputation angetrieben werden. Dies zeigt sich beispielsweise in dieser Aussage: *„Ich möchte mich in der Community wirklich als Experte positionieren."*

4. **Lernen und Kompetenzerweiterung**: Diese Motivation bewegt Menschen, die ihr Wissen erweitern wollen. Userinnen und User schätzen in diesem Fall sinnvolle Verknüpfungen, beweisbare Verallgemeinerungen und logisches Denken, besonders, wenn es darum geht, Wissbegier zu befriedigen. In Online-Communities heißt dies, dass die Nutzerinnen und Nutzer ihr Wissen im Themenbereich der Community vergrößern möchten, oder dass sie Lösungen zu spezifischen Themen suchen. Das zeigt sich in dieser Aussage: *„Man kann das eine oder andere dazu lernen, seinen Horizont erweitern, ..."*

5. **Freude am und Begeisterung für das Thema:** Die Beteiligung in Online-Communities ist auch verbunden mit einer Freude an den Inhalten und einer Begeisterung für ein Thema. Dies ist in Communities von zentraler Bedeutung. Entsprechend motivierte Userinnen und User sehen ihre Beteiligung in Online-Communities als einen entspannenden Zeitvertreib, der ihnen Freude bereitet. Sie möchten darum auch gerne unterhalten werden.

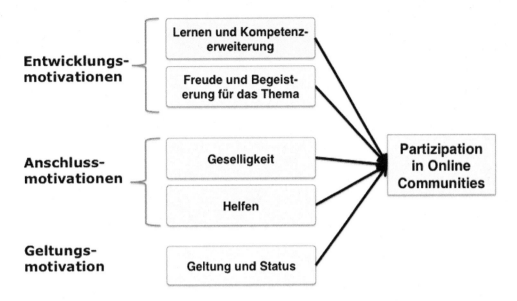

Abb. 2: Relevante Motivationen für die Beteiligung in Online-Communities

Befragt wurden Mitglieder von drei verschiedenen Communities: Einer Community einer Krankenversicherung, der Community eines Dienstleisters im Immobilienbereich sowie als Vergleich die Mitglieder einer offenen Themencommunity. Die Befragten wurden gebeten auf einer Skala von 1 bis 5 anzugeben, wie sehr sie Aussagen zu verschiedenen Motivationen für eine Beteiligung in der entsprechenden Online-Community zustimmen (zum Beispiel „Ich bin bei der Community aktiv, um mein Wissen zum Thema zu vergrößern"). Abb. 3 zeigt die mittleren Zustimmungswerte zu fünf verschiedenen Motivationen.

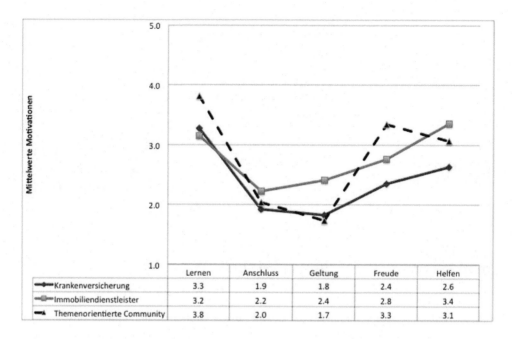

Abb. 3: Motivationen in Online-Communities (Mittelwerte; 5 = hohe Zustimmung; 1 = tiefe Zustimmung)

Die Ergebnisse zeigen, dass Mitglieder in Online-Communities eine hohe Motivation zeigen, etwas zu lernen und ihre Kompetenzen zu erweitern. Ebenfalls höher gewichtet wird die Motivation zu helfen. In der themenorientierten Community kommt außerdem der Freude und Begeisterung ein hoher Stellenwert zu. Abgesehen davon zeigen sich keine signifikanten Unterschiede zwischen den verschiedenen Communities.

Zusätzlich zur Zustimmung wurde in der Studie auch die Nutzungshäufigkeit erhoben sowie der Zusammenhang zwischen Motivation und Nutzungshäufigkeit analysiert. Hier zeigt sich nun ein differenzierteres Bild und Unterschiede zwischen den verschiedenen Communities werden sichtbar.

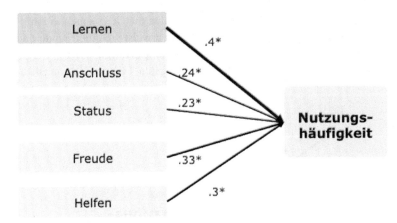

Abb. 4: Zusammenhang zwischen Motivation und Nutzungshäufigkeit für die Community der Krankenversicherung (Korrelationen nach Spearman; 1 = perfekter Zusammenhang; 0 = kein Zusammenhang; N = 161; 3 = statistisch relevanter Zusammenhang)

Für die Online-Community der Krankenversicherung ist die Lernmotivation der wichtigste Prädiktor für die Nutzungshäufigkeit (vgl. Abb. 4). Ein anderes Bild zeigt sich bei der Community des Dienstleisters im Immobilienbereich. In diesem Fall ist die Motivation zu helfen der stärkste Prädiktor, während die Lernmotivation den geringsten Zusammenhang mit der Nutzungshäufigkeit aufweist.

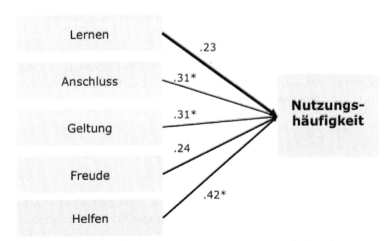

Abb. 5: Zusammenhang zwischen Motivation und Nutzungshäufigkeit für die Community eines Dienstleisters im Immobilienbereich (Korrelationen nach Spearman; 1 = perfekter Zusammenhang; 0 = kein Zusammenhang; N = 39; 3 = statistisch relevanter Zusammenhang)

Wieder ein anderes Bild zeigt sich bei der Auswertung der Daten aus der themenorientierten Community (vgl. Abb. 6). Für dieses Community-Beispiel erweist sich die Freude und Begeisterung am Thema als wichtigster Faktor, um die Nutzungshäufigkeit zu erklären. Auch in diesem Beispiel erklärt die Lernmotivation den geringsten Teil der Nutzungshäufigkeit.

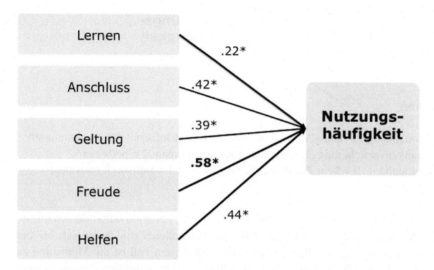

Abb. 6: Zusammenhang zwischen Motivation und Nutzungshäufigkeit für die themenorientierte Community (Korrelationen nach Spearman; 1 = perfekter Zusammenhang; 0 = kein Zusammenhang; N = 145; 3 = statistisch relevanter Zusammenhang)

Insgesamt lässt sich festhalten, dass Userinnen und User in Online-Communities unterschiedliche Bedürfnisse befriedigen. Sie sind angetrieben von fünf verschiedenen Motiven, die aber je nach Art der Community unterschiedlich bedeutsam sind für die Nutzungshäufigkeit.

4 Das Management der Partizipation in der Praxis

Die zweite Phase des Projektes widmete sich der Frage: Welche Strategien werden in der Praxis eingesetzt, um Nutzerinnen und Nutzer von Online-Communities zum Mitmachen zu motivieren? Mittels 20 Interviews mit Beraterinnen und Beratern in Social-Media-Agenturen, Community-Managerinnen und -Managern, Wissenschaftlerinnen und Wissenschaftlern wurde ermittelt, welche Anreize zur Motivation von Online-Customer-Engagement in der Praxis erfolgreich eingesetzt oder empfohlen werden.

In der Theorie wird zwischen zwei Kategorien von Anreizen unterschieden: Extrinsisch- und intrinsisch-orientierten Anreizen (Frey und Osterloh 2002). Extrinsisch-orientierte Anreize sind Anreize, bei welchen die Nutzerinnen und Nutzer vor allem durch die in Aussicht gestellte Belohnung motiviert werden, nicht aber durch die Tätigkeit selbst. Intrinsisch-orientierte Anreize sprechen innere Beweggründe und Wertvorstellungen an. Typische Merkmale für intrinsisch-orientierte Anreize sind etwa die Möglichkeit, verschiedene Fähigkeiten einzusetzen, die Sinnhaftigkeit oder die Autonomie bei der Erledigung einer Aufgabe und das erwartete Feedback (Brzozowski et al. 2009; Burke et al. 2009; Adiele 2011; Garnefeld et al. 2012; Resnick et al. 2010).

Extrinsisch- und intrinsisch-orientierte Anreize können sich auch überschneiden und sind nicht immer klar voneinander unterscheidbar: (Immaterielle) Belohnungen beispielsweise, können auch einen höheren Sinn vermitteln oder ein positives Verhaltensfeedback sein und damit als intrinsisch-orientierter Anreiz verstanden werden. In der Tendenz können die Anreize jedoch einer der zwei Kategorien zugeordnet werden.

4.1 Extrinsisch-orientierte Anreize

Zu den extrinsisch-orientierten Anreizen gehören Wettbewerbe, monetäre Belohnungen, materielle Belohnungen wie Geschenke oder Testprodukte. Die befragten Expertinnen und Experten stimulieren vor allem mit Wettbewerbspreisen oder finanziellen Belohnungen ein genau definiertes Verhalten (Teilen von Bildern, Preisgeben von persönlichen Informationen, etc.). Testprodukte hingegen setzen sie als Belohnung für besonders aktive Nutzerinnen und Nutzer ein.

Obwohl die Expertinnen und Experten Belohnungen sowie Wettbewerbe kritisch beurteilen, setzen sie diese dennoch regelmäßig ein. Diese Ambivalenz ergibt sich einerseits aus der Angst, mit Anreizen die „falsche" Zielgruppe anzusprechen oder gar die Eigenmotivation zu zerstören. Andererseits sehen die Expertinnen und Experten die Vorteile beim Einsatz von Belohnungen. Sie sind aus ihrer Sicht als Einstiegsaktivierung geeignet und damit in der Anfangsphase des Customer Engagements in Online-Communities durchaus sinnvoll. Extrinsische Anreize können zudem als Belohnungen im Sinne eines instrumentellen Lernprozesses verstanden werden. Dank des Anreizes werden neue Verhaltensweisen erlernt, die anschließend auch ohne Anreiz weiter eingesetzt werden. Hinter der Wirkung dieser Anreize vermuten unsere Interviewpartnerinnen und -partner das Bedürfnis nach Einfluss (Status), Unterhaltung und Anerkennung. Bei solchen materiellen Belohnungen geht es vor allem darum, die Community-Mitglieder zum Posten anzuregen.

4.2 Intrinsisch-orientierte Anreize

Aus der Befragung der Expertinnen und Experten kristallisieren sich die folgenden sechs Kategorien von intrinsisch-orientierten Anreizen heraus (vgl. Tab. 1). Diese Anreize lassen sich entlang des Involvements der Beteiligung der Userinnen und User kategorisieren lassen.

Anreiztyp	Beschreibung
Inhalte	Inhalte mit Mehrwert, die vom Unternehmen/der Moderation etc. gepostet werden
Feedback	Qualitative, neutrale Rückmeldungen auf User-Verhalten geben
Anerkennung	Userinnen und Usern Rückmeldungen mit einer qualitativen Bewertung geben
Status und Ranking	Quantitatives Feedback, welches einen Vergleich mit anderen ermöglicht
Profilinformation	Informationen zu den Nutzerinnen und Nutzern, welche genutzt werden können, um eine soziale Identität aufzubauen und den Austausch persönlicher gestalten
Autonomie	Mitgestalten von Produkten, Prozessen oder Wissensaufbau ermöglichen

Tabelle 1: Intrinsisch-orientierte Anreize

In den folgenden Abschnitten werden die einzelnen Anreize, die vermuteten Nutzerbedürfnisse sowie die spezifischen Verhaltensweisen, die damit von den Expertinnen und Experten aktiviert werden wollen, erklärt.

4.3 Inhalte

Interessante und aktivierende Inhalte sind die Grundlage aller funktionierenden Communities. Sie aktivieren die Nutzerinnen und Nutzer vor allem zum Lesen der Beiträge. Es sind die Inhalte, die mit der Motivation, etwas Neues zu lernen, interagieren. Als stimulierend werden Inhalte mit Mehrwert, interessante sowie kontroverse Inhalte interpretiert.

Bei den Inhalten in Communities geht es einerseits darum, kurzfristig neue Nutzerinnen und Nutzer durch spannende und suchmaschinenrelevante Inhalte anzuziehen, andererseits aber auch Community-Nutzerinnen und -Nutzer durch formatspezifische Aspekte zu User

Generated Content zu aktivieren. Dies hat auch mit dem Reifegrad einer Community zu tun: In frühen Phasen des Dialogs mit der Kundschaft wird eher auf die Bereitstellung von Inhalten gesetzt. Je mehr Interaktion entsteht, desto mehr liegt der Fokus auf dem Dialog und Austausch. Inhalte können von den Userinnen und Usern einfach gelesen werden und verlangen nur nach einem geringen Involvement.

4.3.1 Feedback

Qualitatives, neutrales Feedback wird von den Befragten als aufwendige Möglichkeit beschrieben, das Bedürfnis nach Beachtung und Anlehnung zu erfüllen. Es geht dabei darum, sich als Moderation am Dialog zu beteiligen, die Mitglieder ernst zu nehmen und ihnen auf Augenhöhe zu begegnen. Mit ihrer Beteiligung regen Moderatorinnen oder Moderatoren das Posten von Antworten an.

4.3.2 Anerkennung

Anerkennung auf verschiedenen Ebenen wird sowohl in der Literatur wie auch von Community-Expertinnen und -Experten als Möglichkeit angegeben, wie Nutzerinnen und Nutzer in Communities zur Aktivität angeregt werden können. Sie empfehlen Anreize wie Wertschätzung, für Beiträge zu danken sowie das Taggen geleisteter Beiträge zur Aktivierung von Usern, die das Bedürfnis nach sozialer Anerkennung haben. Damit wird vor allem darauf abgezielt, dass die Mitglieder aktiv Beiträge posten, aber auch teilen. Wertschätzung, für Beiträge zu danken sowie das Taggen der geleisteten Beiträge sollen das zugrundeliegende Bedürfnis von Community-Mitgliedern nach Anerkennung befriedigen.

4.3.3 Status und Ranking (Rückmeldung, die einen Vergleich mit anderen ermöglicht)

Auch Anreize, wie das Offenlegen einer Gemeinschaftsrolle und damit verbunden die Möglichkeit, sich innerhalb der Community stufenweise zu verbessern und dafür wertgeschätzt zu werden, sind eine Möglichkeit, verschiedene Mitglieder zu mehr Aktivität zu motivieren. Diese Anreizelemente werden oftmals auch im Rahmen von Gamification eingesetzt. Dies sind zum Beispiel Punktesysteme, Sterne oder Rollen, die eine Statusverbesserung anzeigen (zum Beispiel Fan der Woche, User der Woche, Super-User). Sie werden an die Profilinformation angehängt (vgl. auch Abschnitt 1.4.3.4), sie sind aber immer an Aktivität in der Community gebunden. Mit dieser Art von Anreizen werden vor allem Personen angesprochen, welche ein Geltungsbedürfnis haben, das heißt, ein Bedürfnis sich mit anderen zu messen oder gegenüber anderen zu positionieren. Es schwingen dabei aber auch Anschlussmotive mit.

4.3.4 Profilinformation

Mit Profilinformationen gibt man den Userinnen und Usern die Möglichkeit, ihre Identität in der Community zu zeigen. Dies ist sowohl für die anderen Nutzerinnen und Nutzer interessant, wie auch für die Beitragenden selbst. Die anderen Nutzerinnen und Nutzer können daraus die Qualität, Authentizität und Bedeutung des Beitrags ablesen. Sie erweitert deren Möglichkeit, sich zu entwickeln und zu lernen. Profilinformationen sind aber auch ein Mittel, um Status zu vermitteln oder Auszeichnungen zu geben (vgl. Abschnitt 1.4.3.3).

4.3.5 Autonomie

Wenn innere Beweggründe und Wertvorstellungen angesprochen sind (intrinsisches Interesse), ist Autonomie gemäß Motivationspsychologen der stärkste Anreiz. Auch in diesem Bereich werden von Community-Experten und -Expertinnen konkrete Beispiele genannt, die bereits zur Anwendung kommen. So können Community-Mitglieder etwa Produkte, Prozesse oder den Wissensaufbau mitgestalten und so Partizipation erleben. Aufgaben und Beiträgen wird ein höherer Sinn gegeben, indem diese tatsächlich und sichtbar in die Produktentwicklung einfließen. Dies ist etwa bei der Community des Detailhändlers Migros der Fall, wo die Community teils auch über neue Produkte mitentscheidet oder diese maßgeblich mitentwickelt. Ein solches Engagement von Userinnen und Usern muss mit viel Wertschätzung und einer angemessenen Gegenleistung in Form von Anerkennung, Partizipation oder auch erweiterten Rechten gewürdigt werden. Denn gerade die Einbindung von Kundinnen und Kunden in den Wertschöpfungsprozess wird teilweise auch kritisch beurteilt, weil damit von Kundinnen und Kunden kostenlos Aufgaben wahrgenommen werden, die das Unternehmen sonst finanziell entschädigt.

Insgesamt lässt sich festhalten, dass in der Praxis vor allem auf die Bereitstellung der Inhalte gesetzt wird, um die Partizipation in Communities zu fördern. Damit sind Unternehmen auch vertraut und die Produktion und Bereitstellung von Inhalten lässt sich mit ursprünglichen Kommunikationsmodellen in Einklang bringen, bei denen die Kommunikation linear und kontrolliert vom Sender über das Medium zum Empfänger gelangt. Eine weitere Abhängigkeit zeigt sich hier zum Reifegrad einer Community: In frühen Phasen des Dialogs mit der Kundschaft wird eher auf die Bereitstellung von Inhalten gesetzt.

Je mehr Interaktion zugelassen wird, desto mehr Dialog und Austausch entsteht. Ebenfalls ein großes Gewicht kommt Anreizen wie Ranking und Status sowie Feedback mit Bewertung zu, die auf die Anerkennung abzielen. Aufgabenbezogene Anreize, die auf eine eigenmotivierte Beteiligung abzielen (Autonomie, Sinnhaftigkeit, etc.) und Partizipation und Co-Creation anregen, sind mit einem hohen Reifegrad einer Community verbunden und werden erst bei wenigen Befragten gezielt eingesetzt. Hier ist die Kundschaft viel näher am Unternehmen und tief in die Wertschöpfungsprozesse des Unternehmens eingebunden.

Grundsätzlich gilt: Je höher der Reifegrad der Community, desto größer der Austausch und Dialog zwischen Unternehmen und Kundschaft. Dies erfordert aber auch eine entsprechende Bereitschaft zur Öffnung der Unternehmen und das Aufbrechen klassischer Hierarchien zwischen Unternehmen und Konsumenten.

5 Wirkung der Anreize in Online-Communities

Die Wirkung der Anreizelemente auf das Partizipationsverhalten wurde auf Basis von drei Szenario-Experimenten erhoben. Die Szenarien wurden im Kontext einer fiktiven Karriere-Online-Community mit Studierenden, der Online-Community der Krankenversicherung sowie im Kontext der themenorientierten Online-Community durchgeführt.

Die Experimente waren im Aufbau identisch: Den Studienteilnehmern wurde eine fiktive aber für die entsprechende Community realistische Frage präsentiert. Die Studienteilnehmenden wurden in Gruppen eingeteilt und jede Gruppe erhielt die Frage in Kombination mit unterschiedlichen Anreizen gekoppelt präsentiert. Alle Teilnehmenden sahen ein Antwortfeld, in dem sie eine mögliche Antwort posten konnten. Es bestand jedoch kein Antwortzwang. Analysiert wurden die Anzahl Wörter, die in Abhängigkeit der Anreize als Antwort auf die Frage geschrieben wurden. Die Anzahl geschriebener Wörter dient hier als Indikator für die Bereitschaft, sich an einer Diskussion zu beteiligen. Die Ergebnisse fallen in Abhängigkeit des Community-Kontextes unterschiedlich aus.

Die Ergebnisse des Experiments im Kontext des Karriereforums sind in Abb. 7 dargestellt. Hier wurden die Teilnehmerinnen und Teilnehmer in fünf Gruppen eingeteilt, die jeweils eine spezifische Bedingung zur Beurteilung erhielten. Die fünf Bedingungen bestanden aus einer Wettbewerbsbedingung, einer Profilinformationsbedingung, einer Feedbackbedingung sowie einer Statusbedingung. Im ersten Fall konnten die Antwortenden an einem Wettbewerb teilnehmen. Im Fall der Profilinformation erhielten sie zusätzliche Informationen zur Person, welche die Frage gestellt hatte. In der Feedbackbedingung wurde die Möglichkeit präsentiert, eine Rückmeldung auf die Antwort zu erhalten. Schlussendlich wurde in der Statusbedingung eine Auszeichnung als Community-Mitglied der Woche in Aussicht gestellt. Zudem gab es eine Kontrollkondition, in welcher einfach nur die Frage gestellt wurde.

Die Option, an einem Wettbewerb teilzunehmen oder eine Rückmeldung zu erhalten, führte dazu, dass die Testpersonen signifikant mehr Worte schrieben als Testpersonen aus der Kontrollgruppe. Keinen Einfluss zeigten dagegen Profilinformationen oder die Möglichkeit, in einer Rangliste aufzusteigen.

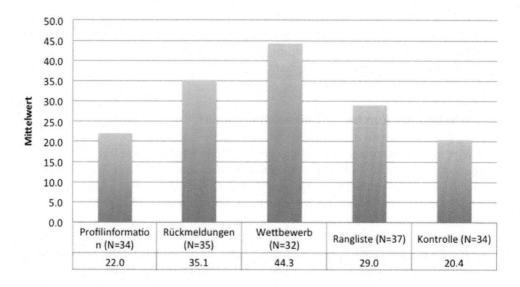

Abb. 7: Durchschnittliche Anzahl geschriebener Wörter im Karriereforum in Abhängigkeit der Bedingungen (N = 172)

Eine vergleichbare Versuchsanordnung zeigte im Kontext der Community der Krankenversicherung mit 161 Userinnen und User ganz andere Ergebnisse. Während ein optionaler Wettbewerb wie auch die Möglichkeit von Rückmeldungen keine Wirkung auf die Partizipation nahmen, zeigte sich ein Einfluss bei unterschiedlichen Profilinformationen: In diesem Experiment wurden die Teilnehmerinnen und Teilnehmer in vier Gruppen unterteilt. Die Frage wurde in Kombination mit unterschiedlichen Profilinformationen gestellt. Wurde die Frage von einem „neuen Autor" gestellt, wurden längere Antworten verfasst als wenn die Frage durch die Moderation oder durch einen Experten (Professor mit oder ohne Bild) gestellt wurde (vgl. Abb. 8). Eine mögliche Erklärung für diese unterschiedlichen Ergebnisse in Abhängigkeit der Profilinformation ist, dass User viel stärker motiviert sind, auf Fragen von neuen Community-Mitgliedern zu reagieren. Es liegt auf der Hand, dass die zuvor genannten Motivationen wie Hilfsbereitschaft angesprochen werden, wenn man die Frage eines anderen Mitglieds beantworten kann im Vergleich zu einer Frage der Moderation.

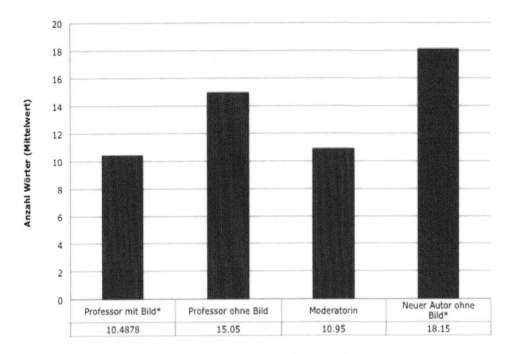

Abb. 8: Durchschnittliche Anzahl geschriebener Wörter in der Online-Community der Krankenversicherung in Abhängigkeit der Konditionen in Bezug auf unterschiedliche Profilinformationen (N = 172)

Ein weiterer Hinweis auf die Wirkung der Anreize zeigte sich im dritten Experiment im Kontext der themenorientierten Community. Hier zeigte sich gar ein negativer Effekt beim Einsatz von Wettbewerben oder einer Frage, welche von der Moderation gestellt wurde: In diesen beiden Konditionen wurden signifikant kürzere Antworten verfasst im Vergleich zur Kontrollgruppe oder der Feedbackkondition.

Diese Ergebnisse verdeutlichen, dass die Beteiligung der Moderation sehr viel Fingerspitzengefühl braucht, um die User nicht einzuschüchtern oder von einer Beteiligung abzuhalten. Dies trifft insbesondere in selbstorganisierten Communities zu, wo eine inhaltliche Einmischung und Steuerung durch die Moderation wenig akzeptiert wird.

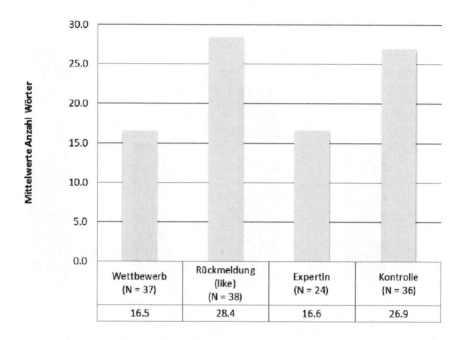

Abb. 9: Durchschnittliche Anzahl geschriebener Wörter in der themenorientierten Community in Abhängigkeit der Konditionen (N = 172)

6 Fazit

Die unterschiedlichen Experimente in Communities und auch die Befragungen lassen in Bezug auf die Partizipation in Online-Communities verschiedene Schlüsse zu. Grundsätzlich ist die gezielte Steuerung einer Community ohne fundierte Kenntnisse über die Themen und die Zusammensetzung der Community schwierig. Communities sind dynamische Gebilde, die sich permanent weiterentwickeln und die auf einem gemeinsamen Interesse beruhen. Themen und Inhalte sind deshalb entscheidend für das Engagement in einer Community und stehen im Zentrum des Interesses. Sie sind der Grund, sich einer Community anzuschließen und ihr auch treu zu bleiben. Verschiedene Motive von Usern, sich in Communities zu beteiligen, werden über die Inhalte angeregt, entsprechend ist die Auswahl und Aufbereitung von anregenden Contents unabdingbar. Sind diese für die Community nicht spannend, aktuell oder anregend genug, dann wenden sich die Mitglieder ab. Welche Inhalte als Mehrwert empfunden werden, hängt dabei direkt von der Ausrichtung der Community ab. Entsprechend wichtig ist es, den Userinnen und Usern zuzuhören und auf Stimmungen und Bedürfnisse einzugehen. Unternehmenseigene Communities stehen dabei immer in direktem Wettbewerb zu Communities, die unabhängig gegründet wurden und von einer sehr hohen intrinsischen Motivation der Teilnehmenden profitieren.

Die Wertschätzung der Userinnen und User steht im Zentrum einer aktiven Online-Community. Der Community Manager spielt dabei insbesondere in der Aufbauphase eine zentrale Rolle, um die Kultur einer Community zu definieren und zu etablieren. Da ist Psychologie oft wichtiger als Technologie und Community-Manager können durch wertschätzende Moderation und psychologisch intelligente Konfliktlösungsstrategien viel zum Gelingen des Austausches beitragen. In einer späteren Entwicklungsphase kann den besonders aktiven Userinnen und Usern auch ein Teil der Verantwortung übertragen werden. Die Möglichkeit mitzugestalten (Produkte oder Serviceleistungen in der Community) und Verantwortung zu übernehmen, sind für speziell verdiente und aktive Community-Mitglieder ein wichtiger Faktor, um sich langfristig zu engagieren. Extrinsische Anreize wie Wettbewerbe oder andere Belohnungen für eine aktive Teilnahme sind dagegen eine Gratwanderung. In der Aufbauphase können sie helfen, neue Mitglieder zu gewinnen, ohne Bezug zur Community und ihren Themen verpufft dieser Effekt jedoch schnell und lockt unter Umständen auch falsche Leute an. Das Management einer Community braucht Fachkenntnisse, Fingerspitzengefühl und eine Struktur, die autonomes Handeln der Community-Mitglieder begünstigt und auch anstrebt. Nur so lässt sich eine Community langfristig aufrechterhalten und kann zur Wertschöpfung eines Unternehmens beitragen.

Literatur

Adiele, C. (2011). Towards promoting interactivity in a B2B web community. *Information Systems Frontiers*, 13(2), 237-249.

Brodie, R.J./Ilic, A./Juric, B./Hollebeek, L. (2011): Consumer Engagement in a Virtual Brand Community: an Exploratory Analysis. In: Journal of Business Research 66(1), 105–114.

Brzozowski, M.J./ Sandholm, T./ Hogg, T. (2009). Effects of feedback and peer pressure on contributions to enterprise social media. Paper presented at the Proceedings of the ACM 2009 international conference on Supporting group work.

Bullinger, H.-J./ Fröschle, N./ Mack, O., Trunzer, T./ Waltert, J. (2002), Business Communities – Professionelles Beziehungsmanagement von Kunden, Mitarbeitern und B2B-Partnern im Internet, 1. Auflage, Bonn: Galileo Press.

Burke, M./ Marlow, C./ Lento, T. (2009). Feed me: motivating newcomer contribution in social network sites. Paper presented at the Proceedings of the SIGCHI Conference on Human Factors in Computing Systems.

Dholakia, U. M./ Bagozzi, R. P./ Klein Pearo, L. (2004). A social influence model of consumer participation in network- and small-group-based virtual communities. International Journal of Research in Marketing, 21(3), 241–263.

Döring, N. (2003): Sozialpsychologie des Internet. Die Bedeutung des Internet für Kommunikationsprozesse, Identitäten, soziale Beziehungen und Gruppen. Göttingen: Hogrefe.

Frey, B.B./ Osterloh, M. (2002). Successful Management by Motivation - Balancing Intrinsic and Extrinsic Incentives. Springer: New York.

Garnefeld, I./ Iseke, A./ Krebs, A. (2012). Explicit incentives in online communities: boon or bane? *International Journal of Electronic Commerce*, 17(1), 11-38.

Hillery Jr., George A. (1955): Definitions of Community: Areas of Agreement. Rural Sociology 20:111-123.

Howard, T. W. (2010). Design to Thrive: Creating Social Networks and Online Communities that Last. Burlington, MA: Morgan Kaufmann.

Janzik, Lars (2012): Motivanalyse zu Anwenderinnovationen in Online Communities. Gabler Research. (Zitiert daraus S. 18)

Levine, R./ Locke, C./ Searls, D. (2002). Das Cluetrain Manifest. 95 Thesen für die neue Unternehmenskultur im digitalen Zeitalter. Econ Verlag. http://www.cluetrain.com/auf-deutsch.html

Li, C.; Bernoff, J. (2008): Groundswell: Winning in a World Transformed by Social Technologies. Harvard Business Review Press.

Nambisan, S./Baron, R. A. (2009). Virtual Customer Environments: Testing a Model of Voluntary Participation in Value Co-creation Activities. The Journal of Product Innovation Management, 26, S. 388-406.

Resnick, P.J./ Janney, A.W./ Buis, L.R. / Richardson, C.R. (2010). Adding an online community to an internet-mediated walking program. Part 2: strategies for encouraging community participation. *Journal of medical Internet research*, 12(4).

Rheinberg, F. (2008). Motivation, 7. Auflage. Stuttgart, Germany: Kohlhammer.

Rheingold, H. (1993): The Virtual Community - Homesteading on the Electronic Frontier. Addison Wesley, Reading, MA. Zitiert daraus S. 413.

Ryan, R. M./Deci, E. L. (2000). Self-determination theory and the facilitation of intrinsic motivation, social development, and well-being. American Psychologist, 55, 68-78.

Danksagung: Das Projekt wurde gefördert durch die Kommission für Technologie und Innovation der Schweizer Eidgenossenschaft (KTI Nr. 16256.1 PFES-ES). Wir danken den Industriepartnern Helsana AG, Homegate AG, Lithium und der SBB für die Zusammenarbeit und die Unterstützung des Projektes.

Die Autoren

Dorothea Schaffner ist Dozentin und Projektleiterin am Institut für Kommunikation und Marketing. Als Forschungskoordinatorin ist sie Mitglied der Institutsleitung. Ihre Forschungsschwerpunkte liegen im Bereich Konsumentenverhalten mit einem besonderen Fokus auf die Nutzung von Online- und mobilen Medien. Sie studierte Sozialpsychologie an der Universität Zürich und promovierte im Bereich Entscheidungsverhalten an der Universität St. Gallen.

Esther Federspiel ist Dozentin für Online-Kommunikation und Marketing an der Hochschule Luzern – Wirtschaft. Die Sozialpsychologin verbindet in ihren Projekten psychologische Variablen, mit denen des Marketings und der Kommunikation. Ihr Forschungsinteresse liegt vor allem darin, was Menschen in unterschiedlichen Online-Kontexten zu Kollaboration mit Unternehmen motiviert. Vor ihrer Tätigkeit an der Hochschule Luzern war sie auf Agentur- und Unternehmensseite im (Online-)Marketing tätig.

Seraina Mohr ist Leiterin des Competence Center Online-Kommunikation an der Hochschule Luzern – Wirtschaft und Mitglied der Leitung des Instituts für Marketing und Kommunikation. Heute forscht, berät und unterrichtet sie in den Bereichen Online-Kommunikation. Sie studierte Germanistik und Geschichte an der Universität Zürich und arbeitete vor dem Wechsel an die Hochschule mehr als zehn Jahre in verschiedenen Funktionen in der Medienbranche.

Florian Wieser ist Multigründer und seit 20 Jahren im digital Business mit Fokus auf Community tätig. Mit seinem Digital-Transformation-Unternehmen „The Relevent Collective" kümmert er sich um die gute Beziehung zwischen Unternehmen und Menschen. Sein Team arbeitet mit unkonventionellen Methoden an digitalen Mindsets und digitaler Kommunikation und begleitet auf dem Weg zu modernen Organisationsformen und agiler Unternehmenskultur. Er rangiert auf der „Who is Who der digitalen Schweiz"-Liste der Handelszeitung.

Kontakt

Dr. Dorothea Schaffner, Prof. FH
Hochschule Luzern – Wirtschaft
Institut für Kommunikation und Marketing
Zentralstrasse 9
CH-6002 Luzern
www.hslu.ch/ikm

Florian Wieser, Founder & CEO
M +41 76 200 1 200
www.therelevent.com | wieser@therelevent.com

Review- und Rating-Management – ein (noch) unterschätztes Aufgabenfeld

Ralf T. Kreutzer

Inhalt

1 Analyse der Relevanz von Kundenbewertungen aus der Unternehmensperspektive 109
2 Wirkungen und Prozess der Rezeption von Kundenbewertungen 114
3 Relevanz eines Review- und Rating-Managements aus der Unternehmensperspektive 118

Literatur 125
Der Autor 126
Kontakt 126

Management Summary

Der Begriff Review- und Rating-Management beschreibt ein Handlungsfeld, dessen Bedeutung viele Unternehmen heute noch nicht ausreichend erkannt haben. Da Kundenbewertungen einen signifikanten Einfluss auf den Kaufentscheidungsprozess haben, sind alle Unternehmen gut beraten, die Bedeutung des Review- und Rating-Managements für sich zu ermitteln und ein entsprechendes Konzept aufzubauen.

1 Analyse der Relevanz von Kundenbewertungen aus der Unternehmensperspektive

Immer mehr potenzielle Kunden konsolidieren vor dem Kauf eines Produktes oder einer Dienstleistung die Meinung Dritter. Diese hat in der Onlinewelt einen entscheidenden Einfluss auf die Kaufentscheidung und ist insbesondere im Wettbewerb mit anderen Anbietern relevant. Hat ein Produkt des Anbieters A beispielsweise nur zwei von fünf Sternen bei dem Onlinehändler *Amazon* erhalten, ein vergleichbares Produkt von Anbieter B jedoch 4 oder sogar 5 Sterne, ist die Wahrscheinlichkeit, dass sich der potenzielle Kunde für das Produkt von Anbieter B entscheidet, wesentlich höher.

Unternehmen scheitern oft noch daran, Kunden durch gezieltes *Review- und Rating-Management* im wichtigen Zero-Moment-of-Truth (ZMOT) an sich zu binden. Was verbirgt sich hinter dem Begriff Review- und Rating-Management? Unter Review- und Rating-Management versteht man die zielorientierte Stimulierung, Steuerung und Nutzung von Kundenbewertungen. Die dadurch angestrebten Ziele stellen zum einen die informatorische Unterstützung der Vorbereitung und des Abschlusses eines Kaufvorgangs durch Bewertungen Dritter dar. Zum anderen wird durch Review- und Rating-Management angestrebt, möglichst viele (zufriedene) Kunden zur Abgabe einer (positiven) Bewertung über die eigenen Leistungen zu motivieren, um auf diese Weise zukünftige Kaufentscheidungen im Sinne des Unternehmens positiv zu unterstützen.

Warum kommt dem Review- und Rating-Management gerade im *Zero-Moment-of-Truth* (ZMOT) eine besondere Bedeutung zu? Zusätzlich ist zu klären, welche Inhalte mit dem ZMOT verbunden sind und in welchem konzeptionellen Ansatz dieser ZMOT eingebunden ist. Kunden sammeln im Rahmen des Kauf- und Nutzungsprozesses einer Leistung verschiedenartige Erfahrungen, die mit den Begriffen First- und Second-Moment-of-Truth (FMOT und SMOT) bezeichnet werden. Der *First-Moment-of-Truth* (FMOT) bezeichnet den Zeitpunkt, zu dem ein potenzieller Käufer ein Produkt oder eine Dienstleistung zum ersten Mal körperlich in Augenschein nehmen kann. Hier treffen die durch Werbung etc. aufgebauten Erwartungen auf die „harte Realität" des Produktes oder der Dienstleistung. Der *Second-Moment-of-Truth* (SMOT) umfasst den Zeitpunkt, zu dem der Käufer ein Produkt oder eine Dienstleistung tatsächlich nutzt. Hier kontrastieren sich wiederum die durch Werbung sowie die durch die erste Inaugenscheinnahme aufgebauten Erwartungen mit den tatsächlichen Leistungen und Erfahrungen der Produktnutzung beziehungsweise der Inanspruchnahme der Dienstleistung. Vom *„Moment der Wahrheit"* wird hier gesprochen, weil sich in diesen beiden „Momenten" zeigt, ob insbesondere die durch die Werbung, die Angebotspräsentation sowie gegebenenfalls durch die Beratung am POS geschaffenen Erwartungen tatsächlich auch erfüllt werden (vgl. Abb. 1).

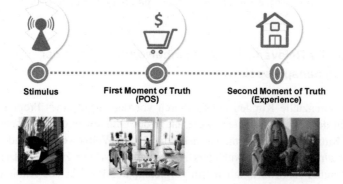

Abb. 1: Klassische Abfolge: Stimulus – FMOT – SMOT (nach Lecinski 2011, S. 16)

Zusätzlich wird das Bild eines Angebotes heute in zunehmendem Maße auch durch die *Erlebnisse anderer mit einer Marke* geprägt. Deren Erfahrungen schlagen sich in dem sogenannten ZMOT, dem *Zero-Moment-of-Truth*, nieder (vgl. Abb. 2). Hiermit ist insbesondere der – den beiden anderen „Momenten" vorgelagerte – Onlinezugriff auf eine nahezu unüberschaubare Vielzahl von Informationen Dritter über die Marke und den mit diesen gesammelten Erfahrungen gemeint. Ein Teil dieses sogenannten User-Generated-Contents sind Berichte anderer Personen, die über ihre Erlebnisse vor, während und nach Kauf- und Nutzungsakten informieren.

Abb. 2: Positionierung und Quellen des ZMOT (nach Lecinski 2011, S. 17)

Die Informationen aus Blogs, Communitys, Kommentaren bei *Facebook*, *Pinterest* oder über *Twitter* ermöglichen einem Kaufinteressenten eine *„Selbstbedienung in fremder Erfahrung"*, die diesen ZMOT inhaltlich ausgestaltet. Hierdurch werden eigene mögliche Erfahrungen durch den Zugriff auf Berichte, Fotos und Videos häufig von unbekannten Dritten „antizipiert". Noch bevor der potenzielle Käufer sich eigene Eindrücke einer Marke verschafft, kann folglich eine Vielzahl von Informationen über die Pre-Sales-, Sales-, Post-Sales- und Usage-Phase anderer Personen gewonnen werden. Der ZMOT wird folglich gespeist aus den Erfahrungen anderer entlang deren Kundenbeziehungslebenszyklus (vgl. weiterführend Kreutzer 2016a, S. 33-38). Wie wichtig die Berücksichtigung des ZMOT für Unternehmen heute ist, zeigt das Vertrauen in Onlinebewertungen in Abb. 3. Wenn hier die Online-Konsumentenbewertungen – auch von unbekannten Dritten – das zweithöchste Vertrauen genießen, muss diesen ZMOT-Quellen und den dort sichtbaren Bewertungen eine deutlich höhere Bedeutung beigemessen werden, als das heute noch in vielen Unternehmen der Fall ist.

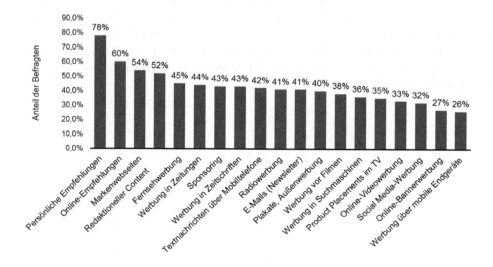

Abb. 3: Vertrauen in verschiedene Werbeformen – in Prozent, (Mehrfachnennungen möglich; n > 30.000 Verbraucher; Top-Two-Box „absolutes/durchaus Vertrauen", Europa, Nielsen 2015)

Denn in dem speziellen „Moment der Wahrheit" – dem ZMOT – zeigt sich, ob die beim Kunden durch werbliche Stimuli erzeugten Erwartungen hinsichtlich des Produktes oder des Services tatsächlich erfüllt werden. Die Leistung eines Unternehmens muss folglich nicht nur am POS, während der Produktnutzung und in der Nachkaufphase die Erwartungen der Kunden treffen. Sie muss – indirekt – bereits im ZMOT überzeugen, wenn der potenzielle Kunde Onlinebewertungen Dritter liest. Diese Berichte anderer Kunden, die über ihre Erfahrungen vor, während und nach Kauf- und Nutzungsakten informieren, sind ein wichtiger Teil des User-Generated-Contents und sind nicht nur für die potenziellen Käufer, sondern auch für Unternehmen von großer Relevanz.

Wie können Unternehmen ganz konkret von Kundenbewertungen profitieren? Eine Studie von eKomi (2015) zeigt, dass mit der Anzahl der Bewertungen für ein Produkt die *Conversion Rate* (Umwandlungsquote von Interessenten zu Kunden) und somit die Anzahl der *Kaufabschlüsse* steigt (vgl. Abb. 4). Eine einzige Produktbewertung führt nach diesen Ergebnissen bereits zu einem Anstieg der Conversion Rate um 10 %. 50 Bewertungen führen zu einem Anstieg von 30 %. Haben 200 Kunden das Produkt bewertet, so ist ein Anstieg der Conversion Rate auf bis zu 44 % zu erwarten. Es wird aber auch deutlich: Auch bei den Kundenbewertungen ist mit einem abnehmenden Grenznutzen zu rechnen. Unternehmen, die bereits über eine Vielzahl von positiven Bewertungen verfügen, können ihre Maßnahmen zur Erzielung weiterer Kundenbewertungen etwas zurücknehmen. Allerdings ist darauf zu achten, dass die letzten Bewertungen ausreichend „frisch" sind. Bewertungen, die mehrere Monate oder sogar Jahre alt sind, erwecken nicht den Eindruck, sich mit einem aktuellen Angebot zu beschäftigen.

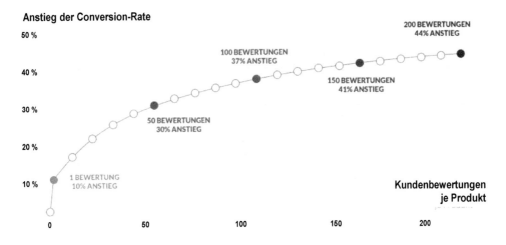

Abb. 4: Entwicklung der Conversion Rate in Abhängigkeit von der Anzahl der Bewertungen (eKomi 2015)

Neben der direkten Umsatzsteigerung können Unternehmen auch in hohem Maße von dem Feedback profitieren, das mit (seriösen) Kundenbewertungen einhergehen kann. Vielfach sind technische Mängel, fehlende Leistungen oder unfreundliches Personal Gegenstand negativer Bewertungen (vgl. eKomi 2015). Unternehmen sind gut beraten, wenn sie dieses Feedback ernst nehmen, die jeweils Verantwortlichen informieren und *Fehler sowie Fehlerquellen* schnellstmöglich abstellen. Dafür ist es wichtig, dass ein sauberer Informationsfluss im Unternehmen aufgebaut wird, der die Informationen an die jeweiligen Verantwortungsträger weiterleitet. Es kommt immer wieder vor, dass wichtiges Kundenfeedback im Customer-Service vorliegt – sich aber keiner der betroffenen Unternehmensbereiche dafür interessiert.

Kundenbewertungen können Unternehmen darüber hinaus zu einer besseren *Rankingposition in Suchmaschinen* verhelfen (vgl. eKomi 2015). Bewertungen der Kunden stellt User-Generated-Content dar, welches von den Suchmaschinenbetreibern (wie *Google*) als neuer, relevanter und wertvoller Content gesehen wird. Deshalb erzielten diese Inhalte häufig gute Positionen auf den organischen Trefferlisten der Suchmaschinen (vgl. weiterführend Kreutzer 2014, S. 250-285). Zu beachten ist hierbei, dass auch negative Bewertungen in der organischen Trefferliste hoch positioniert werden können und sich diese Rangpositionen durch die Unternehmen nur schwer beeinflussen lassen.

Nach Erkenntnissen von eKomi (2015) können Unternehmen mit einem effektiv eingesetzten Review- und Rating-Management die Kaufwahrscheinlichkeit ihrer Produkte und Leistungen um bis zu 186 % steigern. Selbst wenn solche Werte nicht für alle Unternehmen erreichbar sein werden, unterstreichen diese Ausführungen die Bedeutung eines professionellen Review- und Rating-Managements.

2 Wirkungen und Prozess der Rezeption von Kundenbewertungen

Wie wirken sich Kundenbewertungen auf Leser und schließlich auf Unternehmen aus? Abb. 5 zeigt die vielfältigen Effekte, die von einer Kundenbewertung ausgehen – und nicht nur auf das konkrete Kaufverhalten ausstrahlen. Schulten (2016) hat die Erkenntnisse von Bickart und Schindler 2001; Chevalier und Mayzlin 2006; Nambisan und Baron 2007 und Paylou und Ba 2002, in diese Darstellung eingearbeitet. Eine positive Bewertung steigert danach das *Vertrauen* in das anbietende Unternehmen. Hierdurch steigen die *Zahlungsbereitschaft* sowie die *Kaufabsicht*. Beide wirken sich unmittelbar positiv auf den Umsatz aus. Positive Bewertungen erhöhen aber auch die *Mitwirkungsbereitschaft*, die positive Effekte auf den Aktienkurs hat; diese Wirkungen werden durch umsatzinduzierte Effekte noch verstärkt.

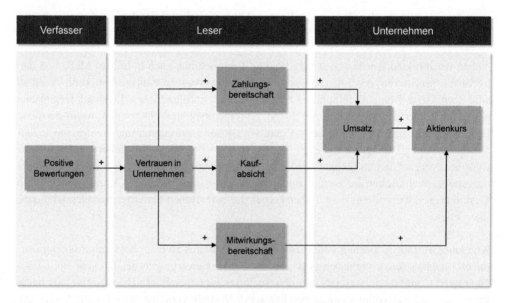

Abb. 5: Einfluss von Kundenbewertungen auf Kaufverhalten und Unternehmen
(Schulten 2016, S. 7)

Möchte man in der Tiefe verstehen, wie Bewertungen wirken, dann muss man sich den *Rezeptionsprozess von Kundenbewertungen* vor Augen führen. Dieser wurde von Schulten

(2016) in Abb. 6 visualisiert. Zunächst einmal ist zu klären, aufgrund welcher Ziele sich ein (potenzieller) Kunde mit Bewertungen von dritten Personen auseinandersetzt. Hier sind drei Zielkategorien zu berücksichtigen:

Ökonomische Ziele (Reduktion von Such- und Bewertungskosten)

Soziale Ziele (Vernetzung mit anderen, soziale Rückbestätigung)

Kognitive Ziele (Erhalt von Produkt- und Marktinformationen)

Diese Ziele wirken auf die generelle Bereitschaft, sich mit Bewertungen Dritter auseinanderzusetzen.

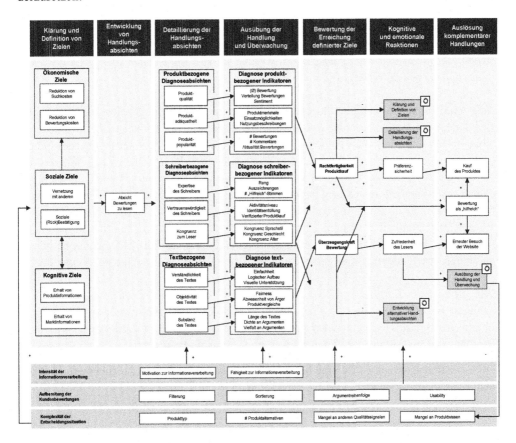

Abb. 6: Rezeptionsprozess von Kundenbewertungen (Schulten 2016, S. 17)

Jetzt gilt es zu präzisieren, welche *Handlungsabsichten beim Leser* vorliegen und wie dominant diese jeweils ausgeprägt sind. Auch hier können wieder drei verschiedene Kategorien unterschieden werden:

Produktbezogene Diagnoseabsichten: Was wird zum Produkt berichtet?

Schreiberbezogene Diagnoseabsichten: Welche Qualitäten weist der Verfasser auf und wie passt dieser zu mir?

Textbezogene Diagnoseabsichten: Welche Qualität zeigt die vorliegende Bewertung auf?

Die Antworten auf diese Fragen wirken sich auf die nächste Kategorie aus – die *Ausübung der Handlung und deren Überwachung*. Je positiver die Antworten auf die aufgeworfenen Fragen ausfallen, desto relevanter werden die Bewertungen für die eigene Kaufentscheidung. Sie wirken sich folglich auf die *Rechtfertigung des Produktkaufs* sowie auf die *Überzeugungskraft der Bewertung* aus. Damit werden sie zu *Treibern der kognitiven und emotionalen Reaktionen*. Weitere Detaileffekte zeigt Abb. 6.

Eine intervenierende Variable dieses Prozesses ist zum einen die gewünschte beziehungsweise angestrebte *Intensität der Informationsverarbeitung*. Bei Personen, die im kritischen Umgang mit Informationen weniger geschult sind, fällt diese Auseinandersetzung häufig weg oder wird nur verkürzt durchgeführt. Zum anderen wirkt sich die *Art der Aufbereitung von Kundenbewertungen* auf deren Rezeption aus. Wenn diese gut verständlich, leicht zugänglich und fundiert erscheinen, ist mit einer höheren Kenntnisnahme zu rechnen. Schließlich wirkt sich auch die *Komplexität der Entscheidungssituation* auf das Rezeptionsverhalten aus. Bei habituellen Käufen sowie bei Impulskäufen ist diese minimal ausgeprägt – weshalb der Blick auf Kundenbewertungen folglich häufig entfällt; ganz anders bei teuren und langfristig bindenden Kaufentscheidungen, bei denen Risiken begrenzt werden müssen.

Wie groß ist der *Einfluss von Kundenbewertungen auf die Kaufentscheidung* und welche weiteren Aspekte bei Bewertungen sind zu berücksichtigen? Antworten auf diese Frage liefert eine Studie von TomorrowFocusMedia (2014, S. 9 f., 23 f.). Hierzu wurden 3023 Personen in Deutschland zum Thema Kundenbewertungen befragt:

78 % der Befragten gaben an, sich bei ihrer Kaufentscheidung auf Kundenbewertungen aus dem Internet zu verlassen.

74 % haben bereits selber eine Onlinebewertung abgegeben.

Dabei fallen 78 % der Bewertungen positiv aus.

Die Top-Themen von Bewertungen sind Urlaub und Reise, Onlinehändler sowie Restaurants, Cafés und Bars.

Während Frauen schwerpunktmäßig Reisen, Restaurants, Ärzte und Kleidung bewerten, dominieren bei Männern Elektronik und Onlinehändler.

Weitere interessante Ergebnisse zur *Relevanz von Kundenbewertungen* liefert eine Studie von eKomi (2015):

63 % der Befragten kaufen bevorzugt in Shops, die Kundenbewertungen anbieten.

65 % haben ein Produkt, welches sie ursprünglich nicht kaufen wollten, nach dem Lesen einer positiven Bewertung gekauft.

68 % haben durch Kundenbewertungen zu einer besseren Meinung über das Produkt gefunden.

Beim Aufbau eines Review- und Rating-Managements ist der *Glaubwürdigkeit der Kundenbewertung* eine große Bedeutung beizumessen. Eine Studie von *BIG Social Media* zeigt folgendes Bild: Produkte, die konsequent mit fünf Sternen bewertet wurden, veranlassen den Konsumenten häufig dazu, an der Ehrlichkeit der Bewertung zu zweifeln. Deshalb ist es nicht ratsam, immer eine Bestbewertung anzustreben. Vielmehr ist zu berücksichtigen, dass sich Produkte und Dienstleistungen, die mit 4,5 Sternen bewertet werden, dreimal besser verkaufen als Angebote mit fünf Sternen (vgl. Sellin 2014a).

Bewertungen durch andere Personen sind bei den Kunden vor allem deshalb beliebt, weil sie ihnen *Orientierung im Informationsdschungel* des Internets bieten. Sie dienen zusätzlich dem *Aufbau von Vertrauen* zu einem Hersteller oder einem Onlineshop, bei dem bisher noch nicht eingekauft wurde. Zudem können Kundenbewertungen eine *Quelle der Inspiration* für die Leser sein. Sie liefern Anregungen zum Kauf beziehungsweise zur Nutzung von Produkten oder Dienstleistungen und vermitteln zusätzliche Hinweise für den Gebrauch (vgl. TomorrowFocusMedia 2014, S. 22). Zusätzlich tragen Kundenbewertungen wesentlich auch zur *Risikominimierung beim Kauf* bei. Entsprechende Bewertungen helfen dabei, dass Käufer nicht auf Anbieter hereinfallen, von denen andere Kunden bereits enttäuscht wurden.

Wenn Unternehmen verstärkt Kunden zur Bewertung einladen möchten, stellt sich die Frage nach der *Motivation der Onlinebewerter*. Basierend auf der Studie von TomorrowFocusMedia (2014, S. 11) können vier Intentionen unterschieden werden, die in Abb. 7 visualisiert sind. 45 % der Bewerter fallen in die Kategorie der *Hilfsbereiten*. Sie bewerten Produkte und Dienstleistungen, um anderen zu helfen, das richtige Angebot zu finden. Die *Optimierer* (18 % Anteil) wollen den Bewerteten eine Chance geben, sich zu verbessern. Ein weiterer Bewertungstyp ist mit 17 % Anteil an der Gesamtheit der *Emotionale*. Er bewertet, weil er sich für das Produkt oder den Service bedanken oder – was häufig zu finden ist – „Dampf ablassen" möchte. Der vierte Bewertungstyp ist der *Motivator* (11 % Anteil). Er möchte durch seine Bewertung andere dazu verleiten, die Leistungen des Anbieters zu erwerben.

Abb. 7: Typologie der Bewerter (Daten basierend auf TomorrowFocusMedia 2014, n = 2.248, S. 11)

Diese unterschiedlichen Motivationen sind bei der Ansprache (potenzieller) Bewerter zu berücksichtigen.

3 Relevanz eines Review- und Rating-Managements aus der Unternehmensperspektive

Für den *Aufbau eines Review- und Rating-Managements* sind sechs Arbeitsschritte erforderlich, die in Abb. 8 dargestellt sind.

Abb. 8: Handlungsfelder des Review- und Rating-Managements

Zieldefinition des Review- und Rating-Managements (inkl. Bereitstellung entsprechender Ressourcen)

In diesem ersten Schritt zum Aufbau eines Review- und Rating-Managements sind unternehmensintern die folgenden Fragestellungen zu klären:

Was genau soll durch den Aufbau eines Review- und Rating-Managements erreicht werden?

Welches sind die relevanten Plattformen, auf denen sich das Unternehmen bewertet sehen möchte?

Welche Zielgruppen sind für das Unternehmen besonders wichtig und sollten deshalb vorrangig zur Abgabe von Bewertungen motiviert werden?

Welche Motive dominieren bei den potenziellen Bewertern und wie kann eine hohe Beteiligungsquote erreicht werden?

Welche Kriterien im Sinne von KPIs (Key Performance Indicators) sind einzusetzen, um die Zielerreichung zu überprüfen?

Wo ist das Review- und Rating-Management organisatorisch zu verankern (Brand-Management, Marketing, Vertrieb, Kundenservice, Produktmanagement?) und wer ist dafür personell verantwortlich?

Welches Budget steht dafür zur Verfügung?

Anlegen eines Profils in den relevanten Bewertungsportalen

Zunächst muss geprüft werden, welche Plattformen die (potenziellen) Kunden nutzen, wenn sie nach dem Leistungsangebot des jeweiligen Unternehmens oder der Branche suchen. Unternehmen sind gut beraten, sich zunächst auf wenige große Plattformen zu konzentrieren, um hier möglichst schnell Erfolge zu erzielen. Wenn die unternehmensinternen Prozesse stehen, können anschließend weitere wichtige Plattformen in die Bearbeitung integriert werden.

Anschließend müssen auf den meisten Plattformen Unternehmensprofile erstellt werden. Dies gilt beispielsweise für Ärzte bei *jameda* oder für Hotels bei *booking.com*, *tripdadvisor* und *holidaycheck*. Eine Bewertung bei *Google* setzt dagegen nicht das Anlegen eines Profils voraus. Hier können die Kunden Bewertungen folglich auch dann vornehmen, wenn sich das Unternehmen selbst nicht bei *Google My Business* angelegt hat.

Empfehlungs-Marketing – ja, eigene Bewertungen – nein!

Unternehmen dürfen Kunden zur Bewertung auffordern und sie dürfen diese auch für Bewertungen belohnen. Manipulationen in Form von selbstverfassten Kundenbewertungen sollten Unternehmen jedoch unterlassen. Sie schaden bei einer häufig nicht zu vermeidenden Aufdeckung nicht nur dem eigenen Image, sondern stehen auch im Widerspruch zum

Verbot „Irreführende Werbung" nach § 5 UWG. Mancher Manager musste schon seinen Hut nehmen, nachdem öffentlich bekannt wurde, dass Onlinebewertungen manipuliert wurden.

Viel eleganter ist es dagegen, wenn Kunden beispielsweise durch Visitenkarten mit QR-Codes und Web-Adressen stimuliert werden, eine Bewertung des Unternehmens abzugeben. Zwei Beispiele hierfür finden sich in Abb. 9. Im oberen Feld findet sich dort eine Karte des *Arte Hotels in Krems* mit dem Hinweis auf den WLAN-Code. Auf der Rückseite dieser vom Gast häufig geschätzten Karte findet sich ganz elegant die Bitte um eine Bewertung.

Abb. 9: Beispiele für den Anstoß von Kundenbewertungen

Im zweiten Beispiel der Abb. 9 ist der Anstoß zur Bewertung durch den *Friedrichstadt-Palast* in *Berlin* zu sehen. Im Onlineauftritt findet sich dort auch die beachtenswerte Zahl, dass schon mehr als 2000 Gäste eine Bewertung bei *TripAdvisor* vorgenommen haben. Erreicht wird dies unter anderem dadurch, dass jeder Besucher des *Friedrichstadt-Palastes* wenige Tage später per E-Mail zu einer Bewertung aufgefordert wird.

Diese Möglichkeit, seine eigenen Kunden per E-Mail zu einer Bewertung nach dem Verkauf eines Produktes oder einer Dienstleistung – auch ohne vorherige Permission – hat jedes Unternehmen, das sich an die Anforderungen von § 7 III UWG hält (vgl. vertiefend Kreutzer 2014, S. 285-320).

Es wird deutlich: Unternehmen müssen aktiv Kundenbewertungen einfordern. Die Gewinnung von Kundenbewertungen ist hierbei kein Projekt. Es handelt sich vielmehr um einen andauernden Prozess, der – wenn richtig durchgeführt – nachhaltig zum Erfolg führt. Ein Beispiel für erfolgreiches Review- und Rating-Management ist der Versandhändler und

Onlineshop *bonprix*. Durch die aktive Einforderung von Kundenbewertungen erreichte *bonprix* bereits 2014 eine Million Kundenbewertungen (vgl. bonprix 2014). Bei einer sehr großen Zahl von Produkten sind hier Bewertungen zu finden, die eine Nutzerrelevanz aufweisen. So kann ein professionell aufgesetztes Review- und Rating-Management nach außen wirken.

Feedback der Kunden ernst nehmen, beantworten und nutzen

Immer wieder kommt es vor, dass Kunden, die über ihre negativen Erfahrungen mit einem Unternehmen online berichten, von diesem aufgefordert werden, die Kommentare zu ändern oder gar zu entfernen. Teilweise werden von den bewerteten Unternehmen sogar rechtliche Schritte angedroht, wenn die Bewertungen nicht gelöscht werden. Dieses Verhalten ist kein adäquater Umgang mit negativen Bewertungen. Die Fehlerquelle sollte hier grundsätzlich nicht beim Verfasser des Kommentars, sondern beim Unternehmen selbst ermittelt werden. Es sollte möglichst schnell ermittelt werden, ob die Kritik des Kunden zu Recht besteht – oder ob ein Nutzer nur eine Kulanz oder andere Vorteile durch eine negative Bewertung „erzwingen" möchte.

Wie ist jedoch zu reagieren, wenn *negative Bewertungen* das Online-Feedback der Kunden dominieren? Zunächst einmal ist es wichtig, dass Unternehmen auch ihren Kritikern gegenüber mit Respekt und Wertschätzung begegnen – auch wenn es von Fall zu Fall eine Herausforderung darstellen könnte. Wichtig ist dabei auch, möglichst schnell zu reagieren – und dabei auf den Einsatz inhaltsleerer Textbausteine zu verzichten. Eine Nichtreaktion kann gegebenenfalls als „Schuldeingeständnis" missverstanden werden – und dann kann es gegebenenfalls zu einem unerwünschten Shit-Storm kommen. Fühlt sich der „Kritiker" ernstgenommen und wird – soweit sachlich angemessen – eine Lösung angeboten, kann viel „negative Energie" absorbiert werden. Dies gilt beispielsweise dann, wenn berechtigte Kritik an die verantwortlichen Manager weitergeleitet wird und diese gegebenenfalls sogar direkt mit dem Feedbackgeber Kontakt aufnehmen (vgl. vertiefend zum Thema Social-Media-Fails Kreutzer 2014, S. 439-443; Sellin 2015b).

Eine von vielen Unternehmen praktizierte Vorgehensweise besteht darin, zunächst öffentlich auf die Kritik zu reagieren, um dann den „Kritiker" in eine nicht-öffentliche Kommunikation per Telefon, Direct Message oder E-Mail überzuführen. Hier können dann auch persönliche Daten etc. ausgetauscht werden, ohne dass diese für die Öffentlichkeit sichtbar wird. Wenn der „Kritiker" sich dann noch – ebenfalls öffentlich – lobend über das Unternehmen und dessen „Beschwerde-Management" äußert, können alle interessierten Personen feststellen, dass hier ein kundenorientiertes Verhalten an den Tag gelegt wird.

Soweit das *Kundenfeedback* ehrlich ist, eröffnet es den Unternehmen oft ein wichtiges Verbesserungspotenzial. Um das oft sehr schnell verfügbare Feedback effektiv zu nutzen, muss das Beobachten und Erfassen von Bewertungen zum Tagesgeschäft in Unternehmen werden. Kundenservice, Vertrieb, Marketing, Brand- und Produktmanagement sind in den

Review- und Rating-Prozess umfassend zu integrieren. Darüber hinaus müssen Prozesse zur Eskalation bei extrem kritischen Bewertungen frühzeitig definiert werden, um gegebenenfalls auch in der generellen Unternehmenskommunikation als Teil des Corporate Reputation Management auf diese Ereignisse zu reagieren (vgl. Wüst und Kreutzer 2012).

Bewertungsergebnisse sichtbar machen

Sobald positive Kundenbewertungen über die Produkte und Dienstleistungen des Unternehmens vorliegen, sollten diese den Kunden prominent auf der Website oder im Onlineshop angezeigt werden. Ein Beispiel hierfür liefert die *Friedrichstadt-Palast*-Website in Abb. 9. Kundenbewertungen können darüber hinaus in der Produktdarstellung in E-Mail-Newsletter eingebunden werden. In Abb. 10 wird sichtbar, wie die Kundenbewertungen auf der Plattform von *Trusted Shops* ausgewiesen werden. So wird konsequent auf einen Vertrauensaufbau hingewirkt.

Abb. 10: Ausweis von Kundenbewertungen von mediamarkt.de auf Trusted Shops (Trusted Shop 2016)

Controlling des Review- und Rating-Managements

Zur Messung des Erfolgs eines Review- und Rating-Managements können verschiedene KPIs herangezogen werden. Die Wichtigsten werden nachfolgend präsentiert.

KPIs zu Ermittlung der *Präsenz von relevanten Bewertungen* auf unterschiedlichen Plattformen:

Auf wie vielen Plattformen finden sich Bewertungen zu den Produkten und Dienstleistungen des eigenen Unternehmens?

Wie viele Plattformen werden aktiv beobachtet?

Wie viele neue Plattformen wurden in den letzten drei Monate in das Monitoring übernommen?

Wie viele Bewertungen zu den Produkten und Dienstleistungen des eigenen Unternehmens gibt es auf den beobachteten Plattformen?

Wie verteilt sich die Tonality dieser Bewertungen auf die Kategorien „negativ", „neutral" und „positiv"?

Wie hat sich diese Tonality pro Bewertungsplattform – in den letzten drei Monaten verändert?

Wie viele Bewertungen zu den Produkten und Dienstleistungen der relevanten Wettbewerber gibt es auf den beobachteten Plattformen?

Wie verteilt sich die Tonality dieser Wettbewerber-Bewertungen auf die Kategorien „negativ", „neutral" und „positiv"?

Wie hat sich diese Tonality dieser Wettbewerber-Bewertungen pro Plattform – in den letzten drei Monaten verändert?

KPIs zu Ermittlung des *Impacts von relevanten Bewertungen* auf den Kaufprozess:

Auf welchen Plattformen sind die potenziellen Kunden primär unterwegs?

Welche Glaubwürdigkeit wird den verschiedenen Plattformen zugeordnet?

Wie viele Bewertungen lesen die potenziellen Käufer vor dem Kaufakt?

Wie verändert sich die Conversion Rate, wenn ein Nutzer vorher Bewertungen gelesen hat, im Vergleich zur „normalen" Conversion Rate?

Lassen sich bei der Conversion Rate Unterschiede im Hinblick auf die genutzten Plattformen erkennen?

KPIs zu Ermittlung des *Verfassens von relevanten Bewertungen* durch die Kunden:

Wie viel Prozent aller Kunden eines Monats geben durchschnittlich eine Bewertung ab?

Konnte diese Zahl in den letzten drei Monaten gesteigert werden?

Wie verteilt sich die Tonality dieser neuen Bewertungen auf die Kategorien „negativ", „neutral" und „positiv"?

Welche Anreize wurden zum Verfassen von Bewertungen gesetzt?

Welche Anreize haben dabei – aus welchen Gründen – besonders gut oder besonders schlecht funktioniert?

Ermittlung der Kosten des Review- und Rating-Managements:

Welche Kosten fallen für das Review- und Rating-Management an?

Auf welche Abteilungen und welche Funktionen entfallen diese Kosten?

Ermittlung von Erlöspotenzialen des Review- und Rating-Managements:

Welche Ideen für Produkt-/Serviceverbesserungen wurden durch das Review- und Rating-Management in den letzten drei Monaten ermittelt?

Welche Ideen für neue Produkte und Services wurden durch das Review- und Rating-Management in den letzten drei Monaten ermittelt?

Konnten Kosten durch die frühzeitige Identifikation von Schwachstellen der Produkte/Services vermieden werden?

Die Zahl der für die Erfolgsanalyse notwendigen Kriterien zeigt, welches umfassende Potenzial durch ein effektives Review- und Rating-Management ausgeschöpft werden kann. Jedes Unternehmen ist gut beraten, für sein eigenes Leistungsfeld zu ermitteln, wo bei der Umsetzung des Review- und Rating-Managements die Schwerpunkte zu setzen sind.

Auch hier gilt: Auch die längste Reise beginnt mit dem ersten Schritt. Deshalb sollte zunächst einmal durch ein konsequentes Web-Monitoring festgestellt werden, welche Bewertungen bereits vorliegen und wie diese ausfallen. Dann können gegebenenfalls besonders aktive digitale Meinungsführer identifiziert werden, die es für das eigene Review- und Rating-Management zu gewinnen gilt. Diese können beispielsweise auch aktive Blogger sein (vgl. weiterführend Kreutzer 2016b).

Auch hier gilt: Review- und Rating-Management ist kein Projekt mit einem definierten Ende; es ist vielmehr ein Prozess, der möglichst bald gestartet wird und nie zu Ende sein wird!

Literatur

Bickart, B./Schindler, R. M. (2001): Internet forums as influential sources of consumer information, in: Journal of Interactive Marketing, Vol. 15, Nr. 3, S. 31-40

Bonprix (2014): Pressemitteilungen, http://www.bonprix.de/company/presse/pressemitteilungen/bonprix-feiert-eine-million-kundenbewertungen, (2.9.2016)

Chevalier, J. A./Mayzlin, D. (2006): The Effect of Word of Mouth on Sales: Online Book Reviews, in: Journal of Marketing Research, Vol. 43, S. 345-354

eKomi (2015): Mit Kundenbewertungen den Umsatz steigern, 2015, http://insights.ekomi.com/wp-content/uploads/2016/01/eKomi_infographic.png, (2.9.2016)

Kreutzer, R. (2014): Praxisorientiertes Online-Marketing, 2. Aufl., Wiesbaden

Kreutzer, R. (2016a): Kundenbeziehungsmanagement im digitalen Zeitalter, Konzepte – Erfolgsfaktoren – Handlungsideen, Stuttgart

Kreutzer, R. (2016b): Ansätze zur (Kunden-)Wert-Ermittlung im Online-Zeitalter, in: Helm, S./Günter, B./Eggert, A. (2016, Hrsg.): Kundenwert, 4. Auflage, Wiesbaden

Nambisan, S./Baron, R. A. (2007): Interactions in virtual customer environments: Implications for product support and customer relationship management, in: Journal of Interactive Marketing, Vol. 21, No. 2, S. 42-62

Paylou, P. A./Ba, S. (2002): Evidence of the Effect of Trust Building Technology in Electronic Markets. Price Premium and Buyer Behavior, in: MIS Quarterly, Vol. 26, No. 3, S. 243-268

Schulten, M. (2016): Kundenbewertungen erfolgreich in der Praxis einsetzen, 11. wissenschaftlicher interdisziplinärer Kongress für Dialogmarketing, Wiesbaden, 21.9.2016

Sellin, H. (2014a): Die Macht der Kundenbewertungen: Produkte mit positivem Rating verkaufen sich um 200% besser, http://onlinemarketing.de/news/kundenbewertungen-produkte-mit-positivem-rating-verkaufen-sich-um-200-prozent-besser, Download 2.9.2016

Sellin, H. (2014b): 5 Tipps, wie du mit negativen Kundenbewertungen umgehen solltest, http://onlinemarketing.de/news/5-tipps-wie-du-mit-negativen-kundenbewertungen-umgehen-solltest, Download 5.9.2016

TomorrowFocusMedia (2014): Die Psychologie des Bewertens, http://www.tomorrow-focus.de/newsroom/dokumenten-datenbank/pressemitteilung/studie-zum-bewertungsverhalten-im-internet-internetnutzer-bewerten-um-zu-helfen-reisen-ist-top-thema_aid_1331.html, (14.6.2016)

Trusted Shop (2016): Einfach! Clever! Sicher!, http://www.trustedshops.de/, Download 24.11.2016

Wüst, C./Kreutzer, R. (2012, Hrsg.): Corporate Reputation Management, Wirksame Strategien für den Unternehmenserfolg, Wiesbaden

Der Autor

Prof. Dr. Ralf T. Kreutzer ist seit 2005 Professor für Marketing an der Hochschule für Wirtschaft und Recht Berlin (HWR) und parallel als Marketing und Management Consultant tätig. Er war 15 Jahre in verschiedenen Führungspositionen bei Bertelsmann, Volkswagen und der Deutschen Post tätig, bevor er als Professor für Marketing berufen wurde.

Kontakt

Prof. Dr. Ralf T. Kreutzer
Hochschule für Wirtschaft und Recht
Badensche Str. 50-51
10825 Berlin
ralf.kreutzer@hwr-berlin.de

Customer Centricity von digitalen Produkt-Service-Systemen

Bernhard Kölmel, Alexander Richter, Johanna Schoblik, Uwe Dittmann, Ansgar Kühn, Alfred Schätter

Inhalt

1	Motivation	128
2	Digitale Produkt-Service-Systeme	128
3	Customer Centricity in der digital vernetzten Welt	131
4	Neue Anforderungen an das Dialogmarketing von digital vernetzten Produkten und Dienstleistungen	132
5	Fazit	134

Literatur 134
Die Autoren 136
Kontakt 138

Management Summary

Aktuelle Studien (vgl. Brynjolfsson und McAfee 2014) prognostizieren, dass die Geschwindigkeit, in der die Digitalisierung dank immer besserer und günstigerer Technologien voranschreitet, rasanter ist als weitläufig angenommen. Im Zentrum der digitalen Transformation steht der Kunde – mit grundlegend veränderten Erwartungen; an eine direkte, authentische Kommunikation, bei der er im Mittelpunkt steht, Verfügbarkeit beziehungsweise Zugriff auf digital vernetzte Produkte und Dienst-leistungen hat, die jederzeit und überall erreichbar sind und deren personalisierte Bereitstellung im Hintergrund durch Services erfolgt.

Die digitale Transformation verschiebt den Schwerpunkt vom Produkt zu integrierten Dienstleistungen. Mit vernetzten Produkten und Diensten können Unternehmen einzigartige Lösungen anbieten und sich vom Wettbewerb differenzieren und sich mit Hilfe eines domänenübergreifenden Dialogmarketings neue Kundengruppen erschließen.

1 Motivation

Wir leben in einer digital vernetzten Welt. Die Anzahl der Geräte, die mit dem Internet verbunden sind, überschritt vor kurzem die Gesamtzahl der Menschen auf dem Planeten (vgl. van der Meulen 2015). Durch die branchenübergreifende Vernetzung und die umfassende Verfügbarkeit von Informationen entstehen dynamische und übergreifende Wertschöpfungsketten. Hierbei ergeben sich gänzlich neue Geschäftsfelder, die Unternehmen und Branchen umfassend miteinander verbinden. Laut Cisco sind wir auf dem Weg zu einem „Internet der Dinge", das bis zum Ende des Jahrzehnts bis zu 50 Mrd. angeschlossene Produkte umfassen wird (vgl. Evans 2011). Gartner schätzt, dass das Internet der Dinge (IoT) insgesamt Umsätze von 235 Mrd. Dollar im Jahr 2016 erzielen wird, ein Wachstum um 22 % im Vergleich zum Vorjahr (vgl. van der Meulen 2015). In der vernetzten Welt werden vernetzte Sensoren und Aktoren Bestandteil sowohl des Herstellungsprozesses als auch der intelligenten Produkte. Verbundene Dinge für den spezialisierten, vertikalen Einsatz (zum Beispiel Industrie 4.0) sind im Augenblick der größte Umsatzträger, aber das ändert sich schnell mit dem verstärkten Einsatz von domänenübergreifenden vernetzten Systemen. Bis 2020 dominieren branchenübergreifende Produkte und Lösungen, somit nimmt die digitale Transformation im Rahmen von vernetzten intelligenten Produkten und Dienstleistungen in allen Branchen Gestalt an (vgl. Evans 2011).

2 Digitale Produkt-Service-Systeme

Die wirtschaftlichen Potenziale der domänenübergreifenden Vernetzung (vgl. Fan et al. 2012) vom Internet der Dinge (vgl. Ashton 2009) und Dienste (vgl. Channabasavaiah et al. 2003a; Channabasavaiah et al. 2003b) werden durchweg als positiv eingeschätzt (vgl. Berger 2014; Bauer et al. 2014; Koch und Geissbauer 2014). So werden bis 2020 zusätzliche Umsätze pro Jahr zwischen 20 und 30 Mrd. EUR erwartet (vgl. Wischmann et al. 2015). Allerdings ist der Themenbereich nicht eindeutig definiert und damit nicht klar abzugrenzen. Es handelt sich nicht um eine einzige technologische Neuerung, sondern um eine Kombination unterschiedlicher Technologien, die erst in ihrem Zusammenwirken das volle Potenzial entfalten. Von diesen Technologien befinden sich einige im Forschungs- und Entwicklungsstadium, ihre Marktreife steht erst noch bevor.

Aus heutiger Sicht stehen eine Reihe neuartiger Technologien mit einem unterschiedlichen, aber mittlerweile nutzbaren Reifegrad bereit. Zu nennen sind: Sensorik, Aktorik, eingebettete Systeme, Internet- und Kommunikationstechnologie, Software und Systemtechnik sowie Mensch-Maschine-Schnittstellen. In Kombination erlauben diese Technologien eine Reihe von neuartigen Funktionen im Bereich der digital vernetzten Welt. Die unterschiedlichen technologischen Reifegrade erschweren eine Prognose der Geschwindigkeit, mit der die neuen Anwendungen in den Unternehmen zum Einsatz kommen und damit auch, wann und in welchem Umfang positive Netzwerkeffekte zu erwarten sind. Netzwerkeffekte entstehen durch die unternehmensübergreifende Verknüpfung und steigen mit jedem zusätzlichen Vernetzungspartner (vgl. Wischmann et al. 2015). Auch wenn das wirtschaftliche Potenzial nur schwer quantifiziert werden kann, ist davon auszugehen, dass internetbasierte Anwendungen mittel- bis langfristig die gesamte Wertschöpfung verändern werden.

Mit diesen aus der Technologiekombination entstehenden Funktionen werden die im Rahmen von der digital vernetzten Welt skizzierten Optimierungspotenziale möglich. Sie sind durch eine durchgängige Digitalisierung und Vernetzung aller an der Wertschöpfung beteiligter Akteure gekennzeichnet. Eine zentrale Rolle nehmen dabei Cyber-Physische Systeme (CPS) ein. Diese bilden den Kern von vernetzten eingebetteten Systemen (vgl. Acatech 2013), die:

- mittels Sensoren Daten erfassen, mit Hilfe eingebetteter Software aufbereiten und durch Aktoren auf reale Vorgänge einwirken,
- über eine Dateninfrastruktur, wie zum Beispiel das Internet, kommunizieren und
- über Mensch-Maschine-Schnittstellen verfügen.

Die bedeutendste Neuerung ist hierbei, dass eingebettete Systeme sowohl mit einer IP-Adresse als auch modernen Kommunikationsschnittstellen ausgestattet und permanent mit dem Internet verbunden sind. Auf diese Weise sind sie über ein CPS virtuell abbildbar. In den letzten Jahren ist es gelungen, eingebettete Systeme zu miniaturisieren und auf einem Chip anzuordnen. Ihre Leistungsfähigkeit ist stark angestiegen bei gleichzeitig fallenden Herstellungskosten. Die CPS funktionieren auch drahtlos und können in nahezu jedes Objekt verbaut werden. Die CPS-Technologie kann in Rohlinge, Zwischenprodukte und Endprodukte eingebettet werden, die dadurch „smart" werden, also beispielsweise wissen, wo und in welchem Bearbeitungszustand sie sich befinden. Das Zwischenprodukt beziehungsweise das darin verbaute CPS verfügt über die Information, von welcher Maschine es als nächstes bearbeitet werden soll, vorausgesetzt, die Maschine ist in der Lage, ebenfalls zu kommunizieren. Reale Wertschöpfungsprozesse können nunmehr virtuell abgebildet werden. Dadurch kann die Produktion in Echtzeit dezentral und nicht – wie bisher üblich – zentral organisiert werden (vgl. Lucke et al. 2014).

Von außen betrachtet verfügt ein CPS über eine definierte Kommunikationsschnittstelle sowie höherwertige Funktionen, beispielsweise zur Regelung und Signalverarbeitung. Dadurch ist eine Anbindung und Kopplung an weitere CPS möglich (System of Systems). Dies geschieht über Unternehmensgrenzen hinweg und kann den gesamten Lebenszyklus eines Produktes umfassen. So bilden CPS nicht nur die Produktion eines Produktes ab, sondern auch deren Entwicklung, Instandhaltung, Erneuerung und Recycling (vgl. Lucke et al. 2014).

Fertigungsteile können nicht nur untereinander und mit Produktionsanlagen kommunizieren, sondern auch via Mensch. Über Maschinenschnittstellen kann der Mensch mittlerweile unmittelbar selbst in diesen Kommunikationsprozess eingreifen (vgl. Lucke et al. 2014). Vorgänge können für ihn visualisiert werden, zum Beispiel in Form einer grafischen Aufbereitung von Produktionsdaten. Es entstehen somit Netzwerke unter Maschinen und zwischen Mensch und Maschine, die sich selbstständig optimieren und im Zusammenspiel eigenständig Probleme lösen (vgl. Bauernhansl 2014). Diese Zusammenhänge sind gemeint, wenn von Systemen oder sogar von System of Systems die Rede ist (vgl. Uckelmann et al. 2011; Külzhammer 2014; OASIS 2006; Mandler et al. 2013; Nain et al. 2010; Ward 2013; VDI 2014a; Fan et al. 2012).

Mit dem Einsatz von CPS verbindet sich die Erwartung hoher Effizienz- und Effektivitätssteigerungen, weil sich auf diese Weise zum Beispiel im Produktionsumfeld Sicherheitsbestände reduzieren, die Personaleinsatzplanung verbessern, die Logistik optimieren und die Komplexitäts- und Instandhaltungskosten verringern lassen. Zudem wird eine Erhöhung der Produktqualität erwartet bei gleichzeitig flexibleren Fertigungsmöglichkeiten. Die Einsparpotenziale für die unterschiedlichen Bereiche in der Produktion liegen nach einer Schätzung von Bauernhansl (2014) zwischen 10 und 70 %.

Damit die Potenziale von CPS ausgeschöpft werden können, ist der zusätzliche Einsatz komplementärer IT-Technologien notwendig. So sind Softwareanwendungen erforderlich, die die von CPS erzeugten großen Datenmengen strukturieren und auswerten, um dann zielgerichtet Prozesse zu steuern, zu regeln oder zu überwachen. Erst die enorm gestiegenen Prozessor- und Speicherleistungen der Hardware sowie die schnellen Internetverbindungen ermöglichen diese Prozesse in Echtzeit. Dadurch sind auch nachgelagerte Geschäftsmodelle möglich. So ist beispielsweise ein Produkthersteller durch eingebettete CPS in der Lage, dem Kunden zusätzliche Dienstleistungen anzubieten. Intelligente Sensoren und intelligente Endgeräte vernetzen nicht nur die Industrie, sondern auch die Alltagsgegenstände der Konsumenten immer stärker. Intelligente Technik führt auf diese Weise dazu, dass in Zukunft alles mit allem vernetzt sein wird.

Die hierbei entstehenden digitalen Produkt-Service-Systeme (DPSS) können beschrieben werden als „eine handelsfähige Zusammenstellung von Produkten und Services, die gemeinsam geeignet sind die Bedürfnisse eines Nutzers zu befriedigen." (Goedkoop et al. 1999) Es sind hierbei auch Varianten von Produkten mit ergänzenden Services und Service mit ergänzenden Produkten einbegriffen. Die heute am Markt befindlichen DPSS-Angebote sind in der Regel nicht als solche integriert entwickelt worden und können somit noch nicht ihr volles Potenzial ausschöpfen.

3 Customer Centricity in der digital vernetzten Welt

Bis ins frühe 21. Jahrhundert reichte es für ein Unternehmen in der Regel aus, sich über das angebotene Produkt am Markt zu differenzieren. Die Entwicklung von neuen Technologien, wie vor allem die Verbreitung des Internets, hat die Märkte grundlegend gewandelt und sie transparenter denn je zuvor gestaltet. Unternehmen müssen heutzutage neben dem Produkt eine Vielzahl weiterer Faktoren berücksichtigen, um langfristig konkurrenzfähig zu sein. Kunden haben mittlerweile umfassende Möglichkeiten, wie unter anderem Produktspezifikationen zu überprüfen und Preise zu vergleichen. Falls der Händler vor Ort nicht das passende Produkt auf Lager hat oder nicht den günstigsten Preis anbietet, wechselt der unbefangene Kunde zum Händler nebenan oder bestellt das Produkt bei dem weltweit günstigsten Onlinehändler. Gleichzeitig haben aber auch die Unternehmen mehr Möglichkeiten, mit den Kunden zu interagieren. Menschen auf der ganzen Welt verwenden Produkte intensiver denn je zuvor. Smartphones sind beispielsweise immer griffbereit und die Smartwatch am Arm informiert Interessierte jederzeit mit aktuellen Mitteilungen. Dies bietet Unternehmen die Möglichkeit, Kunden jederzeit direkt anzusprechen. Customer Centricity – der Leitgedanke des im Mittelpunkt stehenden Kunden – wird im Buch „Designing the Customer-Centric Organization" von Jay R. Galbraith (2005) über Charakteristika definiert. Dabei greift er inhaltlich auf die Autoren Peppers und Rogers (1993, 1997), Treacy und Wiersema (1995), und Seybold (1998, 2001) zurück. Er zeigt die Unterschiede zwischen kundenzentrierten und produktzentrierten Unternehmen auf. Strukturiert in die Kategorien „Strategie, Struktur, Prozesse, Erfolg und Menschen" entsteht ein klar definiertes Bild, wie ein kundenzentriertes Unternehmen charakterisiert wird.

Erfolgreiche Unternehmen wie Nespresso, Amazon etc. stellen Kundenorientierung konsequent in den Mittelpunkt ihrer Aktivitäten und vermitteln so einzigartige Kauf- und Konsumerlebnisse – vom allerersten Kontaktpunkt bis zum After-Sales-Service. In vielen Branchen steht Kundenorientierung inzwischen ganz oben auf der Agenda, denn eine gute Kundenorientierung ermöglicht neue Wachstums- und Ertragschancen in einem wettbewerbsintensiven Markt. Die zahlreichen Kontaktpunkte, die sich heute aus dem zunehmend kanalübergreifenden Konsumverhalten ergeben, lassen sich nutzen, um den Kunden herausragende Kauf- und Serviceerlebnisse zu vermitteln und sich so vom Wettbewerb zu differenzieren.

Im Zentrum der digitalen Veränderung steht der Kunde – mit grundlegend veränderten Erwartungen: an eine direkte, authentische Kommunikation, bei der er im Mittelpunkt steht, ebenso wie an Produkte und Services, die jederzeit und überall erreichbar sind und sich teilweise unsichtbar nutzen lassen. „Customer Centricity" ist nichts anderes, als die gestiegene Bedeutung der Kundenorientierung in Unternehmen. Dieses Credo reflektiert ein Phänomen, das gemeinhin auch als „Age of the Customer" bezeichnet wird. Die Thematik der „Customer Centricity" beschreibt nicht jedem Kunden jeden Wunsch zu erfüllen. Vielmehr geht es darum, die Kunden individueller zu adressieren, die längerfristig wertvoll für das Unternehmen sind. Loshin und Reifer sprechen weniger von einer Definition für „Customer Centricity", sondern versuchen den Begriff zu erklären:

> *„(...) the ability to augment every customer interaction to provide the perception of increased value exchange for both the company and the customer."*
> *(Loshin und Reifer 2013, IX)*

Das Internet der Dinge verbunden mit neuen Protokollen (zum Beispiel IPv6) erweist sich in diesem Bereich als Treiber für tief greifende Veränderungen. In Zukunft werden „Milliarden neuer Dinge" als Kunden-Touchpoints die Customer Centricity als Erfolgsfaktor beeinflussen.

4 Neue Anforderungen an das Dialogmarketing von digital vernetzten Produkten und Dienstleistungen

Produkte haben sich von rein mechanischen und elektrischen Komponenten zu komplexen Systemen entwickelt, die zunehmend mit dem Internet und miteinander verbunden sind. Das Entstehen dieser intelligenten verbundenen Produkte im Internet der Dinge und die schnell wachsenden Fähigkeiten dieser Systeme werden neue Formen von Wertschöpfung für Hersteller und ihre Kunden schaffen. Neue Geschäftskontexte entstehen durch Systeminnovationen und System-of-Systems-Ansätze (siehe Abb. 1); dadurch sollen komplett neue Lösungen für die gesellschaftlichen Bedürfnisse auf Grundlage der totalen Vernetzung geschaffen werden (vgl. Boeing et al. 2014; Bradley et al. 2013). Um diese Veränderungen im Dialogmarketing zu berücksichtigen, ist es zunächst wichtig, sich mit den Grundlagen der vernetzten Welt auseinanderzusetzen und diese zu verstehen.

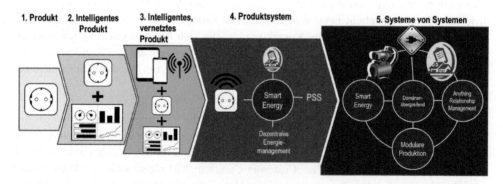

Abb. 1: System-of-Systems-Ansatz von digital vernetzten Produkten und Dienstleistungen (inspiriert von Porter und Heppelmann 2014)

Smarte Produkte und vernetzte Systeme entstehen künftig in Kooperationen und Wertschöpfungsnetzwerken – über Unternehmens- und Branchengrenzen hinweg. Die Entwicklung muss sich dabei auf andere Unternehmenskulturen aus der IT-Branche und von Startups mit schnellen Update-Zyklen einstellen. Die Vernetzung der digitalen Technologien ermöglicht neue Lösungen und innovative Geschäftsmodelle. Durch die konsequente Orientierung am Kundennutzen entstehen Lösungen über Branchengrenzen hinweg. Vernetzt werden:

- Geschäftsprozesse mit Zulieferern,
- interne Kommunikation mit und unter den Mitarbeitern,
- Produkte und Dienstleistungen untereinander und mit Unternehmen,
- Geschäftspartnern und Kunden,
- externe Kommunikation mit den Kunden und
- Kommunikation der Kunden untereinander.

Diese komplexe Vernetzung bedeutet eine immense Herausforderung. Die Vernetzung physischer Produkte mit IT in Echtzeit ermöglicht so, neue Geschäftsmodelle auf Basis einzigartiger Dienstleistungen zu konzipieren. Die branchen- und unternehmensübergreifende Vernetzung setzt dabei passende Kooperations- und Kommunikationsstrategien für die Zusammenarbeit im Wertschöpfungsnetzwerk und den Kontakt mit dem Kunden voraus. Das Dialogmarketing muss sich hierbei auf die domänenübergreifende Betrachtung der Gesamtlösung einstellen. Neben der Vernetzung der Unternehmen und Branchen darf auch die zunehmende Vernetzung der Kunden und die vielfältigen Touchpoints nicht außer Acht gelassen werden.

Der erste Schritt beim Weg in die digitale Welt ist Transparenz, also Einblick in das Kundenverhalten und die tatsächliche Nutzung. Die Unternehmen sollten zunächst einmal Daten sammeln, um zu sehen, wie ihre Produkte tatsächlich genutzt werden. Daten sind in vielen Unternehmen in der Regel bereits vorhanden, werden aber nicht ausgewertet und bei zahlreichen Produkten lassen sich sehr leicht zusätzliche Daten gewinnen. Unternehmen erhalten dadurch einen entscheidenden Erfahrungsgewinn, denn das Internet der Dinge eröffnet völlig neue Möglichkeiten. In der Vergangenheit haben die Hersteller den Kontakt zum Produkt im Moment des Verkaufs verloren. Jetzt erstreckt er sich über den gesamten Produktlebenszyklus. Dadurch erhalten Unternehmen sehr viele zusätzliche Informationen, die sie bisher entweder gar nicht oder nur indirekt erhalten haben.

Zukünftige Geschäftsmodelle müssen ausschließlich ausgehend vom Wert, welchen die Lösung dem Kunden bietet, erdacht werden. Die Fähigkeit, Geschäftschancen in der vernetzten Welt zu erkennen, stellt einen entscheidenden Wettbewerbsvorteil dar. Dabei sind neue Ansätze des Dialogmarketings, die in der Lage sind, domänenübergreifende Nutzenversprechen zu formulieren und zu kommunizieren, gefragt.

5 Fazit

Das Internet der Dinge kombiniert Dienstleistungen und Produkte zu einem neuen, integrierten Angebot. Anbieter aus anderen Branchen verändern die Geschäftsmodelle (zum Beispiel Google, das sich im Bereich autonomer Fahrzeuge engagiert). Dafür muss Customer Centricity von den obersten Hierarchieebenen verinnerlicht und an die Mitarbeiter delegiert und umgekehrt von jedem einzelnen Mitarbeiter bis in die Organisationseinheiten getragen werden (vgl. Wilkes und Stange 2013). Die völlige Ausrichtung eines Unternehmens auf jeden einzelnen Kunden ist das Verständnis von Customer Centricity. Das Ziel eines kundenzentrierten Unternehmens besteht darin, die beste Lösung für den Kunden durch ein individuell geschnürtes Paket aus Produkt, Service, Support, Bildung oder Consulting anzubieten. Der Wertschöpfungsansatz liegt in der kundenspezifisch besten Gesamtlösung, die in Zukunft auch domänenübergreifend sein wird. Eine völlige Ausrichtung des Unternehmens auf die Kunden umfasst sogar Ansprüche über die Unternehmensgrenzen hinaus, wobei mit Hilfe des Internets der Dinge auch cross-organisationale Touchpoints realisiert werden können. Smarte Produkte erfordern Kompetenzen über Branchengrenzen und Produktkategorien hinweg. Dafür müssen die passende Kooperations- und Kommunikationsstrategien für die Zusammenarbeit in Wertschöpfungsnetzwerken erarbeitet werden.

Literatur

Acatech (2013): Deutschlands Zukunft als Produktionsstandort sichern. Umsetzungsempfehlungen für das Zukunftsprojekt Industrie 4.0. Abschlussbericht des Arbeitskreises Industrie 4.0. Promotorengruppe Kommunikation der Forschungsunion Wirtschaft - Wissenschaft, acatech - Deutsche Akademie der Technikwissenschaften e.V.

Ashton, K. (2009): That 'Internet of Things' Thing. In the real world, things matter more than ideas. Online unter: http://www.rfidjournal.com/article/view/4986 (Abgerufen am 02.02.2016).

Bauer, W./Schlund, S./Marrenbach, D./Ganschar, O. (2014): Industrie 4.0 – Volkswirtschaftliches Potenzial für Deutschland. Studie. Berlin, Stuttgart: BITKOM, Fraunhofer IAO. Online unter: http://www.its-owl.de/fileadmin/PDF/Industrie_4.0/2014-04-07-Studie_Bitcom_Wirtschaftliches_Potenzial_fuer_Industrie_4.0.pdf (Abgerufen am 13.10.2015).

Bauernhansl, T. (2014): Die Vierte Industrielle Revolution. Der Weg in ein wertschaffendes Produktionsparadigma. In: Bauernhansl, T./ten Hompel, M. und Vogel-Heuser, B. (Hrsg.): Industrie 4.0 in Produktion, Automatisierung und Logistik. Wiesbaden: Springer Fachmedien, 5-35.

Berger, R. (2014): Industry 4.0. The new industrial revolution. How Europe will succeed. Online unter: https://www.rolandberger.com/publications/publication_pdf/roland_berger_tab_industry _4_0_20140403.pdf (Abgerufen am 05.10.2016).

Boeing, N./Burmeister, K./Neef, A./Rodenhäuser, B./Schroll, W. (2014): CONNECTEDREALITY2025. Die nächste Welle der digitalen Transformation. Köln: Z_punkt GmbH.

Bradley, J./Barbier, J./Handler, D. (2013): Embracing the Internet of Everything To Capture Your Share of $14.4 Trillion. More Relevant, Valuable Connections Will Improve Innovation, Productivity, Efficiency & Customer Experience. Online unter: http://www.cisco.com/web/about/ac79/docs/innov/IoE_Economy.pdf (Abgerufen am 02.02.2016).

Brynjolfsson, E./McAfee, A. (2014): The Second Machine Age. Work, Progress, and Prosperity in a Time of Brilliant Technologies. New York: W. W. Norton & Company.

Channabasavaiah, K./Tuggle, E.Jr./Holley, K. (2003a): Migrating to a service-oriented architecture. Part 1. Introduction and overview. IBM developerWorks. Online unter: http://www.ibm.com/developerworks/library/ws-migratesoa/ws-migratesoa-pdf.pdf (Abgerufen am 02.02.2016).

Channabasavaiah, K./Tuggle, E.Jr./Holley, K. (2003b): Migrating to a service-oriented architecture. Part 2. Introduction and overview continued. IBM developerWorks. Online unter: http://www.ibm.com/developerworks/library/ws-migratesoa2/ws-migratesoa2-pdf.pdf (Abgerufen am 02.02.2016).

Evans, D. (2011): The Internet of Things. How the Next Evolution of the Internet Is Changing Everything. Online unter: http://www.cisco.com/c/dam/en_us/about/ac79/docs/innov/IoT_IBSG_0411FINAL.pdf (Abgerufen am 20.10.2016).

Fan, W./Chen, Z./Xiong, Z./Chen, H. (2012): The Internet of data. A new idea to extend the IOT in the digital world. In: Frontiers of Computer Science. Vol. 6 (6), 660-667.

Galbraith, J. R. (2005): Designing the Customer-Centric Organization. A Guide to Strategy, Structure, and Process. San Francisco: Jossey-Bass.

Goedkoop, M./van Halen, C./te Riele, H./Rommens, P. (1999): Product Service Systems. Ecological and Economic Basics. Online unter: http://teclim.ufba.br/jsf/indicadores/holan%20Product%20Service%20Systems%20main%20report.pdf (Abgerufen am 20.10.2016).

Koch, V./Geissbauer, R. (2014): Industrie 4.0. Chancen und Herausforderungen der vierten industriellen Revolution. PwC. Online unter: http://www.strategyand.pwc.com/media/file/Industrie-4-0.pdf (Abgerufen am 13.10.2015).

Külzhammer, G. (2014): IoT-A. Internet of Things – Architecture. Online unter: http://www.iot-a.eu/public (Abgerufen am 02.02.2016).

Loshin, D./Reifer, A. (2013): Using Information to Develop a Culture of Customer Centricity. Customer Centricity, Analytics, and Information Utilization. Morgan Kaufmann.

Lucke, D./Görzig, D./Kacir, M./Volkmann, J./Haist, C./Sachsenmaier, M./Rentschler, H. (2014): Strukturstudie „Industrie 4.0 für Baden-Württemberg". Baden-Württemberg auf dem Weg zu Industrie 4.0. Stuttgart: Fraunhofer-Institut für Produktionstechnik und Automatisierung IPA, Ministerium für Finanzen und Wirtschaft Baden-Württemberg. Online unter: https://wm.baden-wuerttemberg.de/fileadmin/redaktion/m-wm/intern/Dateien_Downloads/Innovation/IPA_Strukturstudie_Industrie_4.0_BW.pdf (Abgerufen am 05.10.2016).

Mandler, B./Antonelli, F./Kleinfeld, R./Pedrinaci, C./Carrera, D./Gugliotta, A./Schreckling, D./Carreras, I./Raggett, D./Pous, M./Villares, C.V./Trifa, V. (2013): COMPOSE. A journey from the Internet of Things to the Internet of Services. In: IEEE (Hrsg.): Proceedings of the 27th International Conference on Advanced Information Networking and Applications Workshops (WAINA), 25.-28.03.2013, 1217-1222.

Nain, G./Fouquet, F./Morin, B./Barais, O./Jézéquel, J.-M. (2010): Integrating IoT and IoS with a Component-Based approach. In: IEEE (Hrsg.): Proceedings of the 2010 36th EUROMICRO Conference on Software Engineering and Advanced Applications (SEAA), Lille, 191-198.

OASIS (2006): Reference Model for Service Oriented Architecture 1.0. OASIS Standard. Online unter: http://docs.oasis-open.org/soa-rm/v1.0/ (Abgerufen am 02.02.2016).

Peppers, D./Rogers, M. (1993): The One To One Future. Building Relationships. One Customer at a Time. New York: Currency/Doubleday.

Peppers, D./Rogers, M. (1997): Enterprise One to One. New York: Currency/Doubleday.

Porter, M. E./Heppelmann, J. E. (2014): How Smart, Connected Products Are Transforming Competition. Harvard Business Review. Online unter: https://hbr.org/2014/11/how-smart-connected-products-are-transforming-competition (Abgerufen am 20.10.2016).

Seybold, P. B. (1998): How to Create a Profitable Business Strategy for the Internet and Beyond. New York, Toronto: Customers.com.

Seybold, P. B. (2001): The customer revolution. How to thrive when customers are in control. Crown.

Treacy, M./Wiersema, F. (1995): The Discipline of Market Leaders. London: Harper Collins.

Uckelmann, D./Harrison, M./Michahelles, F. (2011): Architecting the Internet of Things. Berlin, Heidelberg: Springer.

van der Meulen, R. (2015): Gartner Says 6.4 Billion Connected "Things" Will Be in Use in 2016, Up 30 Percent From 2015. Press Release. Online unter: http://www.gartner.com/newsroom/id/3165317 (Abgerufen am 20.10.2016).

VDI (2014a): Industrie 4.0. Statusreport. Auf dem Weg zu einem Referenzmodell. Online unter: https://www.vdi.de/fileadmin/vdi_de/redakteur_dateien/sk_dateien/VDI_Industrie_4.0_Referenzmodell_2014.pdf (Abgerufen am 02.02.2016).

Ward, B. (2013): The Internet Of Things Will Become The Internet Of Services. Online unter: http://www.techweekeurope.co.uk/comment/internet-of-things-contributed-feature-mll-telecom-needs-picture-128621 (Abgerufen am 02.02.2016).

Wilkes, M. W./Stange, K. (2013): Customer Centricity & Corporate Management. Die Steuerung des gesamten Unternehmens nach Kundenprioritäten. 3. Aufl. Online unter: http://www.erfolgskette.de/wp-content/uploads/Customer-Centricity-2013-DE.pdf (Abgerufen am 20.10.2016).

Wischmann, S./Wangler, L./Botthof, A. (2015): Autononomik Industrie 4.0. Volks- und betriebswirtschaftliche Faktoren für den Standort Deutschland. Eine Studie im Rahmen der Begleitforschung zum Technologieprogramm AUTONOMIK für Industrie 4.0. Berlin: BMWi. Online unter: http://www.bmwi.de/BMWi/Redaktion/PDF/F/industrie-4-0-volks-und_20betriebswirtschaftliche-faktoren-deutschland,property=pdf,bereich=bmwi2012,sprache=de,rwb=true.pdf (Abgerufen am 13.10.2015).

Die Autoren

Prof. Dr. Bernhard Kölmel lehrt und forscht im Bereich Global Process Management an der Hochschule Pforzheim. Er ist Mitinitiator des Instituts für Smart Systems und Services (IoS³) für disruptive Innovationen im Internet of Things & Services und als Experte für Zukunftstechnologien für nationale Ministerien, die EU-Kommission und das European

Institute of Innovation and Technology berufen. Zuvor war er über 20 Jahre in leitender Position in der Wirtschaft und unternehmerisch tätig, längere Zeit bei Start-up-Initiativen im Silicon Valley.

Alexander Richter studierte Wirtschaftsingenieurwesen mit den Schwerpunkten International Management, Marketing, Controlling sowie Produktion an der Hochschule Pforzheim. Er sammelte zudem bereits praktische Erfahrungen in den Bereichen Consulting, Produktion, Einkauf und der Medizintechnik. Bei seiner derzeitigen Tätigkeit in einem Forschungsprojekt an der Hochschule Pforzheim unterstützt er die wissenschaftliche Leitung bei der Konzeptionierung, Entwicklung und der Validierung neuer Produkt-Service-System-Konzepte.

Johanna Schoblik ist langjährige wissenschaftliche Mitarbeiterin an der Hochschule Pforzheim und beschäftigte sich in der Vergangenheit insbesondere mit den Themenbereichen Customer Relationship Management und Prozessmanagement. Bei ihrer derzeitigen Tätigkeit in einem Forschungsprojekt unterstützt sie die wissenschaftliche Leitung mit ihrer Expertise bei der prozessorientierten Betrachtung von Produkt-Service-System-Konzepten und der Entwicklung neuer Geschäftsmodelle.

Prof. Uwe Dittmann ist in der Fakultät für Technik Prodekan und Bereichsleiter für die wirtschaftsingenieurwissenschaftlichen Studiengänge. Daneben leitet er seit 2004 den Fakultäten- und Fachbereichstag Wirtschaftsingenieurwesen, der die Interessen aller Wirtschaftsingenieur-Studiengänge in Deutschland und den angrenzenden Ländern vertritt. Seit 1995 leitet er das Steinbeis Transferzentrum Marketing, Logistik und Unternehmensführung an der Hochschule Pforzheim und hat mehr als 150 Projekte mit großen und kleineren Unternehmen der Region erfolgreich durchgeführt.

Prof. Dr. Ansgar Kühn ist Professor für Produktions- und Projektmanagement im Studiengang Wirtschaftsingenieurwesen der Hochschule Pforzheim. Seit 2015 leitet er den Masterstudiengang Business Administration and Engineering. Er ist Mitglied bei der Deutschen Gesellschaft für Projektmanagement und wirkt hier in der Fachgruppe „Projektmanagement an Hochschulen" mit.

Prof. Alfred Schätter ist Professor für Informatik im Studiengang Wirtschaftsingenieurwesen der Hochschule Pforzheim. Seine Lehr- und Forschungsschwerpunkte liegen in den Bereichen Systemanalyse und Software Engineering. Als Projektleiter beim Steinbeis Transferzentrum Marketing, Logistik und Unternehmensführung hat er mehrere KMU-Projekte im IT-Umfeld durchgeführt und verfügt über eine langjährige Erfahrung im Technologie- und Know-how-Transfer.

Kontakt

Prof. Dr. Bernhard Kölmel
Hochschule Pforzheim
Tiefenbronner Str. 65
75175 Pforzheim
bernhard.koelmel@hs-pforzheim.de

Alexander Richter, M. Sc.
Hochschule Pforzheim
Tiefenbronner Str. 65
75175 Pforzheim
alexander.richter@hs-pforzheim.de

Johanna Schoblik, M. Sc.
Hochschule Pforzheim
Tiefenbronner Str. 65
75175 Pforzheim
johanna.schoblik@hs-pforzheim.de

Prof. Uwe Dittmann
Hochschule Pforzheim
Tiefenbronner Str. 65
75175 Pforzheim
uwe.dittmann@hs-pforzheim.de

Prof. Dr. Ansgar Kühn
Hochschule Pforzheim
Tiefenbronner Str. 65
75175 Pforzheim
ansgar.kuehn@hs-pforzheim.de

Prof. Alfred Schätter
Hochschule Pforzheim
Tiefenbronner Str. 65
75175 Pforzheim
alfred.schaetter@hs-pforzheim.de

Das Privacy-Paradoxon – Ein Erklärungsversuch und Handlungsempfehlungen

Paul Gerber, Melanie Volkamer, Nina Gerber

Inhalt

1	Privatsphäre im digitalen Alltag	140
1.1	Was ist überhaupt Privatsphäre?	141
1.2	Das Privacy-Paradoxon	142
1.3	Methodik der Inhaltsakquise und illustratives Beispiel	142
1.3.1	Illustratives Beispiel	143
1.3.2	Struktur des Beitrages	143
2	Grundlagen menschlichen Verhaltens und Entscheidens	144
2.1	Die Theorie des geplanten Verhaltens	144
2.2	Verhaltensheuristiken und kognitive Bias	147
2.3	Kognitive Konsistenz und ihr Einfluss auf das Verhalten	148
3	Digitale Privatsphäre und Verhalten	149
3.1	Vertrauens- und Risikowahrnehmung	149
3.1.1	Vertrauensbildung und Einflussfaktoren auf Vertrauen	150
3.1.2	Was ist Risiko?	152
3.2	Integratives Verhaltensmodell im Kontext digitaler Privatsphäre	153
4	Erklärungsansätze für das Privacy-Paradoxon	154
4.1	Saliente Grundüberzeugungen	155
4.2	Kognitive Konsistenztheorien	156
4.3	Zusätzliche Verhaltenseinflussfaktoren	157
5	Handlungsansätze zur Motivation Privatsphäre freundlicheren Verhaltens	157
5.1	Bewusstsein schaffen für Informationen	158
5.2	Wissen über Handlungsalternativen verbreiten	158
5.3	Handlungsalternativen gestalten	160
5.3.1	Konkrete Beispiele zur Gestaltung	161
6	Zusammenfassung und Ausblick	162
7	Danksagung	162

Literatur 163
Die Autoren 166
Kontakt 167

Management Summary

Der Schutz der eigenen Privatsphäre im digitalen Alltag fällt schwer. Spätestens seit der Omnipräsenz des mobilen Internets dank Smartphones und der damit verbundenen rapiden Verbreitung digitaler Dienste, ist die Verbreitung persönliche Informationen immer schwerer zu kontrollieren. Darüber hinaus stellte die Forschung bereits vor etwa zehn Jahren fest, dass Menschen sich widersprüchlich in Bezug auf ihre Privatsphäre verhalten (Norberg et al. 2007) und bezeichneten dieses Phänomen als das Privacy-Paradoxons. Um zu klären, warum Menschen sich im Hinblick auf ihre Privatsphäre widersprüchlich verhalten und ob dies in der Tat paradox im Sinne des Wortes ist, ist es notwendig, zu verstehen, was Menschen motiviert und wie sie Entscheidungen treffen. Kurz, wie menschliches Verhalten entsteht. Im Rahmen dieses Beitrags werden Faktoren beschrieben und diskutiert, die in verschiedenen Situationen das menschliche Verhalten beeinflussen und aus diesen ein integratives Verhaltensmodell im Kontext der digitalen Privatsphäre abgeleitet. Auf Basis dieses Modell werden dann Antworten auf die Frage geliefert, wie das Phänomen des Privacy-Paradoxons zu erklären ist und anhand eines Beispiels diskutiert, was sich daraus für die Praxis an Handlungsansätzen ableiten lassen.

1 Privatsphäre im digitalen Alltag

Das Konzept der Privatsphäre wird in diversen Forschungsgebieten intensiv bereits seit dem frühen 20. Jahrhundert bearbeitet. Hierbei liegen sowohl Definitionen von juristischer, wie auch technischer, soziologischer oder beispielsweise psychologischer Seite vor. Doch trotz aller Bemühungen ist bis heute keine allgemein anerkannte, die verschiedenen Aspekte abdeckende und damit universell gültige Definition für Privatsphäre gefunden worden, was nicht zuletzt an kulturellen und interindividuellen Unterschieden zwischen Ländern und Menschen liegt. Weiter erschwert wird eine solche Definition durch die zunehmende Digitalisierung unseres Alltags, die sowohl die zwischenmenschliche Kommunikation als auch unseren Blickwinkel auf die Welt, die uns umgibt, stark verändert. Neben der rein physikalischen Repräsentation des menschlichen Selbst, haben viele Menschen heute zusätzlich noch eine oder gar mehrere digitale Repräsentationen, „digitale Ichs", die es zu pflegen, aber auch zu schützen gilt.

Abseits aller zwischenmenschlichen Unterschiede in der Definition von Privatsphäre gibt es jedoch auch Übereinstimmungen und Gemeinsamkeiten. Im Folgenden soll deshalb zunächst kurz zusammengefasst werden, was von verschiedenen Forschern unter Privatsphäre verstanden wird, bevor der eigentliche Kerngegenstand dieses Beitrages, das Privacy-Paradoxon, näher definiert wird. Hierbei liegt der Fokus vor allem auf dem digitalen Alltag der heutigen Informationsgesellschaft. Abschließend folgt eine Beschreibung des Vorgehens zur Generierung der hier diskutierten Inhalte sowie ein illustratives Beispiel für eine

Privatsphäre relevante Entscheidungssituation des Alltags, auf das im folgenden Text häufiger referenziert wird, um Inhalte für den Leser verständlicher zu machen.

1.1 Was ist überhaupt Privatsphäre?

Das Internet ist im heutigen Alltag allgegenwärtig. Ursprünglich von Wissenschaftlern zum Nachrichtenaustausch zwischen Computern erschaffen, wird es heutzutage für eine Vielzahl von Onlinediensten verwendet, auf die bequem – beispielsweise per Smartphone – zugegriffen werden kann. Während der Nutzung dieser Dienste werden verschiedene Arten von persönlichen Informationen erfasst: Solche, die aktiv eingegeben werden, die bereits auf den Geräten gespeichert sind, das Nutzerverhalten, aber auch Informationen, die von den Sensoren des Smartphones erhoben werden. Mit Hilfe solcher Informationen können umfangreiche Profile erstellt werden, die sowohl von dem erhebenden Dienst oder Gerät als auch von Dritten auf vielfältige Weise genutzt werden können. Mit Hilfe moderner Technik (Stichwort Big Data) ist es also möglich, Informationen über Menschen zu sammeln, die beispielsweise Aussagen über deren Verhalten in den eigenen vier Wänden oder deren persönliche Wünsche und Vorlieben ermöglichen, ohne dass hierfür derjenige explizit und absichtlich durch eine andere Person beobachtet werden müsste, wie es früher der Fall war.

In der Forschung gibt es zwei große Strömungen zur Definition von Privatsphäre. Die eine betrachtet Privatsphäre als Wert, sowohl gesellschaftlicher als auch persönlicher Natur (Bennett 1995). Informationen werden also gegen wahrgenommene Vorteile getauscht. Hierunter können beispielsweise Serviceleistungen, Funktionen oder Rabatte fallen. Die zweite Strömung betrachtet Privatsphäre als einen aktuellen Zustand. Westin (1967) beschreibt hierbei vier voneinander zu unterscheidende Privatsphärenzustände:

1. Abgeschiedenheit (Freisein von Beobachtungen)
2. Vertraulichkeit (Bilden von kleinen Gruppen, in denen enge, entspannte und aufrichtige Verbindungen möglich sind)
3. Anonymität (Freiheit von Identifikation und Überwachung)
4. Zurückhaltung (Limitieren von Offenlegung gegenüber anderen)

Aufbauend darauf wird Privatsphäre als ein „Zustand mit beschränktem Zugriff auf eine Person" definiert (Schoeman 1984), was sich im weiteren Verlauf der Forschung, insbesondere im digitalen Kontext, zu einem „beschränkten Zugriff auf (persönliche) Informationen" entwickelte (Smith et al. 2011). Ein entscheidender Faktor hierbei stellt die Möglichkeit der Kontrolle über die Umstände und Bedingungen, unter denen persönliche Informationen durch Dritte erfasst und verarbeitet werden, dar (Culnan und Bies 2003). Insofern kann die individuelle Privatsphäre (oder auch die Verletzung derselben) nicht schlicht am Teilen oder Speichern verschiedener Informationen festgemacht werden. Besteht beispielsweise ein Zustand der Vertraulichkeit (vgl. Westin 1967) oder auch Anonymität, ist es einfach nachvollziehbar, dass bereitwilliger persönliche Informationen weitergegeben werden, als wenn dies nicht der Fall ist. Das gleiche gilt für den Fall, dass die Informationen mit Zustimmung gesammelt werden.

1.2 Das Privacy-Paradoxon

Drei Jahre nach dem sogenannten „NSA-Skandal" gehört es für die Deutschen fast schon zum guten Ton, besorgt um den (digitalen) Schutz ihrer persönlichen Daten zu sein. In einer aktuellen Bitkom-Umfrage (2015) gaben nur drei Prozent der befragten Internetnutzer an, es sei ihnen egal, was mit ihren Daten im Internet geschehe. Demgegenüber stehen immerhin 66 %, die die Befürchtung äußerten, die Kontrolle über den Schutz ihrer Privatsphäre zu verlieren. Trotz dieser Bedenken gaben 87 % der befragten Nutzer an, auch Onlinedienste zu nutzen, bei denen sie nicht voll darauf vertrauen, dass die gesetzlichen Vorgaben zur Verarbeitung persönlicher Daten eingehalten werden. Bei diesem scheinbar im Widerspruch zu den geäußerten Bedenken stehenden Verhalten handelt es sich jedoch keineswegs um ein neues Phänomen: Privatsphäre-Forscher versuchen nun schon seit gut zehn Jahren das sogenannte „Privacy-Paradoxon" zu erklären, das den Umstand beschreibt, dass Nutzer zwar Bedenken und Ängste in Bezug auf ihre Privatsphäre äußern, sich gleichzeitig aber auf eine Weise verhalten, die ihren Äußerungen scheinbar widerspricht (Norberg et al. 2007; Boyd und Ellison 2007; Acquisti und Grosslags 2005; Smith et al. 2011). Einerseits werden *freiwillig Daten preisgegeben*, indem zum Beispiel bestimmte Aspekte des eigenen Privatlebens in sozialen Netzwerken geteilt oder Fitness-Tracker und Onlineshopping-Websites mit Profiling-Funktionen genutzt werden. Andererseits wird *wenig aktive Mühe betrieben, die eigenen Daten zu schützen*. Diskutierte Möglichkeiten des Schutzes sind beispielsweise das Blockieren von sogenannten Drittanbieter-Cookies, das regelmäßige Löschen von Cookies im Allgemeinen, die Nutzung von Tools zur Sicherung der Privatsphäre wie Plug-ins zur Verschlüsselung der E-Mail-Kommunikation.

1.3 Methodik der Inhaltsakquise und illustratives Beispiel

Die hier diskutierten Inhalte basieren auf einer umfangreichen Literaturanalyse zwischen November 2015 und Februar 2016. Hierbei wurden die Datenbanken von Google Scholar, ACM, IEEE und Scopus mit dem Stichwort „Privacy Paradox" nach englischsprachigen Publikationen durchsucht. Der Zeitraum der Publikation für die direkten Treffer wurde dabei auf den Zeitraum 2006 bis 2016 begrenzt. Relevant waren hierbei Publikationen, die sich direkt oder indirekt mit dem Suchgegenstand beschäftigen, das heißt, ihn entweder direkt untersuchten, oder im Rahmen ihrer Überlegungen und/oder Studien Beobachtungen, die damit zusammenhingen, machten. In einem weiteren Schritt wurden die Literaturverzeichnisse der relevanten Publikationen für eine weiterführende Vorwärts- und Rückwärtssuche genutzt. Hierbei lag der Fokus primär darauf, Originalquellen für genutzte und diskutierte Modelle und Theorien zu identifizieren, deren Publikationsdatum außerhalb des zunächst genutzten Zeitraums liegt.

1.3.1 Illustratives Beispiel

Stellvertretend für viele mögliche Beispiele sei an dieser Stelle das Studium an deutschen Universitäten genannt. In vielen Studienjahrgängen ist es heutzutage üblich, dass bereits im ersten Semester jeweils jahrgangsumfassende Facebook- und/oder WhatsApp-Gruppen gegründet werden. Diese dienen im weiteren Verlaufe des Studiums häufig als einzige und somit umfassende Informationsplattformen. Hierbei werden sowohl spezifisch studiumsbezogene Informationen über Prüfungen, Vorlesungen oder Übungsgruppen beziehungsweise -termine ausgetauscht, als auch soziale Verbindungen für Verabredungen, Feiern oder Ausflüge kommuniziert. Als Studierender im ersten Semester, häufig auch in einer zunächst fremden Stadt ohne umfassendes soziales Netz, sind die Vorteile, die ein Beitritt zu diesen Gruppen bieten würde, offensichtlich. Dass dieses Verhalten jedoch mit dem persönlichen Empfinden hinsichtlich der eigenen Privatsphäre, das heißt der eigenen Meinung und Einstellung hinsichtlich beispielsweise Facebook (oder sozialen Netzen im Allgemeinen), übereinstimmt, kann hierbei nicht zwingend als gegeben angenommen werden. Der hypothetische Studierende befindet sich somit gegebenenfalls in einem Spannungsfeld verschiedener Bedürfnisse und muss sich entscheiden, welche für ihn oder sie mehr Gewicht haben.

1.3.2 Struktur des Beitrages

Basierend auf der in Abschnitt 1.3 erläuterten Literaturanalyse soll im weiteren Verlauf dieses Beitrags näher beleuchtet werden, warum Menschen sich in Situationen, wie die des hypothetischen Studierenden aus Abschnitt 1.3.1, so verhalten wie sie es tun und ob dies wirklich paradox im Sinne des Wortes ist. Hierfür wird zunächst eine Einführung in die Grundlagen menschlichen Verhaltens und Entscheidens gegeben und ein allgemeines Verhaltensmodell diskutiert. Die dort diskutierten Publikationen stammen primär aus dem zweiten Schritt der Literaturanalyse. Im Anschluss daran werden weitere Einflussfaktoren für das menschliche Verhalten, die spezifischer zum Kontext der digitalen Privatsphäre gehören, diskutiert und in das bestehende Verhaltensmodell eingearbeitet. Hier werden Publikationen aus beiden Rechercheschritten diskutiert. Auf Basis dieses Modells werden dann Erklärungsansätze für das Privacy-Paradoxon formuliert und diskutiert. Der Beitrag schließt mit einer Diskussion verschiedener Handlungsansätze zur Motivation privatsphärefreundlicheren Verhaltens auf Basis der Erkenntnisse aus den vorherigen Abschnitten.

2 Grundlagen menschlichen Verhaltens und Entscheidens

Um menschliche Entscheidungen und daraus resultierendes Verhalten besser zu verstehen, ist es notwendig, genauer zu betrachten, was Menschen zum Handeln motiviert. Hierfür wird zunächst eine der einflussreichsten Theorien des menschlichen Verhaltens, die Theorie des geplanten Verhaltens (engl. Theory of planned behavior) (Ajzen 1991), vorgestellt und erläutert. Für das bessere Verständnis wird hierbei die vollständige Theorie beschrieben, auch wenn für die Erklärung des Privacy-Paradoxons primär der zweite Teil entscheidend ist. Im Anschluss daran werden einige Entscheidungsheuristiken näher erläutert, die Menschen häufig bei der Entscheidungsfindung nutzen. Ebenso werden Verzerrungen (engl. bias) der Wahrnehmung und Kognition, die aus solchen Heuristiken folgen, erläutert. Im dritten Teil dieses Abschnitts wird schließlich der Zustand kognitiver Dissonanz, beziehungsweise das Streben nach kognitive Konsistenz, das heißt ein Zustand der Übereinstimmung von Wünschen, Vorstellungen und Werten mit dem eigenen Handeln, beschrieben.

2.1 Die Theorie des geplanten Verhaltens

Eine der einflussreichsten Theorien aus der psychologischen Forschung zum menschlichen Verhalten ist die sogenannte Theorie des geplanten Verhaltens (Ajzen 1991). Diese zeigt auf, dass das Verhalten eines Menschen nicht ausschließlich von dessen Motivation, beziehungsweise Intention, dieses zu zeigen, abhängt. Die Theorie des geplanten Verhaltens versucht hierbei menschliches Verhalten in einer gegebenen Situation zu erklären (vgl. Abbildung 1). Als einer der Antezedenzien für gezeigtes Verhalten ist hierbei die Absicht beziehungsweise die Intention (das heißt die jeweilige Person ist willens, sich in einer gegebenen Situation entsprechend zu verhalten) ein wichtiger Teil der Theorie. Die Verhaltensabsicht jedoch ist wiederum abhängig von der (positiven oder negativen) Einstellung dem entsprechenden Verhalten gegenüber. Zusätzlich wirkt eine subjektive Norm auf die Intention, welche ein soziales Konstrukt darstellt und stellvertretend für einen subjektiven Druck, ein bestimmtes Verhalten (nicht) zu zeigen, steht. Schließlich wirkt noch die wahrgenommene, das heißt subjektive, Erfolgswahrscheinlichkeit auf die Bildung einer Verhaltensabsicht. Unter ihr versteht man den Grad an Überzeugung in einer gegebenen Situation, ein spezifisches Verhalten erfolgreich durchzuführen, womit sie ein Maß für die subjektive Einfachheit beziehungsweise Schwierigkeit eines Verhaltens ist. Diese subjektive Einfachheit oder Erfolgswahrscheinlichkeit hat einen Einfluss darauf, welche möglichen Verhaltensalternativen gewählt werden, wie viele Ressourcen (das heißt beispielsweise zeitlicher oder finanzieller Aufwand) in die Aufrechterhaltung des Verhaltens investiert werden sowie hiermit verknüpfte emotionale Reaktionen, wie beispielsweise Stolz (Bandura 1977; 1982; 1991). Diese zusätzliche Komponente (im Vergleich zur älteren Theorie des begründeten Handelns s. Fishbein und Ajzen 1975) des Modells ist besonders nützlich in Situationen, in denen die volitionale Kontrolle über das eigene Verhalten nicht absolut ist, das heißt der Erfolg des Handelns nicht schlicht davon abhängt, ob man etwas tut oder nicht, wie es beispielsweise beim Abnehmen der Fall ist. In Situationen mit vollständiger Kontrolle durch den Handelnden, das heißt in Situationen, in denen der Erfolg einer Handlung einzig davon abhängt, ob das zugehörige Verhalten gezeigt wird oder nicht, wie es beispielsweise bei Wahlentscheidungen der Fall ist, genügt die Verhaltensintention, um das Verhalten zu erklären. Hierbei gilt, dass sich das Verhalten desto fehlerloser erklären lässt, je besser die subjektive und die tatsächliche Erfolgswahrscheinlichkeit übereinstimmen. Wenn beispielsweise die zur Verfügung stehenden Ressourcen sich ändern oder die Anforderungen an erfolgreiches Verhalten unbemerkt vom Handelnden ansteigen (und somit subjektive und tatsächliche Erfolgswahrscheinlichkeit weniger gut übereinstimmen), kann tatsächlich gezeigtes Verhalten signifikant vom vorhergesagten abweichen, obwohl sich weder die Verhaltensintention, noch die subjektive Erfolgswahrscheinlichkeit geändert haben (Ajzen 1985).

Da in vielen zwischenmenschlichen Interaktionssituationen der Erfolg nicht einzig durch eine Verhaltensäußerung determiniert ist, die volitionale Kontrolle also nicht absolut ist, sollte insofern bei der Betrachtung menschlichen Verhaltens stets auch die subjektive Erfolgswahrscheinlichkeit betrachtet werden. Zusätzlich müssen für eine valide Verhaltensvorhersage sowohl die Intention als auch die wahrgenommene Erfolgswahrscheinlichkeit in Relation zum fraglichen Verhalten gemessen werden. Diese dürfen sich in der Zeit zwischen Messung und Verhaltensäußerung nicht ändern, das heißt sie müssen hinreichend zeitstabil sein oder der Abstand muss hinreichend klein sein (Abb. 1).

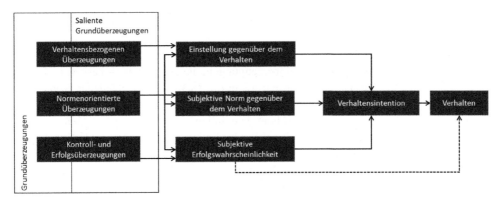

Abb. 1: Schematische Darstellung der Theorie des geplanten Verhaltens

Die Theorie des geplanten Verhaltens soll menschliches Verhalten erklären können, weshalb auch die Antezedenzien für die Einstellung, die subjektive Norm sowie die wahrgenommene Erfolgswahrscheinlichkeit betrachtet werden müssen. Hierzu formuliert die Theorie sogenannte Grundüberzeugungen (engl. Beliefs), von denen jeder Mensch sehr viele hat und welche als niedrigstes Level der Erklärung dienen, das heißt, von diesen gehen alle höheren Kognitionen bis zur Verhaltensäußerung selbst aus. Grundüberzeugungen können in drei Gruppen differenziert werden. Die erste bezeichnet hierbei die *verhaltensbezogenen Grundüberzeugungen*, welche direkt auf die Einstellung gegenüber einem fraglichen Verhalten wirken. Beispiele hierfür können Vor- oder auch Nachteile, wie soziale Anerkennung für Erfolge, die mit einem Verhalten als (mögliche) Konsequenzen verknüpft sind, sein. In der zweiten Gruppe befinden sich die *normenorientierten Überzeugungen*, welche direkt auf die subjektive Norm, das heißt den subjektiven Druck ein Verhalten (nicht) zu zeigen, wirken. Beispiele hierfür können das Empfinden sein, dass alle Freunde beziehungsweise sozialen Kontakte ausschließlich über ein bestimmtes soziales Netz oder einen bestimmten Kommunikationsdienst kommunizieren und man somit verpflichtet ist, auch daran teilzunehmen oder auch, dass bestimmte Kleidungsmarken oder andere Standards vom eigenen Umfeld erwartet werden. In der dritten Gruppe schließlich finden sich die *Kontroll- und Erfolgsüberzeugungen*, welche direkt die Wahrnehmung der Erfolgswahrscheinlichkeit beeinflussen. Beispiele können hier Überzeugungen darüber sein, dass man sich mit Technik ohnehin nicht auskennt, dass man gar nicht weiß, wo man überhaupt nach Lösungen suchen sollte oder auch, im Hinblick auf alternative Handlungsmöglichkeiten, dass man ohnehin nichts anders machen oder sich ohnehin nicht wehren kann. In positiver Hinsicht könnten allerdings auch mögliche Überzeugungen darin bestehen, dass die Nutzung eines Virenscanners einen hinreichend vor Schadsoftware schützt oder die Beachtung von Zugriffsberechtigung von Apps auf dem Smartphone einen Beitrag zur eigenen Privatsphäre leisten kann. Die verschiedenen Grundüberzeugungen haben wiederum jeweils individuell verschieden ausgeprägte Stärken. So ist beispielweise dem einen Menschen besonders wichtig, wie ein bestimmter Freund oder sein Partner über ein bestimmtes Thema denkt, oder aber bestimmte Vorteile einer Verhaltensweise überwiegen die damit einhergehenden Nachteile.

Aufgrund der großen Menge an Grundüberzeugungen, die jeder Mensch besitzt, ist für die Bewertung einer spezifischen Situation vor allem die „Salienz" verschiedener Grundüberzeugungen entscheidend. Salienz bezeichnet hierbei die Verfügbarkeit der Überzeugung im Gedächtnis zum Zeitpunkt der Entscheidung. Die Salienz verschiedener Grundüberzeugungen ist hierbei direkt abhängig von Informationen, die im fraglichen Augenblick vorliegen. Liest man beispielsweise kurz zuvor einen Zeitungsartikel über die Gefahren autonomen Autofahrens, so steigt die Wahrscheinlichkeit dafür, dass zu diesem Thema eher negative und ablehnende Grundüberzeugungen auf die Einstellung wirken und im weiteren Verlauf beispielsweise die Absicht, ein solches Auto in Zukunft zu erwerben, verringern. Fragt man die gleiche Person zwei Wochen später erneut, ohne eine entsprechende Vorinformation, kann die dann geäußerte Einstellung zum autonomen Autofahren hiervon völlig abweichen, da zu diesem Zeitpunkt andere Grundüberzeugungen (zum Beispiel bezüglich des Umweltschutzes durch effizienteres Fahren) salient sind. Diese unbewusste Auswahl an Grundüberzeugungen liegt hauptsächlich in der begrenzten Verarbeitungskapazität des Menschen begründet. Forscher sprechen hierbei von der sogenannten „eingeschränkten Rationalität" (engl. bounded rationality) (Simon 1956; 1990), die den Menschen daran hindert, zu jedem

Zeitpunkt absolut rational zu entscheiden, schlicht, weil er nicht alle verfügbaren Informationen auf einmal verarbeiten kann beziehungsweise Zugriff darauf hat. Um dennoch effizient und möglichst erfolgreich mit komplexen Entscheidungssituationen umzugehen, nutzt der Mensch häufig verschiedene Heuristiken und unterliegt hierbei diversen kognitiven Verzerrungen, das heißt Einflüssen außerhalb seiner direkten bewussten Kontrolle. Diese werden im folgenden Abschnitt näher beschrieben.

2.2 Verhaltensheuristiken und kognitive Bias

Die menschliche Informationsverarbeitungskapazität ist nicht unbeschränkt. Sowohl die menschliche Aufmerksamkeit ist begrenzt (das heißt man kann nicht beliebig vielen Sachverhalten gleichzeitig seine Aufmerksamkeit widmen), als auch das menschliche Gedächtnis, das eigene Wissen und die bekannten Verarbeitungsstrategien. Aus diesen Gründen ist es ihm nicht möglich, stets alle Argumente und Informationen objektiv korrekt zu verarbeiten und für eine Entscheidung heranzuziehen, das heißt stets rein rational zu entscheiden. Insbesondere wenn Entscheidungen unter Zeitdruck getroffen werden müssen, was zumeist der Fall ist. Deshalb argumentierten Forscher (Kahneman und Tversky 1973), dass der Mensch zumeist einfache Entscheidungsregeln (sogenannte Heuristiken) nutzt, um ökonomisch mit seinen zur Verfügung stehenden Ressourcen umzugehen und in der komplexen Welt handlungsfähig zu bleiben. Hierbei werden drei Typen unterschieden.

1. Suchregeln – diese beschreiben, in welcher Reihenfolge Informationen eingesammelt werden.
2. Abbruchregeln – diese helfen zu bestimmen, wann eine Suche nach weiteren Informationen abgebrochen werden kann und somit langwierige oder gar endlose Suche zu vermeiden.
3. Entscheidungsregeln – diese beschreiben, wie die aufgenommenen und verarbeiteten Informationen in Entscheidungen überführt werden.

Eine der bekanntesten dieser Heuristiken ist die sogenannte Verfügbarkeitsheuristik (Schwarz et al. 1991). Diese führt dazu, dass Ereignisse als umso wahrscheinlicher angenommen werden, je leichter oder schneller man sich ein Beispiel hierfür in Erinnerung rufen oder sich vorstellen kann. Ein anderes Beispiel ist die Affektheuristik (Slovic et al. 2002). Diese führt zu spontanen und schnellen Entscheidungen einzig auf Basis des affektiven Eindrucks. Menschen neigen deshalb dazu Risiken zu unterschätzen, wenn diese mit Dingen verknüpft sind, die sie mögen und gleichzeitig diese zu überschätzen, wenn es um Dinge geht, die sie nicht mögen. Dies erklärt auch, warum viele Menschen gerne an Gewinnspielen teilnehmen oder viele Versicherungen gegen jeden möglichen Umstand abgeschlossen werden (obwohl die Wahrscheinlichkeit sehr niedrig ist) (Loewenstein et al. 2001; Rottenstreich und Hsee 2001). Obwohl die Gewinnchancen bei Gewinnspielen zumeist verschwindend gering sind, ist das Ergebnis sehr erwünscht, also mit einem positiven Affekt beladen, was zu einer Überschätzung der Gewinnchancen führt. Bei Versicherungen tritt der gegenteilige Effekt auf, da die möglichen Folgen sehr negativ beladen sind, hier wird die Wahrscheinlichkeit des Eintretens überschätzt. Analog hierzu kann bereits ein Nutzerinterface, das positive emotionale Assoziationen hervorruft, dazu führen, dass Risiken unterschätzt und/oder Vorteile überschätzt werden (Kehr et al. 2013; 2014). Die Fehler, welche aus der Anwendung dieser oder anderer Heuristiken folgen können, liegen typischerweise in der Vernachlässigung essenzieller Bestandteile von Wahrscheinlichkeitsrechnungen begründet (zum Beispiel Vernachlässigung der Basisrate oder der Stichprobengröße) und führen somit zu den beschriebenen Fehleinschätzungen von Risiken.

Einen ähnlichen Effekt können kognitive Verzerrungen, sogenannte Bias, haben, welche zu Wahrnehmungsverzerrungen führen. Der sogenannte Optimismus-Bias bezeichnet beispielsweise die Tendenz des Menschen anzunehmen, dass die Wahrscheinlichkeit negativer Folgen für einen selbst geringer ist, als für andere (Cho et al. 2010). Ebenso werden weiter in der Zukunft liegende Vor- oder Nachteile als weniger wertvoll (oder negativ) erachtet, als sofort eintretende. Das heißt Ereignisse, die weiter in der Zukunft liegen, werden abgewertet und als weniger extrem empfunden. Man spricht hierbei vom sogenannten „hyperbolic discount" (Acquisti und Grossklags 2003), welcher dazu führt, dass Entscheidungen über die Zeit hinweg inkonsistent sind, das heißt, während eine gegenwärtige Version eines Menschen eine Entscheidung trifft, würde die zukünftige Version des gleichen Menschen es bevorzugen, diese Entscheidung nicht getroffen zu haben.

Aufgrund der großen Menge an Grundüberzeugungen stellt sich jedoch die Frage, was passiert, wenn zwischen verschiedenen Grundüberzeugungen, der eigenen Verhaltenseinstellung (oder einer der anderen Antezedenzien) und dem gezeigten Verhalten Widersprüche entstehen. In unserem studentischen Beispiel zu Beginn (vgl. Abschnitt 1.3.1) wird die Entscheidung zugunsten der stärksten salienten Grundüberzeugungen ausfallen (vgl. Abschnitt 2.1). Was passiert aber mit den Überzeugungen, die keinen direkt sichtbaren Einfluss auf das Verhalten haben? Können diese bei der Betrachtung des menschlichen Verhaltens ignoriert werden, oder haben diese ebenfalls einen Einfluss auf das menschliche Erleben und Verhalten, der nur schwerer sichtbar ist? Diese Fragen werden im folgenden Abschnitt näher beleuchtet.

2.3 Kognitive Konsistenz und ihr Einfluss auf das Verhalten

Theorien der kognitiven Konsistenz beschreiben, wie Individuen mit Diskrepanzen innerhalb ihres jeweiligen kognitiven Systems, das heißt zwischen ihren Grundüberzeugungen, Einstellungen und Handlungen umgehen. Die Grundannahmen dieser Familie von Theorien ist hierbei, dass Individuen einen konsistenten Zustand bevorzugen, das heißt Grundüberzeugungen, Einstellungen und Handlungen sollen in die gleiche Richtung gehen und Diskrepanzen müssen aufgelöst werden, um negative affektive Zustände zu vermeiden. Eine der bekanntesten und am häufigsten angewendeten kognitiven Konsistenztheorien ist die Theorie der kognitiven Dissonanz (Festinger 1957). Zur Wiederherstellung von Konsistenz existieren verschiedene Mechanismen, wie zum Beispiel die selektive Informationssuche. Dies bedeutet, dass aus Sicht bereits vorhandener Grundüberzeugungen, Einstellungen und gezeigtem Verhalten, vor allem verstärkende Informationen wahrgenommen, verarbeitet und erinnert werden, wohingegen inkonsistente (das heißt widersprechende) Informationen mit größerer Wahrscheinlichkeit ignoriert, vergessen oder in Richtung Konsistenz verändert werden. Ist dies nicht möglich, wird die jeweils schwächste existierende Kognition in Richtung Konsistenz verändert, das heißt Grundüberzeugungen oder Einstellungen werden angepasst. Passt beispielsweise ein gezeigtes Verhalten nicht zu einigen individuellen Grundüberzeugungen, ist dieses also nicht konsistent mit den jeweiligen Überzeugungen, so werden diese häufig angepasst oder abgeschwächt, um erneut Konsistenz herzustellen. Widerspricht also die soeben bestellte Pizza der eigenen Grundüberzeugung, zukünftig mehr auf die gesunde Ernährung zu achten, so wird zumeist die Pizza gegessen und die Grundüberzeugung abgeschwächt („Diese Situation war ein Sonderfall, ich hatte mir wirklich mal wieder eine Pizza verdient."), sodass erneut eine Übereinstimmung zwischen Grundüberzeugung und Verhalten besteht.

Zusätzlich zu den allgemein gültigen und wirksamen Faktoren und Mechanismen beim menschlichen Verhalten, bringen die Situationen des digitalen Alltags noch weitere Faktoren in die Gleichung ein. So sind insbesondere bei Entscheidungen über persönliche Informationen Fragen zum Vertrauen in den Gegenüber und dessen Absichten sowie mit der Preisgabe verbundene Risiken relevante Faktoren. Wie Vertrauen entsteht und wie Menschen Risiken wahrnehmen, ist Gegenstand des folgenden Abschnitts.

3 Digitale Privatsphäre und Verhalten

Im Entscheidungskontext der digitalen Privatsphäre, das heißt, ob und welche Informationen wem zur Verfügung stehen sollen, kommen weitere Faktoren hinzu, die, im Gegensatz zu den Faktoren, die im zweiten Abschnitt diskutiert wurden, nicht allgemein immer bei Entscheidungen eine Rolle spielen. Insofern wird in diesem Abschnitt zunächst die Vertrauens- und Risikowahrnehmung des Menschen diskutiert, um diese anschließend in das Verhaltensmodell aus Abschnitt 2.1 (vgl. Abbildung 1) einzuarbeiten.

3.1 Vertrauens- und Risikowahrnehmung

Vertrauen und Risiko, obwohl eng verbunden, werden als unabhängige Größen im Entscheidungsprozess angenommen. So zeigten beispielsweise Norberg et al. (2007), dass das wahrgenommene Risiko ihrer Probanden eher auf die Verhaltensabsicht Einfluss nimmt, wohingegen das Vertrauen in den Gegenüber direkt auf das tatsächlich gezeigte Verhalten wirkt. Aber wie entsteht Vertrauen und was ist eigentlich Risiko?

3.1.1 Vertrauensbildung und Einflussfaktoren auf Vertrauen

In Vertrauenstheorien werden verschiedene Antezedenzien vorgeschlagen und deren Beziehung zu benachbarten Konstrukten, wie beispielsweise Risiko, Kooperation, Vertraulichkeit und Vorhersehbarkeit diskutiert. Vertrauen an sich hängt von Charakteristiken desjenigen ab, dem vertraut wird sowie desjenigen, der vertraut. Aufseiten desjenigen, der vertraut, spielt vor allem die generelle Neigung zu vertrauen eine entscheidende Rolle als Antezedens. Diese kann als eine relativ zeitstabile Persönlichkeitseigenschaft gesehen werden, die sich in den verschiedensten Situationen relativ konstant auswirkt. Sie kann als eine generelle Bereitschaft, anderen zu vertrauen, verstanden werden (Mayer et al. 1995), welche wiederum auf individuellen Entwicklungserfahrungen, Persönlichkeitseigenschaften und kulturellen Hintergründen basiert (Hofstede 1980). Da jeder Mensch verschiedenen anderen Menschen oder Organisationen unterschiedlich stark vertraut, müssen darüber hinaus aber auch Eigenschaften des jeweiligen Gegenübers signifikant zur Vertrauensbildung beitragen. Mayer et al. (1995) schlugen deshalb das latente Konstrukt der Vertrauenswürdigkeit vor, welches durch die *wahrgenommenen Fähigkeiten*, das *Wohlwollen* sowie die *Integrität* des Gegenübers gebildet wird.

Die *Fähigkeiten* beziehen sich hierbei auf spezifische Fertigkeiten und Erfahrungen, die derjenige, dem vertraut werden soll, in der relevanten Domäne oder Situation hat. So wird beispielsweise von einem Anbieter für E-Mail-Dienste erwartet, dass dieser in der Lage ist, seine Mailserver korrekt zu verwalten und hinreichend abzusichern sowie seinen Kunden Unterstützung anzubieten, soweit diese benötigt wird. Es wird jedoch nicht erwartet, dass derselbe Dienstanbieter verlässliche Tipps für den nächsten Urlaub anbietet. Dieses Konzept der *wahrgenommenen Fähigkeiten* weist hierbei große Parallelen zu Vorschlägen anderer Autoren mit ähnlichem Bedeutungsinhalt, wie beispielsweise Kompetenz (Butler 1991) oder Expertentum (Giffin 1967) auf. Das zweite Konstrukt, *Wohlwollen*, bezieht sich auf die wahrgenommene Bereitschaft desjenigen, dem vertraut werden soll, in einer Weise zu handeln, die positiv für den Vertrauenden ist, unabhängig von egozentrischen profitorientierten Motiven. Das heißt derjenige, dem vertraut wird, hat zusätzliche Motivationen, die ihn im Sinne des Vertrauenden handeln lassen, wie zum Beispiel gesetzliche Auflagen, eine soziale Beziehung zum Vertrauenden oder Ähnliches. Die *Integrität* schließlich bezieht sich auf die Wahrnehmung des Vertrauenden, dass der Gegenüber auf Basis von akzeptablen Prinzipien handelt. Da die jeweiligen relevanten Fähigkeiten sehr domänenspezifisch sind, ist Vertrauen natürlicherweise auch abhängig vom situativen Kontext. Basierend auf diesen Antezedenzien definierten Mayer et al. (1995) Vertrauen wie folgt:

> *„Die Bereitschaft einer Partei verwundbar gegenüber den Handlungen einer anderen Partei zu sein, basierend auf der Erwartung, dass diese andere Partei ein Verhalten zeigt, welches wichtig für die vertrauende Partei ist, unabhängig davon, ob die handelnde Partei dabei beobachtet und/oder kontrolliert werden kann."*

Abseits der drei Antezedenzien – Fähigkeit, Wohlwollen und Integrität – der zuvor genannten Definition ist die subjektive Vertrauenswürdigkeit des Gegenübers noch von weiteren Faktoren abhängig, die es zu betrachten gilt, um die Bildung von Vertrauen als solches zu verstehen. Beim Austausch von (persönlichen) Informationen werden jedoch nicht nur „Waren" gegen beispielsweise Dienste zwischen zwei Interaktionspartner getauscht. Durch die Interaktion wird eine soziale Beziehung zwischen beiden Parteien gebildet. Diese Beziehung und ihre Eigenschaften wird durch die Theorie des sozialen Vertrages (engl. Social contract theory) von Milne und Gordon (1993) sowie Donaldson und Dunfee (1994) näher beschrieben. Um Missbrauch der zur Verfügung gestellten Informationen durch opportunistisches Verhalten seitens des Dienstanbieters zu vermeiden – eine Verletzung der Wohlwollen-Annahme –, wird ein sogenannter Sozialer Vertrag, welcher die Normen und Verpflichtungen für alle beteiligten Parteien definiert, benötigt. Ein fairer Informationsaustausch (das heißt ein vertrauensförderlicher) wird hierbei nur angenommen, wenn der Vertrauende die Möglichkeit der Kontrolle über den Informationsfluss hat (Informierte Einwilligung, Recht auf Kündigung jederzeit, beschränkter Informationszugang für dritte Parteien) und über die beabsichtigte Nutzung der zur Verfügung gestellten Informationen informiert ist. Somit sind zusätzlich zu den zuvor bereits diskutierten Vertrauens-Antezedenzien auch prozedurale Fairness (Lind und Tyler 1988) und Vollständigkeit von Datenschutzrichtlinien wichtige Faktoren der Vertrauensbildung (Culnan und Armstrong 1999; Bansal et al. 2010). Zu Letzterem gehört beispielsweise, welche Informationen zu welchem Zweck gesammelt werden, wie diese Informationen gegen den Zugriff durch Dritte und Missbrauch geschützt werden, welche Konsequenzen zu erwarten sind, wenn diese Informationen (nicht) weitergegeben werden und welche Rechtshilfen und Entschädigungen gegebenenfalls zu erwarten sind. Die subjektive Fairness der Informationssammlung wird hauptsächlich vom Kontext der Sammlung beeinflusst, das heißt, ob dies im Rahmen einer bereits bestehenden Beziehung zwischen Vertrauendem und demjenigen, dem vertraut wird, geschieht oder nicht. Darüber hinaus spielt auch hier die Möglichkeit und Fähigkeit, die Nutzung der Informationen in der Zukunft zu kontrollieren, eine große Rolle. Außerdem ist die Relevanz der gesammelten Informationen für die spezifische Transaktion sowie der subjektive Eindruck, ob auf Basis der Informationen verlässliche und valide Schlussfolgerungen über einen selbst gezogen werden können, wichtig (Stone und Stone 1990).

Zusätzlich spielen für die wahrgenommene Vertrauenswürdigkeit des Gegenübers ebenso frühere Erfahrungen des Vertrauenden mit dem Gegenüber eine Rolle (Culnan und Armstrong 1999). So wird beispielsweise die Vertrauenswürdigkeit des Gegenübers deutlich höher eingeschätzt, wenn beide Parteien bereits seit einigen Jahren miteinander kooperieren und in dieser Zeit einige positive und verstärkende Ereignisse gemeinsam geteilt haben, als wenn dieser noch neu und unbekannt ist, aber über die gleichen wahrgenommenen Fähigkeiten, Wohlwollen und Integrität verfügt.

3.1.2 Was ist Risiko?

Wie in Abschnitt 2.1 im Kontext der Theorie des geplanten Verhaltens diskutiert, gehen der Bildung einer Verhaltensabsicht verschiedene kognitive Prozesse voraus. Einer dieser Prozesse ist die Bildung einer Einstellung gegenüber dem fraglichen Verhalten als Kombination der Stärke der salienten Grundüberzeugungen mit deren zugehöriger positiver oder negativer Einschätzung. Um diesen Prozess besser verstehen zu können, bietet das Modell des „Privacy Calculus" (zum Beispiel Dinev und Hart 2006) ein Rahmenwerk unter der Grundannahme eines Menschen, der versucht, einen möglichst optimalen Kompromiss zwischen möglichen Risiken und potenziellen Vorteilen, die mit einer Handlung verknüpft sind, zu finden. Basierend auf diesem einfachen Rahmenwerk haben Forscher verschiedene andere Theorien formuliert, um einen detaillierten Blick auf die Risikowahrnehmung der Menschen zu bekommen. Ein Beispiel hierfür ist die Theorie der Nutzenmaximierung (engl. Utility maximization theory) von Rust et al. (2002) beziehungsweise Awad und Krishnan (2006). Hierbei wird davon ausgegangen, dass die erwarteten Vorteile und die Risiken eines bestimmten Verhaltens (zum Beispiel das Teilen demografischer Informationen) so gegeneinander abgewogen werden, dass der jeweilige persönliche Nutzen maximal ist. Das heißt, es wird das Verhalten gewählt, welches die positivste Bilanz zwischen Vorteilen und Risiken aufweist. Ein weiteres Beispiel ist die Motivationstheorie der Erwartung (engl. Expectancy theory of motivation), in welcher die Verhaltensabsicht mit der Erwünschtheit der mit dem Verhalten verknüpften Konsequenzen verbunden sind (Vroom 1964; Stone und Stone 1990). Konsequenzen können hierbei sowohl positiv, das heißt Vorteile, als auch negativ, das heißt Risiken, sein. Diese Verbindung wird durch drei verschiedene kognitive Prozesse erreicht: Die Erwartung, dass ein bestimmtes Verhalten mit einem spezifischen *Aufwand* möglich ist; die *Instrumentalität*, die die subjektive Einschätzung beschreibt, dass ein bestimmtes Handlungsergebnis zu bestimmten erwarteten Konsequenzen führen wird sowie die *Valenz*, welche den subjektiven Wert beschreibt, den der Handelnde den erwarteten Folgen der Handlung beimisst. Diese drei Prozesse beeinflussen die Bildung der Verhaltensabsicht. Der Mensch wägt also Risiken und mögliche Gewinne gegeneinander ab und trifft dabei Entscheidungen unter Unsicherheit. Risiken lassen sich dabei auf zwei Dimensionen differenzieren (Cox 1967; Cunningham 1967; Panne 1977). Die erste ist die mit einer möglichen (negativen) Konsequenz verknüpfte Wahrscheinlichkeit des Eintretens, die zweite die jeweils erwartete subjektive Schwere der möglichen Konsequenz. Das wahrgenommene Risiko ist dabei, wie bereits in Abschnitt 2.2 ausgeführt, nicht zwingend rational und objektiv und unterliegen verschiedenen Verzerrungen.

Neben der Wahrnehmung des Risikos selbst, das heißt den mit einem Verhalten potenziell verbundenen negativen Konsequenzen, ist verhaltenspsychologisch insbesondere interessant, wie der Mensch versucht, mit diesen umzugehen, sie zu vermeiden oder auch die Wahrscheinlichkeit des Auftretens oder die Schwere der Auswirkungen zu reduzieren. Dies zielt direkt auf das bessere Verständnis des zweiten Teils der Definition des Privacy-Paradoxons (vgl. Abschnitt 1.2), das fehlende oder ungenügende Schutzverhalten von Menschen. Ursprünglich aus dem Feld der Gesundheitspsychologie stammt hierzu die Schutz-Motivations-Theorie (engl. Protection motivation theory) von Rogers (1975) beziehungsweise Floyd et al. (2000). Diese versucht, sowohl auf individueller wie auch gesellschaftlicher Ebene, Verhaltensabsichten hinsichtlich des Gesundheitsschutzes mittels zweier Faktoren vorherzusagen, der Bedrohungseinschätzung (engl. Threat appraisal) und der Bewältigungseinschätzung (engl. Coping appraisal). Bei der Bedrohungseinschätzung werden, analog zum zuvor beschriebenen Risikomodell, die wahrgenommene Schwere sowie die wahrgenommene Wahrscheinlichkeit der (gesundheitlichen) Bedrohung miteinander verbunden. Bei der Bewältigungseinschätzung wird zum einen die Effektivität der möglichen präventiven Handlung und zum anderen die jeweilige wahrgenommene Fähigkeit, die präventive Handlung erfolgreich durchzuführen, genutzt. Beide Prozesse nutzen zusätzlich noch vorhandene Informationen aus der direkten Umgebung (beispielsweise Überredung durch Angehörige) sowie personenbezogene Eigenschaften wie frühere Erfahrungen, um eine kombinierte Schutzmotivation zu formen. Diese Theorie wurde von Liang und Xue (2009; 2010) in den digitalen Kontext übertragen und zur Formulierung einer Theorie zur Vermeidung technologischer Bedrohungen genutzt (engl. Technology threat avoidance theory). Die Bedrohungsszenarien umfassen hierbei Schadsoftware, die verschiedene persönliche Informationen (zum Beispiel das Surfverhalten) an Dritte weiterreicht oder beispielsweise die Internetverbindung verlangsamt. Auch die Bewältigungsmechanismen wurden hierfür in die digitale Welt übertragen, sodass hierbei die Nutzung von Anti-Spyware-Software beziehungsweise die Einschätzung der Effektivität selbiger sowie die Einschätzung des Aufwandes, diese erfolgreich zu nutzen, verwendet werden, um das Schutzverhalten der Probanden erfolgreich vorherzusagen.

3.2 Integratives Verhaltensmodell im Kontext digitaler Privatsphäre

Neben den aus Abschnitt 2.1 bekannten Antezedenzien für menschliche Verhaltensabsichten auf Basis der Theorie des geplanten Verhaltens muss also zusätzlich eine Einschätzung der Bedrohung sowie eine Einschätzung der Bewältigungsmöglichkeiten im Kontext von Privatsphäre relevanten Entscheidungen berücksichtig werden. Ebenso gilt es, das Vertrauen in das jeweilige Gegenüber als zusätzlichen direkten Einfluss auf das gezeigte Verhalten (neben der Verhaltensintention sowie der subjektiven Erfolgswahrscheinlichkeit) mit in das Verhaltensmodell aufzunehmen. Abb. 2 fasst diese Modellannahme visuell zusammen.

Im folgenden Abschnitt wird nun anhand der bekannten Hintergründe für Verhaltensentscheidungen betrachtet, wie sich das (scheinbar paradoxe) Verhalten im Kontext des Privacy-Paradoxons erklären lässt.

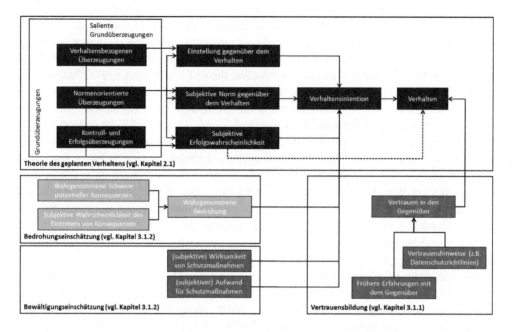

Abb. 2: Integratives Verhaltensmodell im Kontext digitaler Privatsphäre

4 Erklärungsansätze für das Privacy-Paradoxon

Das Privacy-Paradoxon, das heißt der scheinbare Widerspruch zwischen geäußerten Verhaltensabsichten beziehungsweise Einstellungen zur eigenen Privatsphäre und dem tatsächlich gezeigten (und beobachtbaren) Verhalten, wurde häufig in Studien dokumentiert (zum Beispiel Norberg et al. 2007; Boyd und Ellison 2007; Acquisti und Grossklags 2005). Es wurde eine Diskrepanz zwischen der erhobenen Verhaltensabsicht beziehungsweise der Einstellung einem Verhalten gegenüber und dem beobachteten eigentlichen Verhalten festgestellt und konstatiert, dass der Mensch sich hierbei paradox verhalte. Im Kontext der vielfältigen Faktoren jedoch, die menschliches Verhalten beeinflussen, erscheint diese Beobachtung weit weniger paradox.

4.1 Saliente Grundüberzeugungen

Zunächst muss eine wichtige Grundvoraussetzung der Theorie des geplanten Verhaltens beachtet werden. Wie in Abschnitt 2.1 ausgeführt, muss für eine valide (das heißt zutreffende) Verhaltensvorhersage sowohl die Intention, als auch die wahrgenommene Erfolgswahrscheinlichkeit in Relation zum fraglichen Verhalten gemessen werden. Zusätzlich dürfen sich diese in der Zeit zwischen Messung und Verhaltensäußerung nicht ändern, das heißt, sie müssen hinreichend zeitstabil sein oder der Abstand muss hinreichend klein sein. Wird ein Mensch also hinsichtlich seiner Verhaltensabsichten befragt und zusätzlich auch sein tatsächliches Verhalten dokumentiert, so sind Vergleiche zwischen der Intention und dem Verhalten nur zulässig, wenn sich die einzelnen Antezedenzien in ihrer Ausprägung nicht verändert haben. Da jedoch alle drei Antezedenzien für die Intention direkt von den jeweils salienten Grundüberzeugungen abhängig sind und die Salienz der einzelnen Grundüberzeugungen von den Eigenheiten der jeweiligen Situation abhängig sind, bedeutet dies, dass die Situation der Intentionsmessung und der Verhaltensbeobachtung sich nicht unterscheiden dürfen. Da dies aber methodisch kaum zu bewerkstelligen ist, ist es absolut nachvollziehbar, dass Intention und tatsächliches Verhalten nicht zwingend deckungsgleich sind. Im Gegenteil, die Passung hängt direkt davon ab, wie gut sich der Befragte in die in der Zukunft liegende Situation hineinversetzen kann, das heißt wie gut die drei Einflussfaktoren (Einstellung, subjektive Norm und subjektive Erfolgswahrscheinlichkeit) antizipiert werden können. Und hier kommen zusätzlich die in Abschnitt 2.2 besprochenen Heuristiken und Wahrnehmungsverzerrungen zum Tragen.

Konkret bedeutet dies beispielsweise, dass sich jemand bei der Überlegung, persönliche Erfolge über ein soziales Netz zu teilen, besonders leicht damit verknüpfte Vorteile (zum Beispiel soziale Anerkennung durch Freunde und Bekannte) vorstellen kann, weil diese in der Vergangenheit bereits häufiger aufgetreten sind oder er diese bei anderen beobachten konnte. Potenzielle Nachteile, wie zum Beispiel Profiling, sind jedoch eher abstrakt und schwer vorstellbar (Was ist das überhaupt? Was wird da eigentlich gemacht? Und was hat das mit mir zu tun?), sodass hier die Verfügbarkeitsheuristik greift und die wahrgenommenen Vorteile verstärkt, während die wahrgenommenen Risiken abgeschwächt werden. Die Einstellung gegenüber diesem Verhalten ist in der konkreten Situation also positiver, als in einer eher allgemeineren vorherigen Befragungssituation, in der allgemeine Bedenken geäußert wurden. Ähnliche Beispiele lassen sich auch für die subjektive Erfolgswahrscheinlichkeit finden. So kann die Absicht, die eigene Privatsphäre zu schützen, mit situativen Problemen, insbesondere im komplexen digitalen Alltag, in Konflikt stehen. Beispielsweise ist es denkbar, dass jemand nicht weiß, dass man die Konfiguration der Privatsphäre in Facebook überhaupt ändern kann und somit trotz entsprechender Absicht, sorgfältig und gewissenhaft mit der eigenen Privatsphäre umzugehen, nicht entsprechend handeln kann, oder dass jemand aufgrund (subjektiv) mangelnder technischer Expertise gar nicht versucht, sich mit der Volksverschlüsselung (www.volksverschluesselung.de) des Fraunhofer SIT für E-Mail-Kommunikation auseinanderzusetzen, da eine niedrige subjektive Erfolgswahrscheinlichkeit (beziehungsweise eine hohe subjektive Schwierigkeit erfolgreich zu sein) seine Verhaltensabsicht hemmt. Es ist aber auch möglich, dass schlicht keine adäquate Alternative mit vergleichbarem Funktionsumfang zur Verfügung steht (beziehungsweise bekannt ist), sodass die primären Handlungsziele gar nicht erfüllbar sind, wenn die Privatsphäre gewahrt bleiben soll. Ebenso kann, um auf unser Eingangsbeispiel mit den studentischen Facebook- oder WhatsApp-Gruppen zurückzukommen, die subjektive Norm, das heißt der wahrgenommene Druck, ein Verhalten in einer spezifischen Situation (nicht) zu zeigen, dazu führen, dass sich jemand trotz Bedenken hinsichtlich der eigenen Privatsphäre bei Facebook anmeldet und Mitglied in diesen Gruppen wird, da dort (und nur dort) relevante Informationen von anderen Mitmenschen zur Verfügung gestellt werden.

Diese situative Selektion salienter Grundüberzeugungen in Kombination mit zeitabhängiger Wertbeimessung zu potenziellen Gewinnen oder Risiken (vgl. hyperbolic discount, Abschnitt 2.2) führt dazu, dass der Mensch sich sehr schwer tut, das eigene Verhalten in abstrakten zukünftigen Situationen vorherzusagen und liefert somit eine nachhaltige Erklärung für die häufig dokumentierte Diskrepanz zwischen Verhaltensabsichten und gezeigtem Verhalten. In einer spezifischen Situation können gänzlich andere Bedürfnisse und Verhaltensmotivatoren zum Tragen kommen, als sie vorab auf Basis von zumeist abstrakten oder zu unspezifischen Fragen antizipiert werden konnten.

4.2 Kognitive Konsistenztheorien

Eine weitere Facette zur Erklärung dieses Widerspruchs liefern die Konsistenztheorien (vgl. Abschnitt 2.3) und ihre Beschreibung, wie der Mensch selbst Widersprüche, das heißt Dissonanzen (Festinger 1957), im eigenen kognitiven System auflöst, um negative affektive Zustände zu vermeiden. In diesem Kontext wird angenommen, dass ein Individuum mit Privatsphärebedenken hinsichtlich des Internets im Allgemeinen initial ebensolche Bedenken hinsichtlich einer einzelnen Webseite hat. Bietet eine solche Webseite aber situative Hinweisreize, die diese Bedenken beschwichtigen (zum Beispiel eine gut formulierte und privatsphärenfreundliche Datenschutzrichtlinie), so folgt ein kognitiver Zustand des Ungleichgewichts, die Dissonanz, da allgemeine Bedenken und situative Hinweisreize im Konflikt stehen. Diese Dissonanz wird aufgelöst, indem entweder die Datenschutzrichtlinie ignoriert beziehungsweise in ihrer Bedeutsamkeit abgeschwächt wird (zum Beispiel „Solche Dienste lügen stets und wollen ohnehin nur Geld machen") oder durch Abschwächen der situativen Bedenken, die aus den allgemeinen Bedenken dem Internet gegenüber folgen. Im letzteren Fall wird zusätzlich auch die Dissonanz zwischen den angepassten situativen Bedenken und den allgemeinen Bedenken angepasst (zum Beispiel „Dieser Dienst ist einfach die Ausnahme, die die Regel bestätigt"). Es zeigt sich, dass weder Grundüberzeugungen noch Einstellungen absolut zeitstabil sind. Im Gegenteil, sie sind steten Anpassungsprozessen unterworfen, die eine möglichst hohe Übereinstimmung im kognitiven System des Menschen zum Ziel haben und Diskrepanzen zwischen geäußerten Absichten und gezeigten Verhalten erklären können.

4.3 Zusätzliche Verhaltenseinflussfaktoren

Im Kontext der digitalen Privatsphäre spielen darüber hinaus noch weitere Faktoren eine Rolle. Wie in Abschnitt 3.1 diskutiert, kann Vertrauen ein starker Prädiktor für gezeigtes Verhalten sein. So kann es sein, dass man trotz allgemeiner Bedenken hinsichtlich der Datensammlung durch Smartphones, das heißt einer wahrgenommenen Bedrohung beziehungsweise einem Risiko, einzelnen Stakeholdern sein Vertrauen schenkt und hierdurch Verhaltensweisen zeigt, die eigentlich im Widerspruch zu den Bedenken stehen. Dieses Vertrauen kann diverse Gründe haben. So äußerten beispielsweise Teilnehmer einer Interviewstudie von Kulyk et al. (2016), dass sie iPhone-Geräte bevorzugen, da Apple, im Gegensatz zu Geräten auf Basis von Android und damit direkter Verzahnung mit Google, ihrer Ansicht nach den Verkauf von Hard- und Software als Kerngeschäft hat. Somit werden keine monetären Interessen an ihren persönlichen Daten unterstellt, wohingegen Google als eine Firma mit direktem Interesse an den persönlichen Daten wahrgenommen wurde. Andere Teilnehmer der gleichen Studie wiederum begründeten ihr Vertrauen in die eigenen Android-Geräte damit, dass es sich hierbei um ein „open source"-System handelt (das heißt der Quellcode ist frei verfügbar) und somit Schwachstellen und „Datenschnüffelei" leicht entdeckt werden können. Auch spielte die Möglichkeit, Zugriffsberechtigungen von Apps bei iPhone-Geräten und neueren Android-Geräten (ab Version 6.0) auch nach der Installation wieder zu entziehen, eine Rolle. Das heißt, die Möglichkeit einer direkten Einflussnahme, also der Kontrolle über den Datenfluss, schuf hier Vertrauen und begünstigte entsprechendes Verhalten trotz geäußerter Bedenken.

5 Handlungsansätze zur Motivation Privatsphäre freundlicheren Verhaltens

Auf Basis des in Abschnitt 3.2 vorgestellten integrativen Verhaltensmodells stellt sich die Frage, wie diese Erkenntnisse genutzt werden können, um Menschen in die Lage zu versetzen, die eigene digitalen Privatsphäre nach ihren individuellen Bedürfnissen zu schützen. Im Folgenden werden hierfür zunächst wichtige Komponenten für Handlungsansätze genannt und diskutiert. Da dieses komplexe Problem, der Schutz der eigenen Privatsphäre im Spannungsfeld verschiedener Nutzungsbedürfnisse, jedoch ein systemisches ist, wird keiner der Ansätze für sich allein gesehen zu einer befriedigenden Lösung führen. Es gilt die verschiedenen Facetten menschlichen Denkens, Entscheidens und Handelns zu beachten und zu berücksichtigen und eine ganzheitlichere Lösung anzustreben. Deshalb wird im abschließenden Teil dieses Kapitels ein konkretes Beispiel vorgestellt, das diesen Ansätzen folgt.

5.1 Bewusstsein schaffen für Informationen

Ein erster notwendiger Schritt ist es, ein Bewusstsein dafür zu schaffen, an welchen Stellen überhaupt persönliche Informationen entstehen und diese abgegriffen werden können (Jensen und Potts 2004; Acquisti und Gross 2006). Eine Bedrohung, das heißt die Wahrscheinlichkeit und Schwere von negativen Konsequenzen, kann erst eingeschätzt und bewertet werden, wenn diese überhaupt wahrgenommen wird. Insofern können entsprechende Entscheidungsprozesse erst angestoßen werden, wenn entsprechendes Wissen vorliegt, um eine Bedrohungseinschätzung vorzunehmen. Wie in Abschnitt 3 ausgeführt, gilt es hierbei zwei verschiedene Aspekte zu beleuchten. Zum einen müssen Anwender in die Lage versetzt werden einzuschätzen, wie schwer potenzielle Konsequenzen für sie wiegen und zum anderen wie wahrscheinlich es ist, dass diese auch eintreten. Für den ersten Aspekt ist es essenziell zu wissen, was für Informationen überhaupt erhoben werden. Hierbei genügt es jedoch nicht schlicht festzustellen, wie es beispielsweise bei der regulären Anzeige von Zugriffsberechtigungen bei Googles Android oder Apples iOS der Fall ist, dass Zugriff auf den Standort oder auch die eigenen Kontakte stattfinden wird (Felt et al. 2012). Für eine sinnvolle und individuelle Bewertung möglicher Bedrohungen der eigenen Privatsphäre müssen auch mögliche Konsequenzen aus der Kenntnis, oder auch dem Missbrauch, dieser Informationen aufgezeigt werden. Insbesondere auch der Umstand, dass Informationen in die Hände von Dritten oder gar Vierten gelangen können. So betreuen Google respektive Apple zwar den jeweiligen App-Store, von etwaigen Apps gesammelte persönliche Informationen werden jedoch vom jeweiligen Entwickler verarbeitet und gegebenenfalls auch für Werbung oder andere Zwecke an vierte Parteien weitergereicht. Bei der Gestaltung solcher Bedrohungsszenarien gilt es jedoch auch möglichst realistisch zu bleiben, damit Anwender diese nicht als zu unwahrscheinlich für sich selbst abtun und ignorieren. So zeigte sich in einer Studie der Arbeitsgruppe SECUSO der Technischen Universität Darmstadt mit SmartTV-Nutzern (Ghigleri et al., in Vorbereitung), dass Anwender zu detaillierte Bedrohungsszenarien in Hinblick auf ihre eigene Person für eher unwahrscheinlich halten und diesen deshalb weniger Beachtung schenken. Hier spielt auch der in Abschnitt 2.2 angesprochene Optimismus-Bias eine Rolle, der Menschen dazu verführt, die Wahrscheinlichkeit von negativen Ereignissen für andere höher einzuschätzen als für einen selbst.

Solche Informationsflüsse inklusive möglicher Konsequenzen für Anwender möglichst transparent zu machen, sodass diese eigenverantwortlich informierte Entscheidungen über ihre eigene Privatsphäre treffen können, ist jedoch nur ein erster Schritt.

5.2 Wissen über Handlungsalternativen verbreiten

Die Bedrohungseinschätzung ist nur einer der Bausteine menschlicher Entscheidungen in Bezug auf ihre Privatsphäre. Ein ebenso wichtiger ist die Bewältigungseinschätzung, wobei sowohl die subjektive Wirksamkeit von potenziellen Schutzmaßnahmen wie auch der zugehörige Aufwand diese zu beachten oder umzusetzen entscheidende Rollen einnehmen (vgl. Abschnitt 3.1.2). Um dies zu ermöglichen, müssen Anwender zunächst überhaupt wissen, dass es alternative Handlungsmöglichkeiten gibt, die eine weniger große (oder gar keine) Bedrohung der digitalen Privatsphäre beinhalten. So genügt es offensichtlich nicht, Anwender nur darauf hinzuweisen, dass das Hochladen und Teilen persönlicher Dokumente mittels populärer Cloud-Anbieter, wie zum Beispiel Dropbox oder Google-Drive verschiedene Risiken birgt (beide sind beispielsweise amerikanische Unternehmen und unterliegen somit den dort gültigen Gesetzen), wenn hierzu keine möglichen Alternativoptionen genannt werden. Das es beispielsweise bereits heute für Anwender vergleichsweise einfach einzurichtende und abzusichernde Heimserver-Lösungen in Form von NAS-Geräten (engl. network-attached storage) gibt, sodass Daten lokal speicherbar sind und dennoch über das Internet zur Verfügung stehen, muss ein Anwender wissen, um dies in seine Handlungsplanung einbeziehen zu können. Für den Anwender gilt es im Allgemeinen folgende Fragen zu klären:

1. Was ist überhaupt (technisch) möglich?
2. Wie kann ich mich schützen?
3. Was muss ich dafür tun, beziehungsweise welcher Aufwand ist damit verbunden?
4. Wo kann ich gegebenenfalls Hilfe finden/bekommen?

Eines der Kernprobleme hierbei ist es, wie der Anwender hierbei überhaupt zu erreichen ist. Neben klassischen Methoden, wie Informationsveranstaltungen oder Flyern ist es auch möglich „just-in-time"-Ansätze, wie beispielsweise den der „teachable moments" (Havighurst 1964), zu nutzen. Hierbei wird der Lernende in einem Augenblick des Alltags, in dem er besonders offen hierfür ist, mit Lerninhalten konfrontiert, um durch situativ begünstigte intrinsische Motivation den Lernerfolg zu verbessern. Ein solcher Ansatz wurde bereits erfolgreich bei der Fortbildung von Mitarbeitern zur Erkennung von Phishing-E-Mails (E-Mails mit einem Link, die darauf zielen, sensible Daten von Nutzern ohne deren Wissen zu sammeln) genutzt (Kumaraguru et al. 2008; Volkamer et al. 2013). Hierbei bekamen Teilnehmer, anstatt an einem Seminar oder Ähnlichem teilzunehmen, konstruierte Phishing-E-Mails zugesandt. Sobald jedoch auf den Link geklickt wurde, das heißt in einem realen Fall der Anwender auf den Phishing-Versuch hereingefallen wäre, wurde eine Seite mit Informationen rund um Phishing und Handlungsmöglichkeiten sich davor zu schützen aufgerufen.

Bei der Erwähnung von Alternativen darf jedoch nicht vernachlässigt werden, auf gegebenenfalls vorhandene Nachteile (zum Beispiel Kosten, Funktionseinbußen) der Alternativoptionen einzugehen, um eine spätere Frustration und damit einhergehender Abbruch durch den Anwender zu vermeiden. Der Anwender muss durch die zur Verfügung gestellten Informationen in der Lage sein, sowohl den Nutzen, respektive die Wirksamkeit der jeweiligen Schutzmaßnahme, als auch den damit verbundenen Aufwand in Form von beispielsweise Zeit oder finanziellen Mitteln, einzuschätzen, um eine zielführende Bewältigungseinschätzung zu ermöglichen. Darüber hinaus gilt es aber bei der Gestaltung der Handlungsalternativen den Anwender selbst nicht aus den Augen zu verlieren.

5.3 Handlungsalternativen gestalten

Die eigene Privatsphäre im digitalen Alltag ist für die meisten Anwender in den meisten Szenarien zumeist nur eine sekundäre Anforderung beziehungsweise Aufgabe. Insofern darf bei der Gestaltung von privatsphärefreundlichen Alternativen der Primärzweck nicht vernachlässigt werden. Hierzu zählen grundlegende Anforderungen an die Funktionalität ebenso wie eine benutzbare Benutzeroberfläche oder eine ansprechende Benutzerführung. Spielen Fragen der Benutzbarkeit und Benutzerführung primär beim Faktor der subjektiven Erfolgswahrscheinlichkeit eine Rolle, so sind insbesondere Anforderungen an Funktionalität und damit einhergehend eine Befriedigung der Nutzungsmotivation beziehungsweise der damit verknüpften Nutzungsbedürfnisse eher in der Einstellung gegenüber dem fraglichen Verhalten wiederzufinden (vgl. für beides Abschnitt 2.1). Vor dem Hintergrund, dass Privatsphärenschutz zumeist eher ein sekundärer Faktor ist, kann dies auch immer nur ein zusätzliches, nicht das einzige, Argument für ein Produkt sein. Es ist also dringend notwendig, bereits vor der Gestaltung von Alternativlösungen zu verstehen, warum Anwender ein bestimmtes Produkt nutzen, was sie daran so fasziniert, dass sie (trotz Bedenken) es benutzen. Die Funktionalität darf hierbei so wenig wie möglich eingeschränkt werden, wenn das Produkt für den potenziellen Anwender interessant bleiben soll. In der bereits in Abschnitt 5.1 erwähnten Studie zeigten Ghighleri et al. (in Vorbereitung) beispielsweise, dass die Studienteilnehmer durchaus bereit wären, entweder eigene Zeit für die Installation beziehungsweise Konfiguration eines Gerätes oder einer Software oder auch Geld im Rahmen von 20 bis 40 EUR aufzubringen, um die Sammlung von persönlichen Daten via SmartTV zu unterbinden. Der schlagende Punkt hierbei war jedoch, dass die Funktionalität des Gerätes, in diesem Fall der Zugriff auf das Internet, um beispielsweise Streaming-Dienste zu nutzen, hierdurch nicht eingeschränkt werden darf. Eine Wahloption, die nichts kostet und die Privatsphäre schützt, aber mit dem Verlust dieser Funktionalität einherging, fand bei den Teilnehmern wenig Anklang. Ebenso wie die Funktionalität selbst sind auch die Bedürfnisse, die Anwender mit der Nutzung verknüpfen, ebenso wichtig und sollten bei der Gestaltung neuer Alternativen aufgegriffen und berücksichtigt werden. Ein grundlegendes Rahmenwerk zu den Bedürfnissen von Anwendern stellen Sheldon et al. (2001) zur Verfügung, welches bereits von Hassenzahl et al. (2010; 2015) weiterentwickelt und vertieft wurde.

5.3.1 Konkrete Beispiele zur Gestaltung

Im Kontext von Apps, gerade Android Apps, sollten Menschen sensibilisiert werden, dass durch die zahlreichen Zugriffsberechtigungen, die diese Apps haben, der Betreiber der App sehr viele Daten über den Nutzer sowie seine Freunde und Bekannten sammeln kann.

Im Sinne einer Handlungsempfehlung konnte in den letzten Jahren nur geraten werden, die Zugriffsberechtigungen zu lesen und dann kritisch zu überlegen, ob es die spezifische App wert ist, diese Daten herauszugeben. Der Anwender stand vor der binären Entscheidung: alle Zugriffsberechtigungen zu akzeptieren oder auf die App vollständig zu verzichten. Zwar gibt und gab es Apps, die mehr oder weniger Zugriffsberechtigungen anforderten, aber im seltensten Fall gab es eine Alternative, die sich auf die Berechtigungen beschränkte, die für die Funktionalität absolut erforderlich sind.
Im Folgenden sollen zwei Beispiele näher beleuchtet werden, die konkret dazu beitragen, dem Anwender mehr Handlungsspielraum bei seinen Entscheidungen einzuräumen und somit dazu beitragen, Privatsphäre schützendes Verhalten zu fördern.

5.3.1.1 Berechtigungsfreundliche Apps

Es gibt zwei Initiativen – die Simple Mobile Tools (http://simplemobiletools.github.io/) und die Privacy Friendly Apps (www.secuso.org) – die sowohl über FDroid als auch über den Google Play Store Apps (https://play.google.com/store/apps/developer?id=SECUSO+Research+Group sowie https://play.google.com/store/apps/developer?id=Simple+Mobile+Tools) kostenlos anbieten, die die Berechtigungsanforderungen auf die für die Funktionalität notwendigen beschränken. Unter anderem für die folgenden Anwendungen gibt es daher berechtigungsfreundliche Apps: Taschenrechner, Kalender, Kamera, Zeichnen, Datei-Manager, Blitzlicht, Musik-Player, Notizen, QR Code Scanner, Sudoku, Kniffel, Würfel, Memory, Taschenlampe, Wetter, Shopping-Liste, Memory, To-Do-Liste, Activity Tracker, Break Reminder und Lineal. Weitere Apps sind bereits geplant und jeder ist eingeladen, ebenfalls Apps beizutragen.

Diese Apps sind außerdem frei von Werbung und auf den Webseiten finden sich transparente Erläuterungen, für welchen Zweck die angefragten Berechtigungen benötigt werden.

5.3.1.1 Android 6

Seit Version 6 wird Android mit einer Art „Privacy Guard" ausgeliefert. Dieser erlaubt es Apps, nach der Installation Berechtigungen zu entziehen. Damit stehen Benutzer grundsätzlich nicht mehr vor einer binären Entscheidung, sondern können der App, die sie gerne nutzen würden, aber die Berechtigungen anfragt, die nicht unbedingt notwendig für die Funktionalität erscheinen, diese entziehen. Dieses Konzept, welches auch Apple in seinem mobilen Betriebssystem umgesetzt hat, ermöglicht dem Anwender mehr Kontrolle über den Zugriff auf die eigenen Daten und bietet auf diesem Wege mehr Schutzmaßnahmen, die der Anwender ergreifen kann. Allerdings kostet diese Kontrolle Zeit und einige Apps, insbesondere jene, die noch nicht mit einer entsprechend neuen Software-Entwicklungsumgebung erstellt wurden, funktionieren derzeit anschließend nicht mehr. Hierdurch werden also direkt sowohl die Bedrohungs- als auch die Bewältigungseinschätzung adressiert.

In Kombination bieten beide Ansätze zusammen eine Adressierung der Verhaltenskomponenten aus Abschnitt 3, ohne dabei die primären Handlungsabsichten des Anwenders außer Acht zu lassen. Auf dieser Basis haben Android-Nutzer mehr Handlungsspielraum, den sie nutzen können, um erfolgreich ihre Bedenken hinsichtlich der eigenen Privatsphäre in entsprechendes Verhalten umzusetzen.

6 Zusammenfassung und Ausblick

Das Privacy-Paradoxon beschreibt den Widerspruch zwischen geäußerten Verhaltensabsichten beziehungsweise Einstellungen zur eigenen Privatsphäre und dem tatsächlich gezeigten (und beobachtbaren) Verhalten. Menschen neigen dazu persönliche Informationen im digitalen Alltag preiszugeben und/oder diese nicht weiter zu schützen, obwohl sie ihre Privatsphäre auf Nachfrage prinzipiell als wichtig und schützenswert einschätzen. Dieses scheinbar paradoxe Verhalten kann durch eine ganzheitlichere Betrachtung der diversen Antezedenzien, insbesondere im Hinblick auf die digitale Privatsphäre, für menschliches Handeln erklärt werden. Gründe sind fehlende Awareness und Education aber auch fehlende Alternativen oder sozialer Druck. Zwar kann damit das Phänomen erklärt werden, weiterhin herausfordernd bleibt jedoch, die Entwicklung möglichst ganzheitlicher Konzepte zur Unterstützung der Anwender beim Fällen möglichst informierter Entscheidungen, sodass sie in der Lage sind, die eigene Privatsphäre nach ihren individuellen Bedürfnissen zu schützen. Es gilt in Zukunft die verschiedenen Forschungsdisziplinen noch enger zu vernetzen, um noch bessere Lösungen bereitzustellen und zu etablieren.

7 Danksagung

Das Projekt „MoPPa – Modellierung des Privacy Paradoxons aus technischer und psychologischer Sicht" in dessen Kontext diese Arbeit entstanden ist, wird gefördert vom Bundesministerium für Bildung und Forschung (BMBF).

Diese Arbeit wurde teilweise aus Mitteln der DFG im Rahmen des Forschungsteilbereichs D.1 innerhalb des GRK 2050 „Privacy and Trust for Mobile Users" finanziert.

Literatur

Acquisti, A., & Gross, R. (2006). Imagined communities: Awareness, information sharing, and privacy on the Facebook. In G. Danezis, & P. Golle, 6th Workshop on Privacy Enhancing Technologies (PET) (S. 36-58). Heidelberg: Springer.

Acquisti, A., & Grossklags, J. (2003). Losses, gains, and hyperbolic discounting: an experimental approach to information security attitudes and behavior. In Proceedings of the 2nd annual workshop on economics and information security (WEIS 2003). Maryland, USA.

Acquisti, A., & Grossklags, J. (2005). Privacy and Rationality in Individual Decision Making. IEEE Security & Privacy, 3(1), S. 26-33.

Ajzen, I. (1985). From intentions to actions: A theory of planned behavior. In J. Kuhl, & J. Beckmann, Action-control: From cognition to behavior (S. 11-39). Heidelberg: Springer.

Ajzen, I. (1991). The theory of planned behavior. Organizational behavior and human decision processes, 50(2), S. 179-211.

Awad, N., & Krishnan, M. (2006). The personalization privacy paradox: an empirical evaluation of information transparency and the willingness to be profiled online for personalization. MIS Quarterly, 30(1), S. 13-28.

Bandura, A. (1977). Self-efficacy: Toward a unifying theory of behavioral change. Psychological Review, 84, S. 191-215.

Bandura, A. (1982). Self-efficacy mechanism in human agency. American Psychologist, 37, S. 122-147.

Bandura, A. (1991). Social-cognitive theory of self-regulation. Organizational Behavior and Human Decision Processes, 50.

Bansal, G., Zahedi, F., & Gefen, D. (2010). The impact of personal dispositions on information sensitivity, privacy concern and trust in disclosing health information online. Decision Support Systems, 49(2).

Bennett, C. J. (1995). The Political Economy of Privacy: A Review of the Literature. Hackensack, NJ: Center for Social and Legal Research.

Bitkom. (22. 09 2015). Internetnutzer gehen pragmatisch mit Datenschutz um. Abgerufen am 19. 10 2016 von https://www.bitkom.org/Presse/Presseinformation/Internetnutzer-gehen-pragmatisch-mit-Datenschutz-um.html

Boyd, D., & Ellison, N. B. (2007). Social Network Sites: Definition, History, and Scholarship. Journal of Computer-Mediated Communication, 13(1).

Butler, J. K. (1991). oward understanding and measuring conditions of trust: Evolution of a conditions of trust inventory. Journal of Management, 17, S. 643-663.

Cho, H., Lee, J. S., & Chung, S. (2010). Optimistic bias about online privacy risks: Testing the moderating effects of perceived controllability and prior experience. Computers in Human Behavior, 26(5), S. 987-995.

Cox, D. F. (1967). Risk Taking and Information Handling in Consumer Behavior. Boston, Massachusetts: Division of Research, Graduate School of Business Administration, Harvard University.

Culnan, M. J., & Armstrong, P. K. (1999). Information privacy concerns, procedural fairness, and impersonal trust: an empirical investigation. Organization Science, 10, S. 104-115.

Culnan, M., & Bies, R. (2003). Consumer Privacy: Balancing Economic and Justice Considerations. Journal of Social Issues, 59(2), S. 323-342.

Cunningham, S. M. (1967). The Major Dimensions of Perceived Risk. Risk taking and information handling in consumer behavior, 1, S. 82-111.

Dinev, T., & Hart, P. (2006). An extended privacy calculus model for e-commerce transactions. Information Systems Research, 17, S. 61-80.

Donaldson, T., & Dunfee, T. (1994). Toward a unified conception of business ethics: integrative social contracts theory. Academy of Management Review, 19(2), S. 252-284.

Felt, A. P., Ha, E., Egelman, S., Haney, A., Chin, E., & Wagner, D. (2012). Android permissions: User attention, comprehension, and behavior. In Proceedings of the Eighth Symposium on Usable Privacy and Security (SOUPS). New York, NY, USA: ACM. doi:10.1145/2335356.2335360

Festinger, L. (1957). A theory of cognitive dissonance. Stanford: Stanford University Press.

Fishbein, M., & Ajzen, I. (1975). Belief, Attitude, Intention, and Behavior: An Introduction to Theory and Research. Boston, USA: Addison-Wesley Longman Publishing Co., Inc.

Floyd, D., Prentice-Dunn, S., & Rogers, R. (2000). A meta-analysis of research on protection motivation theory. Journal of Applied Social Psychology, 30(2), S. 407-429.

Ghigleri, M., Volkamer, M., & Gerber, P. (in Vorbereitung). Smart TV Consumers Willingly Sacrifice Privacy to Benefit from Functionality.

Giffin, K. (1967). The contribution of studies of source credibility to a theory of interpersonal trust in the communication department. Psychological Bulletin, 68, S. 104-120.

Hassenzahl, M., Diefenbach, S., & Göritz, A. (2010). Needs, affect, and interactive products – Facets of user experience. Interacting with Computers, 22(5), S. 353-362. doi:10.1016/j.intcom.2010.04.002

Hassenzahl, M., Wiklund-Engblom, A., Bengs, A., Hägglund, S., & Diefenbach, S. (2015). Experience-Oriented and Product-Oriented Evaluation: Psychological Need Fulfillment, Positive Affect, and Product Perception. International Journal of Human-Computer Interaction, 31(8), S. 530-544. doi:10.1080/10447318.2015.1064664

Havighurst, R. J. (1964). Human development and education. (D. McKay, Hrsg.) New York: Longmans, Green and Company.

Hofstede, G. (1980). Motivation, leadership, and organization: Do American theories apply abroad? Organizational Dynamics, 9(1), S. 42-63.

Jensen, C., & Potts, C. (2004). Privacy policies as decision-making tools: an evaluation of online privacy notices. In Proceedings of the SIGCHI conference on Human Factors in Computing Systems (S. 471-478). ACM.

Kahneman, D., & Tversky, A. (1973). On the psychology of prediction. Psychological review, 80(4), S. 237-251.

Kehr, F., Wentzel, D., & P., M. (2013). Rethinking the privacy calculus: on the role of dispositional factors and affect. In Proceedings of the thirty fourth international conference on information systems (S. 15-18). Milan, Italy.

Kehr, F., Wentzel, D., & T., K. (2014). Privacy paradox revised: preexisting attitudes, psychological ownership, and actual disclosure. In Proceedings of the thirty fifth international conference on information systems (S. 14-17). Auckland, New Zealand.

Kulyk, O., Gerber, P., El Hanafi, M., Reinheimer, B., Renaud, K., & Volkamer, M. (2016). Encouraging Privacy-Aware Smartphone App Installation: What Would the Technically-Adept Do. In Usable Security Workshop (USEC). Darmstadt, Deutschland.

Kumaraguru, P., Sheng, S., Acquisti, A., Cranor, L. F., & Hong, J. (2008). Lessons from a real world evaluation of anti-phishing training. In IEEE (Hrsg.), eCrime Researchers Summit (S. 1-12). Anti-Phishing Working Group. doi:10.1109/ECRIME.2008.4696970

Liang, H., & Xue, Y. (2009). Avoidance of information technology threats: A theoretical perspective. MIS Quarterly, 33(1), S. 71-90.

Liang, H., & Xue, Y. (2010). Understanding Security Behaviors in Personal Computer Usage: A Threat Avoidance Perspective. Journal of the association for information systems (JAIS), 11(7), S. 394-413.

Lind, E., & Tyler, T. (1988). The Social Psychology of Procedural Justice. New York: Plenum Press.

Loewenstein, G., Weber, E., Hsee, C., & Welch, E. (2001). Risk as feelings. Psychological Bulletin, 127, S. 267-286.

Mayer, R., Davis, J., & Schoorman, F. (1995). An integrative model of organizational trust. Academy of Management Review, 20(3), S. 709-734.

Milne, G., & Gordon, M. (1993). Direct mail privacy-efficiency trade-offs within an implied social contract framework. Journal of Public Policy & Marketing, 12(2), S. 206-215.

Norberg, P. A., Horne, D. R., & Horne, D. A. (2007). The privacy paradox: Personal information disclosure intentions versus behaviors. Journal of Consumer Affairs, 41(1), S. 100-126.

Panne, F. (1977). Das Risiko im Kaufentscheidungsprozeß des Konsumenten: Die Beiträge risikotheoretischer Ansätze zur Erklärung des Kaufentscheidungsverhaltens des Konsumenten. Zurich, Schweiz.

Rogers, R. (1975). A protection motivation theory of fear appeals and attitude change. Journal of Psychology, 91(1), S. 9-114.

Rottenstreich, Y., & Hsee, C. (2001). Money, kisses and electric shocks: On the affective psychology of probability weighting. Psychological Science, 12, S. 185-190.

Rust, R., Kannan, P., & Peng, N. (2002). The customer economics of internet privacy. Journal of the Academy of Marketing Science, 30(4), S. 455-464.

Schoeman, F. D. (1984). Philosophical Dimensions of Privacy: An Anthology. New York: Cambridge University Press.

Schwarz, N., Bless, H., Strack, F., Klumpp, G., Rittenauer-Schatka, H., & Simons, A. (1991). Ease of retrieval as information: Another look at the availability heuristic. Journal of Personality and Social Psychology, 61, S. 195-202.

Sheldon, K. M., Elliot, A. J., Kim, Y., & Kasser, T. (2001). What is satisfying about satisfying events? Testing 10 candidate psychological needs. Journal of personality and social psychology, 80(2), S. 325-339. doi:10.1037/0022-3514.80.2.325

Simon, H. (1990). Invariants of human behavior. Annual Review of Psychology, 41, S. 1-19.

Simon, H. A. (1956). Rational choice and the structure of the environment. Psychological Review, 63, S. 129-138.

Slovic, P., Finucane, M., Peters, E., & MacGregor, G. D. (2002). The affect heuristic. In T. Gilovich, W. D. Griffin, & D. Kahneman, Heuristics and biases (S. 397-420). Cambridge University Press.

Smith, H. J., Dinev, T., & Xu, H. (2011). Information privacy research: an interdisciplinary review. MIS quarterly, 35(4), S. 989-1016.

Stone, E., & Stone, D. (1990). Privacy in organizations: theoretical issues, research findings, and protection mechanisms. Research in Personnel and Human Resources Management, 8, S. 349-411.

Volkamer, M., Stockhardt, S., Bartsch, S., & Kauer, M. (2013). Adopting the cmu/apwg anti-phishing landing page idea for germany. In 2013 Third Workshop on Socio-Technical Aspects in Security and Trust (S. 46-52). IEEE.

Vroom, V. (1964). Work and Motivation. New York: John Willey & Sons.

Westin, A. F. (1967). Privacy and Freedom. New York: Atheneum.

Die Autoren

Dipl.-Psych. Paul Gerber ist seit dem Abschluss seines Psychologiestudiums im Jahr 2012 als wissenschaftlicher Mitarbeiter für die Forschungsgruppe Arbeits- und Ingenieurpsychologie an der Technischen Universität Darmstadt tätig. Seine Tätigkeitsschwerpunkte liegen in den Bereichen (mobiler) digitaler Privatsphäre und Produktevaluation mittels Eye- und Emotiontracking. Zusätzlich arbeitet Herr Gerber auch in der Forschungsgruppe SECUSO – Security, Usability and Society des Fachbereichs Informatik der Technischen Universität Darmstadt am vom BMBF geförderten Projekt MoPPa – Modellierung des Privacy-Paradoxons aus technischer und psychologischer Sicht. In den Jahren 2014 und 2015 arbeitete er bereits am ebenfalls durch das BMBF geförderte Projekt „Zertifizierte Sicherheit mobiler Anwendungen" (ZertApps).

Melanie Volkamer hat an der Universität des Saarlandes Informatik studiert und an der Universität Koblenz-Landau promoviert. Seit 2011 leitet sie an der TU Darmstadt die Forschungsgruppe Security, Usability, and Society (SECUSO). Seit 2015 ist sie Professorin für Usable Privacy und Security in Schweden an der Universität Karlstad. Sie führt seit 2016 ihre Forschung an der TU Darmstadt als Kooperationsprofessorin fort.

Nina Gerber, M. Sc. studierte Psychologie an der Technischen Universität Darmstadt. Seit Anfang 2015 ist sie dort am Institut für Psychologie als wissenschaftliche Mitarbeiterin in der Forschungsgruppe für Arbeits- und Ingenieurpsychologie tätig. Ihre Forschungsinteressen liegen hauptsächlich im Bereich der Mensch-Maschine-Interaktion. In Kooperation mit dem Fachbereich Informatik beschäftigt sie sich aktuell im Rahmen des vom BMBF geförderten Projektes „MoPPa – Modellierung des Privacy-Paradoxons aus technischer und psychologischer Sicht" damit, wie Nutzer im Technikkontext mit privatsphärekritischen Daten umgehen. In einem weiteren Kooperationsprojekt mit dem Fachbereich Informatik sowie dem Fraunhofer SIT im Rahmen des „Center for Research in Security and Privacy" forscht sie zur Nutzerakzeptanz und Sicherheitswahrnehmung verschiedener Authentifizierungsverfahren und wirkt mit an der Entwicklung eines benutzerfreundlichen Interface, das es Endanwendern ermöglicht, vertraulich und authentisch mittels Nutzung verschlüsselter E-Mails miteinander zu kommunizieren.

Kontakt

Dipl.-Psych. Paul Gerber
Technische Universität Darmstadt
Fachbereich Humanwissenschaften
Institut für Psychologie
Alexanderstraße 10
D-64283 Darmstadt
gerber@psychologie.tu-darmstadt.de
http://www.arbing.psychologie.tu-darmstadt.de/
https://www.secuso.informatik.tu-darmstadt.de/en/secuso/

Prof. Dr. rer. nat. Melanie Volkamer
Technische Universität Darmstadt
Department of Computer Science
Mornewegstr. 30
D-64293 Darmstadt
melanie.volkamer@secuso.org
https://www.secuso.informatik.tu-darmstadt.de/en/secuso/

&&
Karlstad University
Professor for Usable Privacy and Security
melanie.volkamer@kau.se
https://www5.kau.se/forskare/melanie-volkamer

Nina Gerber, M. Sc.
Technische Universität Darmstadt
Fachbereich Humanwissenschaften
Institut für Psychologie
Alexanderstraße 10
D-64283 Darmstadt
n.gerber@psychologie.tu-darmstadt.de
http://www.arbing.psychologie.tu-darmstadt.de/

User-Generated Brand Storytelling: Nutzer als Storyteller und User-Generated Content als Instrumente der Markenführung

Carsten W. Hennig, Oliver Ruf, Matthias Schulten

Inhalt

1 Einführung 170
2 Grundlagen des Erzählens 171
3 Erzählen in der Markenführung 172
4 User-Generated Content in der Markenführung 173
5 User-Generated Brand Storytelling 174
6 Fazit 178

Literatur 178
Die Autoren 181
Kontakt 181

Management Summary

Das Erzählen von Geschichten ist seit jeher essenzieller Bestandteil menschlicher Kommunikation. Spätestens im Zeitalter der Postmoderne haben mithin auch Marken erkannt, dass sie die Wirkung von Geschichten nutzen können, um die eigenen Werte zu kommunizieren und eine stärkere Kundenbindung zu erreichen. Großes Potenzial liegt dabei im Mediennutzer. Immer mehr Marken erkennen, dass sich durch die systematische Einbindung und Förderung von Mediennutzern User-Generated Content generieren lässt, der für die äußere Darstellung der Marke nutzbar ist. Vor diesem Hintergrund beschäftigt sich der vorliegende Beitrag mit dem Nutzer als Geschichtenerzähler und Markenbotschafter. Es wird der Frage nachgegangen, wie Marken User-Generated Content fördern, verwenden und als strategisches Instrument der Markenführung einsetzen können. Zudem wird adressiert, welcher Mehrwert dabei für beide Seiten entsteht. Zur Beantwortung dieser Fragen wird zunächst aus den Bereichen Storytelling, Markenführung und User-Generated Content eine konzeptionelle Schnittstelle gebildet.

Hierauf aufbauend wird dann der Begriff des User-Generated Brand Storytellings neu eingeführt und schließlich ein strategischer Ansatz, der sich mit dem Management des User-Generated Brand Storytellings befasst, vorgeschlagen.

1 Einführung

Die Digitalisierung war und ist der Wegbereiter revolutionärer Technologien und gesellschaftlicher Veränderungen. Sie greift in alle Lebensbereiche ein, prägt diese und „verändert teilweise fundamental die Art und Weise, wie Menschen [...] miteinander kommunizieren" (Sturm 2013, S. 2). So ermöglicht das Internet einer breiten Masse die Produktion und Veröffentlichung eigener Inhalte, ohne dafür spezifische Kompetenzen erwerben zu müssen (vgl. Alexander 2011, S. 30). Die Evolution der Nutzer ist so weit fortgeschritten, dass heute weitläufig vom sogenannten *Prosumer* gesprochen wird, der sowohl einen Produzenten als auch einen Konsumenten repräsentiert (vgl. Dusi 2016, S. 375).

Die Digitalisierung erweitert jedoch nicht nur die Möglichkeiten der Nutzer. Sie beeinflusst auch die Marketingumgebung und damit die Markenkommunikation (vgl. Hanna et al. 2011, S. 271). So nutzen Konsumenten die neuen Kommunikationskanäle, um ihr Feedback direkt an die Marke zu richten oder sich mit anderen Konsumenten auszutauschen sowie Informationen einzuholen und eigene, markenbezogene Inhalte zu erstellen. Immer mehr Unternehmen erkennen das Differenzierungspotenzial, das in diesen markenbezogenen Inhalten – insbesondere im Erzählen von Geschichten – liegt. So stellen Booth und Matic (2011, S. 185) fest:

> *„Long gone are the days when media would communicate a brand's message to consumers. Consumers are now the individuals broadcasting personal or second-hand stories to their social networks and the world. They are a brand's storytellers and the new brand ambassadors."*

In der Folge rückt die effektive Generierung markenkonformer Geschichten in den Fokus der Markenführung. Der vorliegende Beitrag setzt genau hier an, indem er folgende Fragestellung untersucht: „Wie können Markengeschichten der Nutzer als Instrumente der Markenführung eingesetzt werden und welcher Mehrwert entsteht für beide Seiten?" Zur Beantwortung der Frage wird zunächst der dazu notwendige Rahmen aus Storytelling, Markenführung und *User-Generated Content* (UGC) rekapituliert. Mit dessen Hilfe wird im Anschluss der Begriff des *User-Generated Branding Storytellings* (UGBS) neu eingeführt, ein integratives Modell aufgestellt und ein strategischer Ansatz zum Management des *User-Generated Brand Storytellings* vorgeschlagen. Die Überlegungen, die hierbei angestellt werden, münden schließlich in einem Fazit.

2 Grundlagen des Erzählens

Geschichten sind allgegenwärtig, weshalb Köppe und Kindt (2014, S. 13) von einer „anthropologische[n] Universalie" sprechen. Durch deren ursprünglich orale Tradition scheint „das Erzählen von Geschichten [...] so alt wie die Sprache selbst" (Herbst 2014a, S. 14).

Grundsätzlich wird das Erzählen von klein auf erlernt und ist unbestreitbarer Teil der menschlichen Gesellschaft (vgl. Herskovitz und Crystal 2010, S. 27). Es kennt keine Grenzen, weder zwischen Ländern, Kulturen oder Vergangenheit und Gegenwart noch innerhalb einer Gesellschaft. Von jeder Altersklasse und in allen Bereichen wird erzählt (vgl. Köppe und Kindt 2014, S. 13). Denn Geschichten sprechen uns grundlegend an, scheinen gewisse Grundeinstellungen zu festigen (vgl. Gottschall 2013, S. 134) und haben gewissermaßen sogar die Macht, die Welt zu verändern (vgl. Gottschall 2013, S. 139 f.).

Warum Geschichten eine so effektive Informationsvermittlung und emotionale Bindung ermöglichen, lässt sich zunächst mit Erkenntnissen der Neuropsychologie begründen, genauer: mit der Informationsverarbeitung und -speicherung des menschlichen Gehirns. Der Großteil aller Informationen wird unbewusst wahrgenommen (vgl. Herbst 2014a, S. 26) und ist beeinflusst durch verschiedene Faktoren (vgl. Gutjahr 2015, S. 19), wie zum Beispiel eigene Erfahrungen und Präferenzen der Eltern und Freunde. In Bezug auf eine Marke bildet dies die Grundlage für Sympathie, Vertrauen und Präferenz.

Die visuelle Veranlagung der Menschen spielt dabei für die Aufnahme vieler Informationen eine entscheidende Rolle (vgl. Herbst 2014a, S. 61): „Wir erinnern uns nur zu 10 % an das, was wir hören, zu 20 % an das, was wir lesen, aber bis zu 80 % an das, was wir sehen und tun" (Sammer 2015, S. 152). Ursache hierfür ist, dass visuelle Informationen und Eindrücke vom Gehirn weitaus schneller verarbeitet und weniger stark hinterfragt werden als etwa Text (vgl. Sammer 2015, S. 152 ff.), der als Kodierung von Sprache zunächst entschlüsselt werden muss (vgl. Herbst 2014a, S. 63).

Der Informationsüberfluss und die hohe Informationsdichte zwingen das Gehirn zur Selektion, weshalb es Muster mit Schlüsselinformationen in Form von Schemata abspeichert (vgl. Herbst 2014a, S. 58). Der entscheidende Punkt ist dabei, dass auch *Geschichten* mit Mustern arbeiten (vgl. Herbst 2014a, S. 27 f.) und als imaginäre Bilder vom Gehirn verarbeitet werden (vgl. Sammer 2015, S. 152). Herbst (2014a, S. 69) bezeichnet das Erzählen daher als „gehirngerechte Kommunikation". Bereits gelernte Muster können vom Unterbewusstsein schnell interpretiert werden. Schließlich sprechen uns *Geschichten* emotional an und tragen, da sie selbst rationale Entscheidungen emotionaler Natur sind (vgl. Herbst 2014a, S. 32), zum Entscheidungsverhalten bei. Dies können sich Unternehmen in der Markenkommunikation zunutze machen.

Die grundlegende Voraussetzung für eine *Geschichte* ist dabei eine Zustandsänderung von Ausgangs- zu Endzustand durch chronologische und kausale Ereignisse (vgl. Schach 2016, S. 24). Die resultierende Dreiteilung in Anfang, Mitte und Schluss geht bereits auf Aristoteles zurück (vgl. Martinez und Scheffel 2009, S. 135) und beschreibt die Dramaturgie einer Geschichte. Ein zentrales Element ist dabei der Konflikt, der das Gleichgewicht des Protagonisten gleichsam aus den Bahnen wirft (vgl. McKee 1997, S. 189) und die *eigentliche Geschichte* ins Rollen bringt. Er wird durch den „Inciting Incident" (vgl. McKee 1997, S 181) hervorgerufen, stößt eine Zustandsänderung an und ist damit für *Geschichten* essenziell.

Ferner machen sich viele *Geschichten* Archetypen zunutze. Archetypen sind „Grundmuster instinktiven Verhaltens" (Gutjahr 2015, S. 24) oder „ancient patterns of personality that are the shared heritage of human race" (Vogler 2007, S. 23). Archetypische Muster sind ein entscheidender Faktor für das universelle Verständnis von *Geschichten* und ihre Beständigkeit über die Zeit. Sie äußern sich in diversen Charakteren und ermöglichen den Abgleich mit den eigenen Persönlichkeitsmustern sowie Mitgefühl und Verständnis bei Gemeinsamkeiten (vgl. Woodside 2010, S. 532).

3 Erzählen in der Markenführung

Brand Storytelling beschreibt nun den strategischen Einsatz von *Geschichten* in der Markenkommunikation (vgl. Herbst 2016, S. 37), um Unternehmens- und Markenziele zu erreichen (vgl. Schach 2016, S. 12). Da Kunden werbende Kommunikation hinterfragen (vgl. Ertimur und Gilly 2012, S. 117), wird beim Brand Storytelling die Geschichte *per se* in den Fokus und die Inszenierung der Marke beziehungsweise des Produkts in den Hintergrund gerückt werden. Als Beispiel dafür können zwei Spots von EDEKA verglichen werden. Im Spot der Kampagne Supergeil wurde keine Geschichte erzählt und die Marke beziehungsweise die Produkte des Händlers durch häufige Wiederholung gezielt inszeniert. Dahingegen stehen die Geschichte und die Botschaft im Spot #heimkommen klar im Mittelpunkt, während die Marke nur am Ende kurz eingeblendet wird, um sie mit der Botschaft zu verknüpfen.

Erstgenannter Spot kann trotz eines hohen Unterhaltungsfaktors klar als werbende Kommunikation identifiziert werden, während der zweite deutlich dezenter, indirekter und emotionaler wirkt und die Marke regelrecht aus der Geschichte nimmt: #heimkommen wurde über 48,5 Millionen Mal angesehen (Stand 03.08.2016) und überbietet Supergeil damit von den Aufrufen her um fast das Dreifache. Die Gegenüberstellung deutet darauf hin, dass es in bestimmten Fällen empfehlenswert sein kann, auf Geschichten zu setzen anstatt auf einfache Frequenztechniken, in denen die Marke möglichst oft im Spot erscheint. Denn *Geschichten* wecken mehr Assoziationen, werden angenehmer empfunden und weniger hinterfragt als klassische Werbung (vgl. Lundqvist et al. 2013, S. 286, 291). In der Folge werden

Geschichten auch häufiger geteilt (vgl. Lundqvist et al., S. 292), wodurch sich die Marke als Objekt von *Word-of-Mouth* (WOM) in den Gesprächen der Nutzer etablieren kann (vgl. Schach 2016, S. 17). Gerade in der digitalen Welt ist dieser Aspekt von großer Bedeutung, da durch die starke Vernetzung die Reichweite des Einzelnen maßgeblich zugenommen hat (vgl. Dietrich und Schmidt-Bleeker 2013, S. 2).

Geschichten sind demnach ein mächtiges Hilfsmittel zur Überzeugung von Konsumenten (vgl. Kent 2015, S. 483). Grundsätzlich gilt dabei: Je tiefer Konsumenten kognitiv und emotional in eine Geschichte eintauchen, desto glaubwürdiger wird die Marke beziehungsweise ihre Botschaft wahrgenommen (vgl. Simoudis 2005, S. 531). Wesentlich für die Identifikation mit der Marke ist dabei auch die Einbindung markenkonformer Archetypen und Konflikte (vgl. Gutjahr 2015, S. 152 ff.). So steht zum Beispiel Red Bull für den Rebellen, Marlboro für den Helden, Landliebe für die Unschuldige, Volvo für den fürsorglichen Helfer, Mercedes Benz für den Herrscher, Alpha Romeo für den Liebhaber oder Haribo für den Narren (vgl. Gutjahr 2015, S. 27 ff., 152).

Als Zwischenfazit kann somit festgehalten werden: Gute *Markengeschichten* orientieren sich an der Struktur und den Eigenschaften *klassischer Geschichten* (vgl. Hirschman 2010, S. 581) und stimmen idealerweise mit bereits gespeicherten Erzählmustern überein (vgl. Boldt 2010, S. 114 f.). Sie sind relevant für die Konsumenten (vgl. Sammer 2015, S. 46), ermöglichen die Identifikation mit den Charakteren und der Handlung durch persönliche Berührpunkte, bauen eine emotionale Bindung auf (vgl. Sammer 2015, S. 46), erhöhen die Glaubwürdigkeit und Authentizität der Marke (vgl. Schach 2016, S. 25), transportieren Werte und unterhalten (vgl. Schach 2016, S.26 f.), bewegen zur Handlung (vgl. Herbst 2016, S. 37) und bringen in letzter Instanz einen Konkurrenzvorteil (vgl. Herskovitz und Crystal 2010, S. 25).

4 User-Generated Content in der Markenführung

Markengeschichten werden jedoch nicht nur von der Markenführung erzählt. Immer öfter bringen sich auch die Nutzer mit ihren eigenen Erfahrungen und Geschichten in die Kommunikation mit ein. Vielfach ist dabei von UGC die Rede. Dieser wird hier wie folgt definiert:

> „*User-Generated Content describes any kind of media content that is either intrinsically or extrinsically motivated and created as well as publicly shared by all types of users individually or in cooperation outside their professional routine.*"

Zahlreiche Studien konnten den starken Einfluss von UGC auf die Einstellung der Nutzer zu einem Produkt beziehungsweise einer Marke sowie deren Entscheidungsverhalten wie auch die Wahrscheinlichkeit für Kauf und Weiterempfehlung nachweisen (vgl. Poch und

Martin 2014, S. 305 ff.). Diesen Untersuchungen zufolge werden zwei Drittel aller Käufe nach dem Konsum von UGC getätigt (vgl. Leeflang et al. 2014, S. 2). Dies macht UGC für die Markenführung in bemerkenswerter Weise relevant.

Durch ihre Inhalte werden Nutzer Teil der Markenbotschaft. Oftmals ergibt sich hieraus eine stärkere und intimere Beziehung zur Marke (vgl. Ertimur und Gilly 2014, S. 117). Die Inhalte der Nutzer bedeuten für Marken zudem eine immense Datenquelle (vgl. Egger und Lang 2013, S. 53). Die allgemeine Wahrnehmung und das *Image* der Marke können beobachtet sowie ihre Ideen für die Weiterentwicklung von Produkten und Innovationen (vgl. Izvercian und Potra 2014, S. 607) genutzt werden. Gleichwohl geht UGC auch mit Risiken einher. Denn die Produktion und der Konsum von UGC kann sich auch negativ auf das *Image*, das Vertrauen und die Identifikation mit der Marke auswirken (vgl. Enginkaya und Yilmaz 2014, S. 116 ff.). Die Markenführung darf dieses Risiko nicht ignorieren. Vielmehr muss sie darauf bedacht sein, ein gewisses Maß an Kontrolle über den UGC zu wahren (vgl. Schulten et al. 2012, S. 468).

Gerade starke Marken haben hierfür gute Voraussetzungen, da ihnen eher Gehör geschenkt wird. Gleichwohl kommen auch sie nicht umhin, den UGC zu einem *User-Generated Brand Storytelling* (UGBS) weiter zu entwickeln – sprich: den UGC zu lenken, zu selektieren oder zu kuratieren und sinnvoll in eine *Kerngeschichte* zu integrieren.

5 User-Generated Brand Storytelling

Der Begriff des UGBS wird hier wie folgt definiert:

> „*User-Generated Brand Storytelling describes the facilitation and utilization as well as the strategic and operative management of both natural and sponsored brand-related user-generated content to support, complement and communicate a brand's core story in a cooperative value creation process with users and to achieve primarily psychological brand goals.*"

UGBS kann im Rahmen der Kommunikationspolitik (vgl. Becker 2013, S. 565) verortet werden. Es gründet im identitätsorientierten Ansatz der Markenführung, (vgl. Burmann et al. 2003, S. 25) und erweitert diesen um Interaktivität als zentrale Leitgröße. Die Markenidentität ist die Grundlage jeglicher Markenkommunikation. Die Bedeutung der Marke konstituiert sich in Wechselbeziehung mit dem *Markenimage* sowie der Interaktion zwischen Marke und Nutzer in einem kooperativen Wertschöpfungsprozess (vgl. Burmann et al. 2003, S. 4 f.). UGBS ist als Managementansatz zu verstehen, bei dem die Markenführung als Moderator zwischen Nutzern und anderen Nutzern sowie der Marke selbst auftritt. Die Ziele gehen aus den marktpsychologischen Zielen – insbesondere der Steigerung des kundenorientierten, nichtökonomischen Markenwertes (vgl. Burmann et al. 2003, S. 12) – hervor. Die Identität der Marke soll transportiert und durch die kooperative Wertschöpfung mit den Nutzern Vertrauen aufgebaut sowie ein bedeutsamer Zusatznutzen geschaffen werden, wodurch die Nutzer emotional an die Marke gebunden und zu loyalen Kunden umgewandelt werden. Stärkere Kundenbindung wirkt sich finanziell positiv aus und steuert damit zu einem zentralen Unternehmensziel bei.

Die Kerngeschichte der Marke geht aus ihrer Identität hervor und wird crossmedial über alle Kanäle kommuniziert. Jede *Teilgeschichte* soll die *Kerngeschichte* komplementieren und für die Nutzer muss die aktive Beteiligung an diesen durch die Produktion von Inhalten eine emotionale Belohnung darstellen (vgl. Herbst 2014b, S. 234). Die gesamte *Markengeschichte* wird so über die diversen Kanäle transmedial konstituiert und ist keine *fixierte Geschichte*, die von der Marke über ihre Kommunikationskanäle kommuniziert wird. Die Inhalte der Nutzer können aus eigener Initiative oder durch die Anregung der Marke erstellt werden und entweder bewusst oder unbewusst eine werbende Botschaft transportieren. Die Motivationen der Nutzer können sowohl intrinsisch als auch extrinsisch (vgl. Poch und Martin 2014, S. 308) und damit unter anderem kommerzieller Natur sein, jedoch fallen die intrinsischen schwerer ins Gewicht. Wenn kein emotionales *Involvement* vorliegt, reicht ein finanzieller Anreiz in der Regel nicht aus, um Nutzer zur tieferen Auseinandersetzung mit der Marke sowie der Produktion von Inhalten anzuregen, da die Marke nicht von ausreichender Bedeutung für den Nutzer ist (vgl. Esch et al. 2012, S. 151 f.). Prinzipiell sind alle Nutzer als Produzenten von markenbezogenen Inhalten denkbar. Vor allem in *Brand Communities* können durch die kollektive Intelligenz des sozialen Gefüges wertvolle Inhalte und Lösungen für die Marke hervorgebracht werden. Gleichwohl muss hier nochmals betont werden, dass sowohl positive als auch negative Inhalte produziert werden können, was von der Marke bei der Förderung und im Management der Inhalte sowie der Interaktion mit den Nutzern berücksichtigt werden muss.

Was nicht als UGBS verstanden wird, sind *Markengeschichten* der Nutzer *per se*, in denen sie von ihren Erfahrungen mit einer Marke berichten. In diesem Fall müsste man eher von WOM mit markenbezogenem UGC als Inhalt der Kommunikation sprechen. Es geht vordergründig um die *Geschichte* der Marke und nicht die der Nutzer, wobei die *Geschichten* der Nutzer zur Ergänzung der *Markengeschichte* eingesetzt werden. Ebenso geht es nicht darum, lediglich eine Marketingbotschaft in einer *Geschichte* zu verpacken. *Geschichten* schaffen Wert bei den Nutzern und die Bedeutung der Marke aus Sicht der Nutzer bestimmt wiederum die Wirklichkeit der Marke. Auf Basis der Definition und Differenzierung des Begriffs kann das UGBS-Modell folgendermaßen visualisiert werden (Abb. 1), um die prägnante Veranschaulichung der grundlegenden Prozesse zu erreichen:

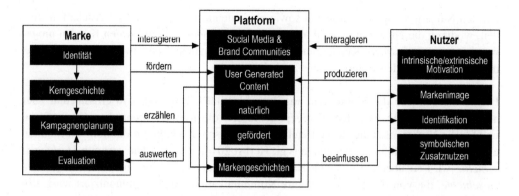

Abb. 1: User-Generated Brand Storytelling-Modell

Die Erläuterungen verdeutlichen, dass UGBS strategisch auf die aktive Förderung und Verwendung von markenkonformen UGC ausgerichtet ist. Die Inhalte und *Markengeschichten* der Nutzer müssen gezielt eingesetzt werden, um Bedeutung und Wert zu schaffen. Es können sowohl natürliche als auch geförderte *Geschichten* in die Kommunikation integriert werden oder verschiedene Inhalte kuratiert und in einen neuen Zusammenhang gebracht werden. Die Marke sollte bei der *Geschichte* in den Hintergrund treten und primär durch ihre Identität in dieser präsent sein.

Die Integration von UGC kann dabei verschiedene Ausmaße annehmen. Es können ganze Kampagnen auf UGC aufgebaut und dieser allein als Kommunikationsmedium der *Markengeschichte* genutzt werden, wie dies zum Beispiel der bei Kampagne *Crash the Super Bowl* von *Doritos* realisiert worden ist, bei der ein von Nutzern erstellter Werbespot in der Halbzeitpause des US-amerikanischen *Super Bowl* ausgestrahlt worden ist (vgl. O'Hern und Kahle 2013, S. 24). Alternativ können die Inhalte mit denen der Marke symbiotisch kombiniert werden, wie dies zum Beispiel bei der Kampagne *30 Jahre Billy* von *IKEA* erreicht werden konnte, bei der zahlreiche Inhalte der Nutzer in ein bestehendes Konzept integriert wurden (vgl. Daul 2011, S. 170 f.). Eine weitere Möglichkeit besteht ferner darin, UGC als Ergänzung für mehr Authentizität in einer weniger umfangreicheren Darstellung einzusetzen, wie dies zum Beispiel mit *#AASelfie* von *American Apparel* geschehen ist, das unter diesem *Hashtag* Bilder der Nutzer sammelt und in einem separaten Bereich ihrer Webseite präsentiert.

Im Folgenden soll auf Basis der skizzierten Entwicklungen, Grundlagen und Erkenntnisse in Anlehnung an Booth und Matic (vgl. 2011, S. 189) sowie mit Hilfe von Erkenntnissen aus der Schnittstellenbildung ein Vorschlag für das strategische Vorgehen bei der Entwicklung einer Markengeschichte im Rahmen von UGBS unterbreitet werden (Abb. 2).

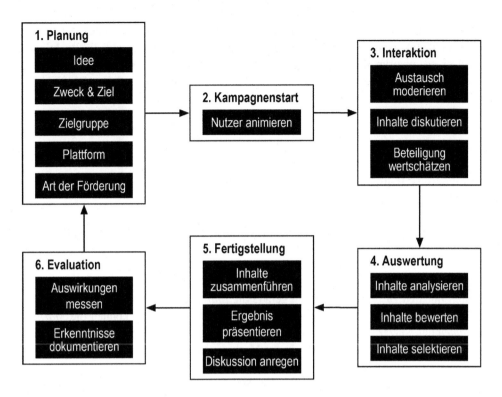

Abb. 2: Strategische Vorgehensweise beim UGBS

Im ersten Schritt müssen eine Idee für eine die *Kerngeschichte* erweiternde Kampagne ausgearbeitet und möglichst messbare Zielvorgaben definiert werden. Es muss klar sein, was mit der Kampagne erreicht sowie welche Zielgruppe angesprochen und zur Beteiligung aufgerufen werden soll. Der kooperative Schaffensprozess kann zum Beispiel der breiten Öffentlichkeit zugänglich gemacht, einflussreiche Nutzer und Meinungsführer direkt angesprochen werden oder innerhalb einer *Brand Community* stattfinden. Die Art und Weise der Anregung von Inhalten ist ebenso eine wichtige strategische Grundlage. Im zweiten Schritt müssen die Kampagne gestartet und Nutzer animiert werden, sich über die gewählte Plattform zu beteiligen. Im dritten Schritt geht es vor allem darum, mit den Nutzern zu interagieren und den Austausch zu moderieren. Im vierten Schritt werden die Inhalte analysiert, bewertet und nach ihrer Eignung für die Integration in das Endergebnis selektiert. Die Nutzer sollten an der Bewertung beteiligt werden, wobei es verschiedene Möglichkeiten für das Maß der Beteiligung gibt. Die Meinungen der Nutzer bei der Bewertung von Inhalten zu berücksichtigen, kann einem Fehlschlag und übermäßig negativen Reaktionen vorbeugen. Durch die Analyse der Inhalte und die Interaktion können zudem wertvolle Informationen und Einblicke gewonnen werden, welche für die Marke auch über die Kampagne hinaus relevant und Anstöße für weitere Entwicklungen sein können. Im fünften Schritt wird die *finale Geschichte*, falls mehrere Inhalte zusammengeführt werden, zusammengestellt und veröffentlicht. Im sechsten Schritt muss der soziale Diskurs angeregt, auf die Reaktionen der Nutzer geantwortet und die Kampagne evaluiert werden. Ihre Auswirkungen werden mit den Zielvorgaben abgeglichen und entsprechende Erkenntnisse abgeleitet. Die Reaktionen der Nutzer sind dafür eine bedeutende Quelle.

6 Fazit

Der vorliegende Beitrag bildet eine konzeptionelle Schnittstelle zwischen Storytelling, Markenführung und UGC.

Er verdeutlichte, dass Nutzer mit ihren Inhalten immer häufiger Einfluss auf die öffentliche Markenwahrnehmung nehmen. Dieser Einfluss lässt sich nicht vollumfänglich kontrollieren. Marken können jedoch steuernd eingreifen, indem sie aktiv markenkonforme Inhalte fördern und Nutzer systematisch in kooperative Wertschöpfungsprozesse einbeziehen, um von ihren Inhalten zu profitieren. Denn gerade die *Markengeschichten* der Nutzer sind ein wichtiges Instrument für die strategische Markenkommunikation. So können die *Markengeschichten* der Nutzer dazu beitragen, dass sich diese noch stärker mit der Marke identifizieren, ihre Kompetenz beweisen, sich in der Marke selbst verwirklichen, sie zur Selbstdarstellung und Inklusion nutzen, ein Zugehörigkeitsgefühl entwickeln und soziale Anerkennung erlangen. Umgekehrt kann die Marke Authentizität und Vertrauen aufbauen, ihre Bekanntheit steigern, Kundenbeziehungen verbessern und festigen sowie aus einer gleichsam unversiegbaren Quelle an Verbraucherdaten und Ideen schöpfen.

Zusammenfassend lässt sich somit auch konstatieren, dass *User-Generated Brand Storytelling* ein vielversprechendes Instrument für die strategische Markenkommunikation ist. Das integrative Modell des UGBSs veranschaulichte dabei die grundsätzliche Funktionsweise, der skizzierte Managementansatz hingegen, wie dieses Instrument sinnvoll eingesetzt werden kann, um die *zentrale Geschichte einer Marke* zu erweitern und zu vervollständigen.

Literatur

Alexander, B. (2011): The new digital storytelling. Creating narratives with new media. Santa Barbara, CA: Praeger.

Becker, J. (2013): Marketing-Konzeption. Grundlagen des ziel-strategischen und operativen Marketing-Managements (10., überarb. u. erw. Aufl.). München: Vahlen.

Boldt, S. (2010): Markenführung der Zukunft. Experience Branding, 5-Sense-Branding, Responsible Branding, Brand Communities, Storytising, E-Branding. Hamburg: Diplomica.

Booth, N.; Matic, J. A. (2011): Mapping and leveraging influencers in social media to shape corporate brand perceptions. In: Corporate Communications: An International Journal 16 (3), S. 184–191. DOI: 10.1108/13563281111156853.

Burmann, C.; Blinda, L.; Nitschke, A. (2003): Konzeptionelle Grundlagen des identitätsbasierten Markenmanagements. In: LiM-Arbeitspapiere (1). Verfügbar unter http://www.lim.uni-bremen.de/files/burmann/publikationen/LiM-AP-01-Identitaetsbasiertes-Markenmanagement.pdf, zuletzt geprüft am 06.07.2016.

Daul, C. (2011): Die Rolle der Kreativität in der digitalen Markenführung. In: Theobald, E.; Haisch, P. T. (Hrsg.). Brand Evolution. Moderne Markenführung im digitalen Zeitalter (S. 165–178). Wiesbaden: Gabler. DOI: 10.1007/978-3-8349-6913-2.

Dietrich, F. O.; Schmidt-Bleeker, R. (2013): Narrative Brand Planning. Wie Marken zu echten Helden werden. Berlin: Springer.

Dusi, D. (2016): The Perks and Downsides of Being a Digital Prosumer. Optimistic and Pessimistic Approaches to Digital Prosumption. In: International Journal of Social Science and Humanity 6 (5), S. 375–381. DOI: 10.7763/IJSSH.2016.V6.675.

Egger, M.; Lang, A. (2013): A Brief Tutorial on How to Extract Information from User-Generated Content (UGC). In: Künstliche Intelligenz 27 (1), S. 53–60. Verfügbar unter http://www.kuenstliche-intelligenz.de/.

Enginkaya, E.; Yılmaz, H. (2014): What Drives Consumers to Interact with Brands through Social Media? A Motivation Scale Development Study. In: Procedia - Social and Behavioral Sciences 148, S. 219–226. DOI: 10.1016/j.sbspro.2014.07.037.

Ertimur, B.; Gilly, M. C. (2012): So Whaddya Think? Consumers Create Ads and Other Consumers Critique Them. In: Journal of Interactive Marketing 26 (3), S. 115–130. DOI: 10.1016/j.intmar.2011.10.002.

Esch, F.-R.; von Einem, E.; Gawlowski, D.; Isenberg, M.; Rühl, V. (2012): Vom Konsumenten zum Markenbotschafter – Durch den gezielten Einsatz von Social Media die Konsumenten an die Marke binden. In: Schulten, M.; Mertens, A.; Horx, A. (Hrsg.). Social Branding. Strategien – Praxisbeispiele – Perspektiven (S. 147–166). Wiesbaden: Gabler. DOI: 10.1007/978-3-8349-3755-1.

Gottschall, J. (2013): The storytelling animal. How stories make us human. Boston: Mariner Books.

Gutjahr, G. (2015): Markenpsychologie. Wie Marken wirken - was Marken stark macht (3., überarb. u. erw. Aufl.). DOI: 10.1007/978-3-658-09161-3.

Hanna, R.; Rohm, A.; Crittenden, V. L. (2011): We're all connected. The power of the social media ecosystem. In: Business Horizons 54 (3), S. 265–273. DOI: 10.1016/j.bushor.2011.01.007.

Herbst, D. G. (2014a): Storytelling (3., überarb. Aufl.). Konstanz: UVK Verlagsgesellschaft.

Herbst, D. G. (2014b): Digital Brand Storytelling – Geschichten am digitalen Lagerfeuer?. In: Dänzler, S.; Heun, T. (Hrsg.). Marke und digitale Medien: Der Wandel des Markenkonzepts im 21. Jahrhundert (S. 223–241). Wiesbaden: Springer. DOI: 10.1007/978-3-658-03298-2.

Herbst, D. G. (2016): Vernetzte Markengeschichten in digitalen Medien. In: Marketing Review St. Gallen (1), S. 36–43. Verfügbar unter https://ifm.unisg.ch/mrsg/.

Herskovitz, S.; Crystal, M. (2010): The essential brand persona. Storytelling and branding. In: Journal of Business Strategy 31 (3), S. 21–28. Verfügbar unter http://www.emeraldinsight.com/journal/jbs.

Hirschman, E. C. (2010): Evolutionary branding. In: Psychology and Marketing 27 (6), S. 568–583. DOI: 10.1002/mar.20345.

Izvercian, M.; Potra, S. A. (2014): Prosumer-oriented Relationship Management Capability Development for Business Performance. In: Procedia Technology 16, S. 606–612. DOI: 10.1016/j.protcy.2014.10.009.

Kent, M. L. (2015): The power of storytelling in public relations. Introducing the 20 master plots. In: Public Relations Review 41 (4), S. 480–489. DOI: 10.1016/j.pubrev.2015.05.011.

Köppe, T.; Kindt, T. (2014): Erzähltheorie. Eine Einführung. Stuttgart: Reclam.

Leeflang, P. S. H.; Verhoef, P. C.; Dahlström, P.; Freundt, T. (2014): Challenges and solutions for marketing in a digital era. In: European Management Journal 32 (1), S. 1–12. DOI: 10.1016/j.emj.2013.12.001.

Lundqvist, A.; Liljander, V.; Gummerus, J.; van Riel, A. (2013): The impact of storytelling on the consumer brand experience: The case of a firm-originated story. In: Journal of Brand Management 20 (4), S. 283–297. Verfügbar unter https://secure.palgrave-journals.com/bm/index.html.

Martínez, M.; Scheffel, M. (2009): Einführung in die Erzähltheorie (8. Aufl.). München: C. H. Beck.

McKee, R. (1997): Story. Substance, structure, style and the principles of screenwriting. New York: ReganBooks.

O'Hern, M. S.; Kahle, L. R. (2013): The Empowered Customer. User-Generated Content and the Future of Marketing. In: Global Economics and Management Review 18 (1), S. 22–30. Verfügbar unter http://www.journals.elsevier.com/global-economics-and-management-review.

Poch, R.; Martin, B. (2014): Effects of intrinsic and extrinsic motivation on user-generated content. In: Journal of Strategic Marketing 23 (4), S. 305–317. DOI: 10.1080/0965254X.2014.926966.

Sammer, P. (2015): Storytelling. Die Zukunft von PR und Marketing (1. Aufl., 3. korr. Nachdruck). Köln: O´Reilly.

Schach, A. (2016): Storytelling und Narration in den Public Relations. Eine textlinguistische Untersuchung der Unternehmensgeschichte. DOI: DOI 10.1007/978-3-658-11012-3.

Schulten, M.; Mertens, A.; Horx, A. (2012): Social Branding – Alles bleibt anders. In: Dies. (Hrsg.). Social Branding. Strategien – Praxisbeispiele – Perspektiven. Wiesbaden: Gabler. DOI: 10.1007/978-3-8349-3755-1.

Simoudis, G. (2005): Storytising. In: Gaiser, B.; Linxweiler, R.; Brucker, V. (Hrsg.). Praxisorientierte Markenführung. Neue Strategien, innovative Instrumente und aktuelle Fallstudien (S. 529–542). Wiesbaden: Gabler. DOI: 10.1007/978-3-663-07856-2.

Sturm, S. (2013): Digitales Storytelling. Eine Einführung in neue Formen des Qualitätsjournalismus. Wiesbaden: Springer. DOI: 10.1007/978-3-658-02013-2.

Vogler, C. (2007): The writer's journey. Mythic structure for writers (3. Aufl.). Studio City, Californien: Michael Wiese Productions.

Woodside, A. G. (2010): Brand-consumer storytelling theory and research. Introduction to a Psychology & Marketing special issue. In: Psychology and Marketing 27 (6), S. 531–540. DOI: 10.1002/mar.20342.

Die Autoren

Carsten Wendelin Hennig ist Absolvent des Studiengangs Medienkonzeption an der Fakultät Digitale Medien der Hochschule Furtwangen. Dort befasste er sich schwerpunktmäßig mit der Konzeption digitaler Medien und dem Projektmanagement. Im international öffentlichkeitswirksamen Projekt Rheines Wasser fungierte er als Teamleiter und erhielt zahlreiche Einblicke in die Umsetzung und Koordination eines komplexen Projektes. Darüber hinaus arbeitete er für das International Center der Hochschule und engagierte sich als Mitglied in deren Qualität-Management-Board sowie als Leiter der International Student Community.

Prof. Dr. Oliver Ruf lehrt als Professor Medien- und Gestaltungswissenschaft an der Fakultät Digitale Medien der Hochschule Furtwangen. Seine Forschungsschwerpunkte liegen unter anderem in den Bereichen Medienästhetik, Designtheorie und Storytelling.

Prof. Dr. Matthias Schulten lehrt als Professor Marketingkonzeption an der Fakultät Digitale Medien der Hochschule Furtwangen. Seine Forschungsschwerpunkte liegen unter anderem in den Bereichen Social Branding, Customer Relationship Management und Innovation Management.

Kontakt

Carsten Wendelin Hennig
Prof. Dr. Oliver Ruf
Prof. Dr. Matthias Schulten

Hochschule Furtwangen
Fakultät Digitale Medien
Robert-Gerwig-Platz 1
78120 Furtwangen

carstenw.hennig@gmail.com
oliver.ruf@hs-furtwangen.de
matthias.schulten@hs-furtwangen.de

Kooperative Monetarisierung auf YouTube – Gestaltungsoptionen und Erfolgsfaktoren

Michael H. Ceyp, Tobias Kurbjeweit

Inhalt

1 Ausgestaltungsoptionen kooperativer Monetarisierung im Bewegtbildsegment 184
1.1 Kooperative Monetarisierungsoptionen im Überblick 184
1.2 YouTube als dominierende Plattform 186
1.2.1 Relevanz von YouTube für die kooperative Monetarisierung 186
1.2.2 Darstellung der Marktteilnehmer und ihrer Ziele 188
2 Erfolgsfaktoren kooperativer Monetarisierung auf YouTube 193
2.1 Identifikation und Beschreibung optionsübergreifender Erfolgsfaktoren 193
2.2 Identifikation und Beschreibung von Erfolgsfaktoren bei Product Placements 194
2.3 Identifikation und Beschreibung von Erfolgsfaktoren bei Sponsorships 195
2.4 Identifikation und Beschreibung von Erfolgsfaktoren bei Testimonial-Kampagnen 197
2.5 Identifikation und Beschreibung von Erfolgsfaktoren bei Content Syndication 197
3 Zielerfüllungspotenziale der kooperativen Monetarisierungsoptionen 199
3.1 Matrix der Monetarisierungsoptionen aus Sicht von YouTube-Influencern und Werbungtreibenden 199
3.2 Erfüllung der Ziele von YouTube-Influencern 200
3.3 Erfüllung der Ziele von Werbungtreibenden 202
4 Zusammenfassung und Ausblick 203

Literatur/Internet-Quellen 204
Die Autoren 205
Kontakt 206

Management Summary

In jüngster Zeit hat das sogenannte „Influencer Marketing" im Rahmen moderner Marketingstrategien einen bedeutenden Stellenwert eingenommen. Ein besonderes Augenmerk legen Marketingverantwortliche angesichts der weiten Verbreitung, Beliebtheit und Nutzung von Bewegtbildern im Internet auf die Einbindung des Kanals „YouTube".

Abgesehen von der Veröffentlichung eigener Videostreams durch Unternehmen selbst erfolgt diese Einbindung in der Regel in Form kooperativer Monetarisierungsstrategien. Vor diesem Hintergrund beleuchtet der vorliegende Beitrag einleitend erstmalig vier unterschiedliche kooperative Monetarisierungsoptionen von Bewegtbild. Anschließend werden Erfolgsfaktoren der jeweiligen Optionen/Strategien aufgezeigt. Der Beitrag schließt mit einer schematischen Gegenüberstellung von Zielen der Werbungstreibenden sowie YouTube-Influencern und den jeweiligen Monetarisierungsoptionen.

1 Ausgestaltungsoptionen kooperativer Monetarisierung im Bewegtbildsegment

1.1 Kooperative Monetarisierungsoptionen im Überblick

In jüngster Zeit hat das sogenannte „Influencer Marketing" im Rahmen moderner Marketingstrategien einen bedeutenden Stellenwert eingenommen. Ein besonderes Augenmerk legen Marketingverantwortliche angesichts der weiten Verbreitung und Nutzung von Bewegtbildern im Internet auf die Einbindung des Kanals „YouTube". Abgesehen von der Veröffentlichung eigener Videostreams durch Unternehmen selbst erfolgt diese Einbindung in der Regel in Form kooperativer Monetarisierung.

Die klassische Monetarisierung internetbasierter Bewegtbildinhalte erfolgt vor allem über sogenannte *InStream-Formate*, im Zuge derer Werbung im Umfeld von redaktionellem Bewegtbild ausgespielt wird. Eine dagegen vergleichsweise junge Monetarisierungsoption ist die der Influencer-Kooperation. Influencer Marketing ist zeitintensiv, kleinteilig und risikoreich. Es bietet Werbungtreibenden in Zeiten sinkender Akzeptanz klassischer Werbemaßnahmen und zunehmender Unterdrückung von Werbung auf Webseiten durch (sogenannte) AdBlocker aber auch eine Alternative der nachhaltigen Kommunikation. Influencer Marketing kann grundsätzlich auf jeder Art von Social-Media-Plattform betrieben werden. Beliebt sind insbesondere Fotoplattformen (zum Beispiel Instagram, Snapchat) und Videoplattformen. Im Bereich Bewegtbildinhalte lassen sich die folgenden vier Formen der Monetarisierung differenzieren:

1. Product Placement,
2. Content Syndication,
3. Sponsorship und
4. Testimonial-Kampagne.

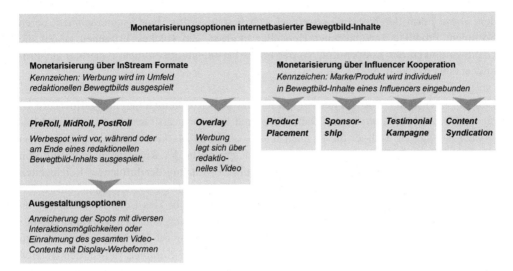

Abb. 1: Monetarisierungsoptionen von internetbasierten Bewegtbildinhalten im Überblick

Bei *Product Placements* binden Influencer Produkte, Marken oder Dienstleistungen in ihre Bewegtbildinhalte ein und erhalten dafür Gegenleistungen, in der Regel in monetärer Form (vgl. Gupta et al. 2000, S. 41). Product Placements wurden erstmals in Film- und Fernsehproduktionen eingesetzt und fanden später auch ihren Weg in Musikproduktionen, Videospiele und Romane (vgl. Rathmann 2014, S. 13). Inhaltlicher Kern dieser Werbeform ist eine glaubwürdige Einbindung von Produkten in Bewegtbildinhalte, bei der die Zuschauer die Werbebotschaften im Idealfall sogar unbewusst wahrnehmen. Damit grenzen sich Product Placements klar von klassischen Werbemaßnahmen ab. Die Integrationstiefe des zu bewerbenden Produkts kann stark variieren und reicht von der einfachen Bereitstellung einer statischen Requisite bis zu einer glaubhaften Nutzung des Produkts oder der Dienstleistung durch die Influencer. Anders als im linearen Fernsehen sind die rechtlichen Rahmenbedingungen für Product Placements bei Influencern im internetbasierten Bewegtbildsegment noch nicht abschließend geregelt. Je nach Ausgestaltungsform bedarf es also rechtlicher Prüfungen, in welchem Maße die unter redaktioneller Hoheit des Influencers entstandenen Bewegtbildinhalte als werbliche Inhalte gekennzeichnet werden müssen (vgl. Böhm 2015).

Bei Sponsorships handelt es sich um eine intensivierte Form der Product Placements. Sie unterscheiden sich nicht notwendigerweise durch eine größere Integrationstiefe in die redaktionellen Inhalte der Influencer, sondern den breiter gefassten Zeithorizont der Kooperation. Im Rahmen eines Sponsorships kommunizieren Influencer die Botschaften von Unternehmen nicht nur einmalig, sondern über einen gemeinsam definierten Zeitraum. Produkte, Marken oder Dienstleistungen können auf den verschiedenen Plattformen der Influencer somit mehrfach in Bewegtbildinhalte und weitere Social-Media-Aktivitäten integriert werden. Diese Form der Kooperation eignet sich besonders für Handelsunternehmen, deren Sortiment Produkte verschiedener Hersteller umfasst. Ein solches Vorgehen erhöht die Glaubwürdigkeit der Kooperation, da der Fokus bei Integrationen nicht dauerhaft auf Produkten einer Marke liegt.

Eine der intensivsten Formen der Kooperation zwischen Unternehmen und Influencern ist die der *Testimonial-Kampagnen*. Dabei fungieren Influencer als Gesichter für Werbekampagnen und stellen weniger die eigenen Inhalte als ihren Markenstatus in den Dienst von Unternehmen (vgl. Bialek 2014, S. 23). Dabei spielen in der Regel auch Elemente von Product Placements oder Sponsorships und somit die Nutzung der Influencer-Reichweiten eine Rolle, sie machen häufig aber nur einen kleinen Teil der Gesamtkampagne aus. Influencer werden im Zuge von Testimonial-Kampagnen auch in klassischen Werbeanzeigen oder TV-Spots eingesetzt, deren Budgets noch immer deutlich über den Volumina digitalgetriebener Influencer-Kampagnen liegen. Auch die Nutzung erfolgreicher Influencer zum Aufbau neuer YouTube-Kanäle von Unternehmen (*Branded Channel*) fällt in den Bereich der Testimonial-Kampagnen. Damit zählt diese Kooperationsform zwar noch zum Influencer Marketing, allerdings nicht im klassischen Sinne, da die Plattform des Influencers nicht mehr im Mittelpunkt der Kooperation steht.

Die vierte kooperative Monetarisierungsoption ist die der *Content Syndication*. Bei dieser Kooperationsform stehen weder die Reichweiten der Influencer noch ihre Voraussetzungen für erfolgreiche Testimonial-Einsätze im Mittelpunkt. Es geht vielmehr um ihre Inhalte und die Form der Video-Aufbereitung. Der primäre Grund für Unternehmen, Content Syndication zu betreiben, ist die Möglichkeit des günstigen Einkaufs oder der günstigen Produktion von Bewegtbildinhalten mit dem Ziel der Implementierung auf eigenen Plattformen. Bei dieser Form der Kooperation geht es nicht primär um die Höhe der Reichweite, die der Influencer mit seinen Videoproduktionen erzielt. Im Gegensatz dazu spielen auch reichweitenschwächere Influencer mit hochwertigen Inhalten in diesem Modell eine Rolle, insofern sie in der Lage sind, authentische Inhalte für ihre Zielgruppen zu produzieren. Decken sich diese Zielgruppen mit denen einer Marke, kann es für Unternehmen günstiger und zielführender sein, Influencer zur Produktion von Bewegtbild zu engagieren als eigene Bewegtbildinhalte zu entwickeln.

1.2 YouTube als dominierende Plattform

1.2.1 Relevanz von YouTube für die kooperative Monetarisierung

Das Grundprinzip des Videoportals YouTube besteht in der Bereitstellung einer Plattform, die Usern kostenfrei die Möglichkeit gibt, eigene Bewegtbildinhalte hochzuladen und die anderer User anzusehen. Bewegtbild-Produzenten haben über die Nutzung diverser Funktionen die Möglichkeit, ihre Videos hervorzuheben und so die Reichweite zu erhöhen.

YouTube ist nach Google die zweitgrößte Suchmaschine der Welt und gehört als dessen Tochterunternehmen zur Holding Alphabet. Daher liegt dem Ranking von Suchergebnissen auf beiden Plattformen ein vergleichbarer Algorithmus zugrunde (vgl. Gerloff 2015, S. 4). YouTube verzeichnet weltweit mittlerweile gegenwärtig über 1 Mrd. *Unique Visitors* (vgl. Alphabet 2015, S. 6), während pro Minute 400 Stunden neuer Bewegtbildinhalte hochgeladen werden (vgl. Brouwer 2015). Bei einer Betrachtung des deutschen Marktes fällt das Ergebnis ähnlich dominant aus. Eine direkte Analyse der Nutzungszahlen in Relation zu anderen deutschen Portalen ist nur bedingt möglich, da YouTube bei der verbreiteten Prüfung der Nutzungsdaten durch die Informationsgemeinschaft zur Feststellung der Verbreitung von Werbeträgern e. V. (IVW) nicht erhoben wird. Eine Näherung kann allerdings über die Erhebungen des IT-Unternehmens SimilarWeb erfolgen. Demnach war YouTube mit mehr als 0,9 Mrd. Visits im September 2015 das drittgrößte Digitalangebot Deutschlands, knapp hinter Facebook mit 1,1 Mrd. Visits und Google mit 2,3 Mrd. Visits (vgl. Schröder 2015). Zur Einordnung dieser Daten ist eine Differenzierung gegenüber den zuvor genannten Unique Visitors erforderlich. Der Unique Visitor wird für einen vorgegebenen Zeitraum, in diesem Fall einen Monat, ermittelt. Er kann innerhalb dieses Zeitraums diverse Visits verursachen – eine Inaktivität des Users von etwa 30 Minuten führt bereits zu einem neuen Visit, nicht aber zu einem neuen Unique Visitor (vgl. Meffert et al. 2013, S. 22). Eine Studie des Forschungsinstituts Goldmedia Research gibt darüber hinaus Aufschluss über die Altersstruktur dieser deutschen YouTube-User. Demnach nutzen bereits 40 % aller 18- bis 29-jährigen deutschen Internetuser die Plattform täglich, während es bei den 30- bis 49-Jährigen noch knappe 16 % sind (vgl. Goldmedia 2015).

Laut einer Studie von TNS Infratest und der Bayrischen Landeszentrale für neue Medien aus dem Jahr 2015 ist YouTube mit 53 % Marktanteil die mit Abstand reichweitenstärkste Videoplattform Deutschlands. Es folgen MyVideo von der ProSiebenSat.1 Media SE mit 11,9 % und T-Online Bewegtbild mit 7,1 % (vgl. Die Medienanstalten 2015, S. 35). Im Gegensatz zu YouTube verzichten beide Plattformen allerdings auf die Bereitstellung einer Upload-Funktion für user-generierte Inhalte, eine grundlegende Voraussetzung für Influencer Marketing. Unter Berücksichtigung dieser Funktion stellen die Wettbewerber Dailymotion mit einem Marktanteil von 4,2 % und Vimeo mit 2,2 % derzeit die weit abgeschlagenen Verfolger von YouTube dar. Vor diesem Hintergrund gibt es bei kooperativer Monetarisierung im Bewegtbildsegment derzeit zu YouTube keinerlei Alternative, die über einen Nischenstatus hinausgelangt.

Die aktuelle Entwicklung des sozialen Netzwerks Facebook lässt auf ein Streben nach Marktanteilen schließen. Die Bewegtbildoffensive kann als Angriff auf die Marktführerposition YouTubes gewertet werden. Facebook gab im April 2016 bekannt, Live-Videos in der Suchfunktion zu kennzeichnen und eine umfangreiche Video-Suche in die mobile Benutzeroberfläche zu integrieren (vgl. Stoop und Min 2016). Damit sind Bewegtbildinhalte nicht mehr nur im Newsfeed der Nutzer sichtbar, sondern auch darüber hinaus erreichbar. Zudem verfügt Facebook bereits über eine signifikante Reichweite. Facebook drückt den

Erfolg eines Bewegtbildinhalts allerdings über *Klicks*, *Views* und *Likes* aus, während die wichtigste Metrik bei YouTube seit Jahren die sogenannte *Watch Time* ist. Klicks, Views und Likes werden bei Facebook bereits mit der Ausführung durch den User gezählt und gewertet, während die Größe Watch Time bei YouTube die tatsächliche Abspielzeit des Videos pro Zuschauer aufzeigt. Sie drückt aus, wie hoch die Aufmerksamkeit des Users für einen Inhalt ist. Gerade im Zuge des Influencer Marketings sollten Produkte nicht werblich zum Start, sondern nativ im Laufe der Handlung eingebunden werden. Bei einer Bewertung und damit Vergütung über Klicks und Views ist das Risiko hoch, dass die Botschaften der Werbungtreibenden gar nicht gesehen wurden. Auch andere soziale Netzwerke wie Instagram oder Twitter versuchen vom wachsenden Bewegtbildgeschäft zu profitieren; ihre Kernkompetenzen und damit die Nutzungsgewohnheiten der User liegen allerdings historisch begründet in anderen Bereichen.

1.2.2 Darstellung der Marktteilnehmer und ihrer Ziele

Kooperationen zwischen Werbungtreibenden und Influencern auf der Videoplattform YouTube (im Folgenden auch YouTube-Influencer oder YouTuber genannt) haben in den vergangenen Jahren immer größere Bedeutung erlangt. Die kontinuierlich steigenden Reichweiten der Influencer-Kanäle bedingen eine immer fragmentiertere Marktzusammensetzung, in dessen Entwicklung sich zwei unterschiedliche Geschäftsmodelle für die Vermittlerrolle zwischen den kooperierenden Marktteilnehmern etabliert haben. Diese werden im Folgenden näher beleuchtet. Teilweise umfasst die Rolle der Vermittler über die Anbahnung, Umsetzung und Abwicklung von Kooperationen hinaus noch weitere Tätigkeiten, auf die ebenfalls im Folgenden eingegangen wird. Abb. 2 stellt alle Marktteilnehmer im Bereich der kooperativen Monetarisierung auf YouTube und ihre Verbindungen im Kontext von Kooperationen dar.

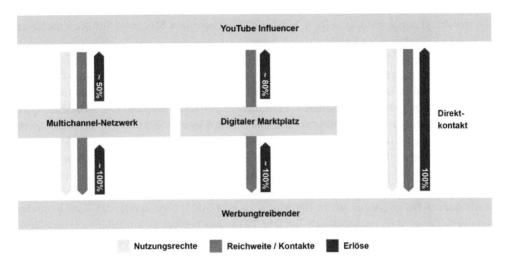

Abb. 2: Marktteilnehmer im Bereich kooperativer Monetarisierung auf YouTube

YouTube-Influencer produzieren Bewegtbildinhalte und bündeln diese auf ihren eigenen YouTube-Kanälen. Viele Influencer definieren feste Wochentage für die Ausspielung neuer Videos und schaffen so Kontinuität und Verlässlichkeit. Die Zuschauer gelangen auf verschiedenen Wegen zu den produzierten Videos: Durch das Abonnieren der Kanäle erhalten sie bei jedem neuen Inhalt ihrer Favoriten eine Erinnerung. Alternativ stoßen sie über die organische, thematisch-orientierte Suche der Plattform auf die entsprechenden Inhalte oder sie gelangen über externe Quellen wie soziale Netzwerke zu den Videos. Vor allem bei jüngeren Zuschauern zeigt sich eine hohe Verweildauer und diese abonnieren entsprechend ihrer Interessen mehrere Kanäle. Ältere Zuschauer suchen hingegen zielgerichtet nach Einzelinhalten. Für YouTube-Influencer steht bei der Umsetzung von Kooperationen in der Regel das wirtschaftliche Interesse und hier insbesondere eine monetäre Entlohnung im Vordergrund. Dennoch existieren auch Kooperationsmodelle, bei denen YouTube-Influencer nicht direkt monetär entlohnt, sondern von Werbungtreibenden über immaterielle Anreize von Kooperationen überzeugt werden. Immaterielle Anreize sind für Influencer vor allem dann relevant, wenn sie auf eines von zwei weiteren Zielen einzahlen: Reichweitenausbau oder Relevanzsteigerung. Stellen Werbungtreibende attraktive Gewinne für die Zuschauer in Aussicht, können Influencer darüber bestehende Zuschauer binden und neue für sich gewinnen. Ermöglichen sie den Influencern besondere Formen des Videodrehs, die sie alleine nicht hätten umsetzen können, kann das Ziel der Relevanzsteigerung bedient werden. So hat Simon Unge, einer der erfolgreichsten deutschen YouTube-Influencer, im Jahr 2014 eine 1.400 km lange Longboard-Tour unternommen und wurde dabei von der Deutschen Telekom mit internetfähigen USB-Sticks ausgestattet. Die Sticks mit einem Datenvolumen von 100 GB ermöglichten ihm, die Reiseaufnahmen schon unterwegs bei YouTube hochzuladen. Simon Unge konnte die Bedürfnisse der Zuschauer mit Unterstützung der Deutschen Telekom angemessen befriedigen (vgl. Matis 2014). Auch unabhängig von der Anreizausgestaltung sollten YouTube-Influencer den Mehrwert für die Zuschauer als weiteres, wichtiges Ziel nicht aus den Augen verlieren.

Die vier Kooperationsformen im internetbasierten Bewegtbildsegment (siehe Abschnitt 1.1) können über den Direktkontakt zwischen YouTube-Influencer und Werbungtreibenden oder über einen zwischengeschalteten Vermittler abgewickelt werden. Die wohl gängigste Form der Vermittlung erfolgt über sogenannte *Multichannel-Netzwerke*. In der einfachsten Form wird dann von einem solchen Netzwerk gesprochen, wenn sich zwei oder mehr YouTube-Influencer zusammenschließen, gemeinsame Ziele gegenüber Werbungtreibenden und YouTube vertreten und sich gegenseitig bei Entwicklung und Distribution von Inhalten unterstützen. Diese Ziele verfolgte auch Next New Networks, das weltweit erste Multichannel-Netzwerk bei seiner Gründung im Jahr 2007. Mediakraft, das erste deutsche Netzwerk dieser Art, gründete sich im Jahr 2011 und bewegt sich mittlerweile in einem engen Marktumfeld mit Netzwerken wie Divimove (RTL Group), TubeOne (Ströer Media AG) und Studio71 (ProSiebenSat.1 Media SE). Die Abläufe bei Multichannel-Netzwerken wurden im Laufe der Zeit professionalisiert und YouTube-Influencer schließen sich diesen Netzwerken mittlerweile meist exklusiv an. Dafür genießen sie eine Vielzahl an Leistungen: Die Netzwerke unterstützen sie bei der Reichweitensteigerung, akquirieren Kooperationspartner und übernehmen oft Teile des Produktionsaufwands. Im Gegenzug erhalten sie einen Teil der Erlöse aus Kooperationen (siehe Abb. 3) und ebenfalls anteilige Erlöse aus der klassischen Vermarktung über die Werbeformate der Plattform YouTube. Angaben über die genaue Höhe dieser Beteiligung existieren nicht; diese dürfte geschätzt branchenüblich eine Höhe von bis zu 50 % ausmachen. Während YouTube bei sämtlichen Kooperationsmodellen keinen Anteil der Erlöse erhält (siehe Abb. 3), ist der Status quo bei der klassischen Vermarktung komplexer. Buchen Werbungtreibende ihre klassischen Kampagnen direkt bei YouTube, behält die Plattform 45 % der Erlöse und leitet 55 % an zwischengeschaltete Netzwerke weiter (vgl. Online Marketing Rockstars 2015). Diese 55 % werden zwischen dem jeweiligen Netzwerk und dem YouTube-Influencer aufgeteilt. Multichannel-Netzwerken gesteht YouTube eine besondere Rolle bei der klassischen Vermarktung zu. Sie können Werbungtreibenden bei der Einbuchung von beispielsweise Werbespots die Umfelder der bei ihnen unter Vertrag stehenden YouTube-Influencer garantieren und diese daher hochpreisiger vermarkten als YouTube es selbst tut (vgl. Gugel 2014, S. 22 ff). Die erzielte Differenz dürfen Netzwerke zu 100 % einbehalten und müssen damit nur die 45 % der Erlöse abtreten, die bei einer direkten Einbuchung der Werbungtreibenden über YouTube angefallen wären (vgl. Spengler 2013). Neben thematisch breit aufgestellten Multichannel-Netzwerken existieren auch Netzwerke, die sich auf eine Nische spezialisiert haben und ihre Leistungen beispielsweise nur in den Dienst von Musikern und Labels stellen. Um ihre Daseinsberechtigung nicht zu verlieren, ist das Ziel aller Multichannel-Netzwerke die umfassendere Monetarisierung der betreuten YouTube-Kanäle gegenüber einer Monetarisierung in Eigenverantwortung der YouTube-Influencer.

Multichannel-Netzwerke in ihrer heutigen Form stellen keine Interessensgemeinschaften aus YouTube-Influencern, sondern gewinnorientierte Unternehmen dar. Dementsprechend sind ihre Ziele im Kontext von Kooperationen eindeutig wirtschaftlicher Natur. Alle Maßnahmen, mit denen sie die YouTube-Influencer unterstützen, sollten mit einem entsprechenden Geschäftsmodell hinterlegt sein, auch die der Kooperationen. Möchten Werbungtreibende kooperativ mit einem YouTube-Influencer aus einem Netzwerk zusammenarbeiten, ruft das Netzwerk in der Regel einen festen Preis für das Erreichen von 1000 Sichtkontakten (Tausend-Kontakt-Preis, abgekürzt: TKP) auf, der mit den durchschnittlichen Videoaufrufen aus den vergangenen Monaten multipliziert wird (vgl. Wehling 2015). YouTuber und Werbungtreibende treten bei diesem Konstrukt nicht notwendigerweise miteinander in Kontakt, da das Netzwerk die ganzheitliche Abwicklung übernimmt (siehe Abb. 3). Die skizzierte Sonderrolle von Netzwerken bei der klassischen Vermarktung von YouTube-Werbung ermöglicht es Werbungtreibenden zudem, zielgerichtet im Umfeld des Kooperationsvideos mit klassischen Werbespots Präsenz zu zeigen.

Abb. 3: Ablauf von Kooperationen unter Einbeziehung von Vermittlern

Einen anderen Weg wählen *digitale Marktplätze* für Kooperationen (siehe Abb. 4). In Deutschland wurden mit ReachHero, Tubevertise, HitchOn und BuzzBird innerhalb von zwei Jahren vier solcher Marktplätze gegründet. Während die Vermittlung und Umsetzung von Kooperationen für Multichannel-Netzwerke nur einen Teil des Geschäftsmodells darstellen, sind sie bei digitalen Marktplätzen das Kerngeschäft. Auf solchen Marktplätzen können sich Werbungtreibende und Influencer, vorwiegend aus dem Bereich YouTube, kostenfrei registrieren. Werbungtreibende erstellen Kooperationskampagnen, bestimmen ihr Budget und beschreiben die gewünschte Kooperationsform. Angemeldete Influencer bewerben sich mit Ideen, wie sie die jeweilige Kooperationskampagne in ihren Kanälen umsetzen möchten. Unter Kenntnis der jeweiligen Reichweitendaten der Bewerber wählen die Werbungtreibenden im Anschluss ihre/n Favoriten aus und tauschen sich im Zuge der

Umsetzung per Direktkontakt aus. Die digitalen Marktplätze fungieren darüber hinaus als Treuhand: Werbungtreibende überweisen ihre Budgets, die Marktplätze behalten etwa 20 % ein und leiten nach Veröffentlichung des Inhalts 80 % weiter an die YouTube-Influencer (vgl. Tubevertise 2016). Zum Abschluss der Kooperationen kommt es mit der Abgabe umfangreicher, im Vorfeld vereinbarter Leistungskennziffern durch den YouTube-Influencer. Somit sind auch die primären Ziele digitaler Marktplätze wirtschaftlicher Natur. Sie vernetzen Werbungtreibende und Influencer über technische Plattformen und verdienen über Provisionen an den erfolgreich umgesetzten Kooperationskampagnen. Ferner existieren weitere Zwischenziele, die der übergeordneten Zielerreichung dienen. Dazu zählt die Akquise von Werbungtreibenden auf der einen und YouTube-Influencern auf der anderen Seite. Die Erfüllung der Bedürfnisse beider Interessengruppen ist den digitalen Marktplätzen nur bei einer ausgeglichenen Präsenz dieser beiden Interessengruppen dauerhaft möglich.

Die vierten Marktteilnehmer im Zuge kooperativer Monetarisierung auf YouTube sind *Werbungtreibende*. Die Relevanz von internetbasierten Bewegtbildinhalten für die Werbewirtschaft ist in den vergangenen Jahren stark gestiegen. Ein Ende dieser Entwicklung zeichnet sich derzeit nicht ab. Wollen Werbungtreibende junge Zielgruppen erreichen, können die Werbebudgets auf YouTube mittlerweile häufig effizienter eingesetzt werden, als im linearen Fernsehen, da Kooperationen mit YouTube-Influencern neben der Schaltung klassischer Bewegtbild-Werbeformen an Bedeutung gewonnen haben (vgl. Stadik 2016, S. 27). Influencer weisen über ihre glaubhafte Interaktion mit den Zuschauern eine meist starke Akzeptanz in ihren Zielgruppen auf, an der Werbungtreibende mit ihren Produkten zu partizipieren versuchen. Die Ziele von Werbungtreibenden bei der Durchführung von Kooperationen auf YouTube lassen sich in rationale und emotionale Komponenten gruppieren. Produkte, für die werbungtreibende Unternehmen junge Zielgruppen als potenzielle Käuferschaft identifiziert haben, sind in klassischen Medien kaum noch kosteneffizient zu bewerben. Die Streuverluste bei der Schaltung klassischer Werbespots im linearen Fernsehen oder in Printanzeigen werden immer größer (vgl. Pläcking 2014, S. 293). Ein rationales Ziel von Werbungtreibenden bei der Umsetzung von Kooperationen auf YouTube ist also eine zielgerichtete, streuverlustarme und glaubwürdige Ansprache junger Zielgruppen. Eines der Hauptziele jedes Wirtschaftsunternehmens stellt die Steigerung von Abverkäufen dar. Die dahinterliegenden Strategien können allerdings unterschiedlich ausfallen und stellen zwei weitere, rationale Ziele bei Kooperationen mit YouTube-Influencern dar. Eines davon ist die direkte Steigerung des Abverkaufs, beispielsweise messbar durch Direktlinks aus den jeweiligen Videos in die Onlineshops von Werbungtreibenden. Im Gegensatz dazu kann auch der sogenannte Branding-Effekt im Vordergrund der Aktivitäten stehen. Werbung hat den Charakter von Branding, wenn nicht der Abverkauf, sondern die Stärkung der Marke hinter dem eigentlichen Produkt im Vordergrund steht (vgl. Teiber 2011, S. 593). Das letzte rationale Ziel bei der Nutzung von YouTubern bedingt die derzeit im Vergleich zu klassischen Medien kostengünstige Zusammenarbeit mit ihnen. Für einige Unternehmen ist die klassische Nutzung von YouTube und seines Kanals nur ein positiver Nebeneffekt, da ihr

Ziel vielmehr die Generierung von hochqualitativen Bewegtbildinhalten für die eigenen Digitalplattformen ist. Viele Unternehmen sind nicht in der Lage, Bewegtbild kosteneffizient und dennoch hochwertig zu produzieren und geraten bei Auftragsproduktionen durch Agenturen schnell an ihre Budgetgrenzen. Der Einsatz von Content Syndication mit weniger reichweitenstarken YouTubern bringt oftmals die Lösung und bedient damit dieses Ziel.

Unabhängig von rationalen Zielformulierungen sind Trends im Marketing nicht selten mit emotionalen Zielsetzungen der Marketingverantwortlichen verbunden. Auch ohne Berücksichtigung messbarer Erfolgskriterien können sich diese durch den Einsatz von Influencer Marketing unternehmensintern oder in den Fachmedien der jeweiligen Branche profilieren und als Vorreiter im Einsatz neuer Medien inszenieren.

2 Erfolgsfaktoren kooperativer Monetarisierung auf YouTube

2.1 Identifikation und Beschreibung optionsübergreifender Erfolgsfaktoren

In diesem Kapitel werden Erfolgsfaktoren kooperativer Monetarisierungsoptionen identifiziert und definiert. Diese lassen sich einerseits aus den zuvor definierten Zielen der einzelnen Kooperationsformen ableiten und basieren andererseits sowohl auf Aussagen der Experteninterviews sowie der einschlägigen Fachliteratur. Eine fundierte Auseinandersetzung mit den Erfolgsfaktoren verschiedener Kooperationsformen erfordert eine vorherige Begriffsdefinition. Ein Faktor ist grundsätzlich ein bestimmendes Element, das zu einem bestimmten Ergebnis oder Ereignis führt (vgl. Schneider 2000, S. 102). Der Begriff Erfolgsfaktor findet in der wissenschaftlichen Literatur hingegen eine heterogene Anwendung, weshalb eine solch allgemeingültige Aussage nicht möglich erscheint. Für die vorliegende Arbeit lässt sich ein Erfolgsfaktor definieren als:

> *...eine zentrale Schlüsselgröße für die Erreichung von Kooperationszielen von Werbungtreibenden und YouTube-Influencern.*

Da die weiteren Marktteilnehmer kein unabdingbarer, sondern vielmehr ein optionaler Part von Kooperationen sind und zudem als Vermittler mit entsprechend ausschließlich monetärem Interesse auftreten, werden diese in der folgenden Auseinandersetzung nicht berücksichtigt.

Es existieren verschiedene spezifische Erfolgsfaktoren der einzelnen Kooperationsformen, auf die in den Abschnitt 2.2 bis 2.5 näher eingegangen wird. Die in diesem Abschnitt vorgestellten Erfolgsfaktoren haben dagegen optionsübergreifende Relevanz. Einer, der bei jeder Form der Kooperation über Erfolg oder Misserfolg entscheidet ist die *Authentizität des Zusammenspiels der Kooperationspartner im Zuge der Marken- oder Produkteinbindung*. Unternehmen betreiben Influencer Marketing in der Hoffnung, ihre Zielgruppen kosteneffizient, nachhaltig und vor allem glaubwürdiger als mit klassischen Werbemaßnahmen zu erreichen. Fällt dieser Aspekt weg, würden die meisten Marketing- und PR Divisionen die oft kleinteilige und daher aufwendige Umsetzung meiden und die klassische und damit aufwandsärmere Einbuchung von Werbespots und Anzeigen vorziehen. Eine gelungene Kooperation zwischen Unternehmen und YouTube-Influencern zeichnet sich daher immer durch eine authentische Wahl des jeweiligen Gegenübers aus. Kooperiert ein veganer YouTube-Influencer beispielsweise mit einem Fleischproduzenten, ist die notwendige Authentizität für keine Partei gewährleistet. Wird diesem Erfolgsfaktor keine Beachtung geschenkt, kann das Trendthema Influencer Marketing sowohl für Werbungtreibende als auch YouTuber bedeutend negative Effekte haben. Es besteht aus Sicht Werbungtreibender das Risiko, das Ziel der glaubwürdigen Markeninszenierung in der avisierten Zielgruppe zu verfehlen. YouTube-Influencer hingegen riskieren das Vertrauen ihrer Zuschauer zu verlieren und Teile von ihnen sogar als Abonnenten zu verlieren.

Die gleichen Risiken gelten für einen zweiten übergreifenden Erfolgsfaktor, der einen Schritt weiter geht und stark inhaltlich geprägt ist: die *Freiheit der YouTube-Influencer bei der Entwicklung von Inhalten*. Werbungtreibende sollten bei der Kooperation mit YouTube-Influencern beachten, dass es sich bei den produzierten Inhalten keinesfalls um Werbespots oder Imagefilme handelt. YouTube-Kanäle sind nicht uneingeschränkt steuerbar. Im Gegensatz dazu nutzen sie in ihrer Kommunikation individuelle Tonalitäten und filmische Qualitäten, mit denen es den Produzenten erfolgreich gelungen ist, Zuschauer zu generieren und zu binden. Produkte sollten daher unaufdringlich und nativ eingebunden werden, damit Kooperationen ihre gewünschte Wirkung entfalten können. In den meisten Fällen nehmen die Produkte dabei eine Nebenrolle ein, können aber auch die Hauptrolle für sich beanspruchen, sofern der Mehrwert für die Zuschauer gewährleistet ist.

Mit der *Authentizität des Zusammenspiels der Kooperationspartner* sowie der *Freiheit der YouTube-Influencer bei der Entwicklung von Inhalten* wurden demnach zwei zentrale optionsübergreifende Erfolgsfaktoren von Kooperationen zwischen Werbungtreibenden und YouTube-Influencern identifiziert.

2.2 Identifikation und Beschreibung von Erfolgsfaktoren bei Product Placements

Neben den beiden optionsübergreifenden Erfolgsfaktoren sind bei Product Placements einige technische Aspekte von großer Bedeutung. Die Kooperationsform des Product Placements konzentriert sich eindeutig und meist ausschließlich auf die Ausspielung innerhalb der YouTube-Kanäle der Influencer. Als erster spezifischer Faktor, der über den Erfolg einer solchen Einbindung entscheidet, ist folglich die *Anzahl der Views* zu nennen. Im Gegensatz zur Kooperationsform Content Syndication bringt Werbungtreibenden auch eine außerordentlich gelungene Produkteinbindung nicht die erzielten Effekte, wenn sie kaum Sichtbarkeit schafft. Daher ist es für Werbungtreibende von zentraler Bedeutung, im Vorwege einer Kooperation die durchschnittlichen Views eines Kanals innerhalb der letzten Monate zu analysieren. Nur so können Rückschlüsse auf die zu erwartenden View-Rates getroffen werden.

Darüber hinaus gilt die sogenannte *Watch Time* als Erfolgsfaktor. Grundsätzlich können über eine Analyse der durchschnittlichen Watch Time eines YouTube-Videos Rückschlüsse auf das Zuschauerinteresse am behandelten Themengebiet getroffen werden. Als solider Wert gilt eine durchschnittliche Watch Time von 60 %. Die Watch Time kann genutzt werden, um den Zeitpunkt der Einbindung des Produkts innerhalb des Videos zu wählen. Bei einer durchschnittlichen Watch Time von 60 % ist es sinnvoll, das Produkt von Werbungtreibenden in der ersten Hälfte des Videos einzubinden, damit die Sichtbarkeit für den Großteil der Zuschauer gewährleistet ist. Für die spätere Erfolgsbewertung ist die tatsächliche Watch Time des belegten Videos ein wichtiger Indikator. Die Watch Time ist vergleichbar mit der vieldiskutierten Sichtbarkeit klassischer Display-Werbemittel. Mediaagenturen und Werbungtreibende verlangen von Digitalvermarktern schon seit einigen Jahren eine Abrechnung nach Sichtbarkeit der ausgespielten Werbung. Bislang zahlen Werbekunden in der Regel nach ausgelieferten Abrufen von Werbemitteln, von denen Teile auf den Bildschirmen der User gar nicht im sichtbaren Bereich erscheinen. Es ist zu erwarten, dass ähnliche Diskussionen in Zukunft auch in Bezug auf Views und Watch Times bei YouTube-Kooperationen geführt werden.

Der dritte spezifische Erfolgsfaktor von Product Placements betrifft die *Viralität der produzierten Inhalte*. Influencer streuen ihre Videos nicht nur über die Plattform YouTube, sondern nutzen ihre aufgebauten Reichweiten auch auf anderen sozialen Kanälen. So binden sie die Links in sozialen Netzwerken wie Facebook, Instagram, Twitter oder Snapchat ein und erreichen auf diese Weise eine Vielzahl weiterer User. Grundsätzlich gilt: Je größer der Mehrwert für die Zuschauer, desto häufiger werden sie die Inhalte über die Netzwerke weiterverbreiten. Diese Verbreitung wird in *Sharing-Rates* gemessen und dargestellt. Lassen sich die View-Rates auch mit geringem Budget vergrößern, gestaltet sich dies bei Sharing-Rates wesentlich schwieriger. Sie sind daher ein wichtiges Indiz für eine inhaltlich gelungene Umsetzung von Product Placements und die richtige Wahl der Partner.

2.3 Identifikation und Beschreibung von Erfolgsfaktoren bei Sponsorships

Sponsorships ähneln Product Placements zwar im Aufbau, beschränken sich jedoch nicht nur auf die einmalige Integration einer Marke oder eines Produkts, sondern sind langfristig ausgelegt. Neben den optionsübergreifenden sowie den Product-Placement-spezifischen Erfolgsfaktoren existieren daher noch drei weitere Faktoren, die über den Erfolg einer solchen Zusammenarbeit entscheiden.

Die Quellen, über die Zuschauer auf die Videos von YouTube-Influencern aufmerksam werden, sind sehr vielfältig. Bei einigen Kanälen wird ein Großteil der Views durch Abonnenten des jeweiligen Kanals generiert, bei anderen dominiert die Zahl externer Zuschauer. Als externe Zuschauer gelten User, die ein Video ohne die Anmeldung auf der Plattform YouTube konsumieren. Ob und in welchem Maße die Videos eines YouTube-Influencers regelmäßig konsumiert werden, ist technisch nur bei Abonnenten messbar. Aus Sicht von Werbungtreibenden ist die Erzielung von nachweisbaren Mehrfachkontakten im Zuge von Sponsorships allerdings von hoher Relevanz, da über den Aufbau produktorientierter Handlungsstränge innerhalb der eigentlichen Influencer-Inhalte nicht nur die Bekanntheit der Marke beziehungsweise des Produkts unter den Zuschauern gesteigert, sondern auch eine assoziative Bindung zu der Marke beziehungsweise dem Produkt hergestellt werden kann (Günther 2002, S. 120 ff.). Das *Verhältnis zwischen Abonnenten und externen Zuschauern* ist dementsprechend ein Erfolgsfaktor.

Bei Sponsorships auf der Plattform YouTube stellt auch die *Produktvielfalt des Werbungtreibenden* einen Erfolgsfaktor dar. Werden YouTube-Influencer langfristig von einem produzierenden Unternehmen gesponsert und setzen aus der entsprechenden Produktgruppe ausschließlich Erzeugnisse des Partners ein, kann die Authentizität der Inhalte leiden. Bei einem Sponsorship durch einen Handelskonzern lässt sich diese Problematik umgehen und Produkte können auch kritisch betrachtet werden. Die Zuschauer werden sich in diesem Fall eventuell gegen das behandelte Produkt entscheiden, können über den Handelskonzern aber dennoch eine passende Alternative erstehen. Dieses Vorgehen führt sowohl zu einer Erhaltung der Glaubwürdigkeit des YouTube-Influencers als auch zur Zielerfüllung des Werbungtreibenden.

Der dritte spezifische Erfolgsfaktor von Sponsorships stellt eine ausgeprägte Form des übergreifenden Erfolgsfaktors der Einbindungsnativität dar. Um die Ziele einer Kooperation zu erfüllen, ist die *Kreativität des YouTube-Influencers* bei mehrfachen Produkteinbindungen eines Unternehmens besonders gefragt. Die generierten Mehrfachkontakte sind nur dann wertvoll, wenn die Zuschauer bei jedem Kontakt einen Mehrwert geboten bekommen. Im Gegensatz zu klassischen Werbespots in definierten Werbefenstern erwarten die Zuschauer keine Werbung, sondern die vertrauten Inhalte ihres YouTube-Influencers. Mit entsprechend kreativen Wegen muss dieser sie in einer anspruchsvollen Regelmäßigkeit vom Mehrwert der beworbenen Produkte überzeugen und dabei sicherstellen, weder seine Glaubwürdigkeit noch das Vertrauen seiner Zuschauer und damit ihre Aufmerksamkeit zu verlieren.

2.4 Identifikation und Beschreibung von Erfolgsfaktoren bei Testimonial-Kampagnen

Ein bedeutender Erfolgsfaktor für Testimonial-Kampagnen ist die *erzielte Medienpräsenz* für die beworbene Marke oder das beworbene Produkt. So kann bereits eine medienwirksame Inszenierung der Vorstellung einer Zusammenarbeit mit YouTube-Testimonials für große Aufmerksamkeit sorgen und somit die Medienpräsenz der Marke beziehungsweise des Produkts wesentlich steigern. Zudem gilt es, den Bekanntheitsgrad des YouTube-Influencers ausgiebig und zielgerichtet zu nutzen. Dies ist der zentrale Aspekt des zweiten Erfolgsfaktors, der *Wahl der eingesetzten Medienkanäle*. Eine Zusammenarbeit mit YouTube-Influencern muss sich nicht notwendigerweise auf die Plattform YouTube beschränken. Jedoch sollte bei einer Auswahl der Medienkanäle berücksichtigt werden, in welcher Zielgruppe und damit in welchen Medien der Bekanntheitsgrad des eingesetzten YouTube-Influencers einen Einsatz als Testimonial rechtfertigt.

Der dritte spezifische Erfolgsfaktor bei Testimonial-Kampagnen ist die *Kontinuität der Zusammenarbeit*. Eines der zentralen Ziele von Testimonial-Kampagnen ist die assoziative Verknüpfung des Testimonials bei Auftritten in der Öffentlichkeit mit der Marke oder dem Produkt. Dieser Effekt tritt nicht zwangsläufig und nicht sofort beziehungsweise nach kurzer Zeit ein. Die Voraussetzung für das Erzielen dieses Effekts ist eine kontinuierliche Zusammenarbeit zwischen Werbungtreibenden und YouTube-Influencern.

Influencer Marketing ist derzeit ein großer Trend, der zu reger Nachfrage von Werbungtreibenden gegenüber YouTube-Influencern führt. Es existiert zwar eine Vielzahl an YouTube-Influencern, die teilweise als Prominente in den von ihnen angesprochenen Zielgruppen gelten, jedoch bieten nicht alle das Potenzial für Testimonial-Kampagnen. Status, Einfluss und Reichweite sind nur einige der Attribute, die ein YouTube-Influencer für eine erfolgreiche Testimonial-Kampagne erfüllen sollte. Dementsprechend konzentrieren sich großangelegte Kooperationen, zu denen auch Testimonial-Kampagnen zählen, auf vergleichsweise wenige YouTuber. Diese sollten im Zuge von Testimonial-Kampagnen nicht zu viele Produkte gleichzeitig bewerben, da die Glaubwürdigkeit gegenüber den Zuschauern und potenziellen Konsumenten darunter leiden könnte. Die *werbliche Aktivität des YouTube-Influencers* ist daher ein weiterer Erfolgsfaktor, der insbesondere bei Testimonial-Kampagnen von hoher Relevanz ist.

2.5 Identifikation und Beschreibung von Erfolgsfaktoren bei Content Syndication

Da bei Content Syndication nicht der YouTube-Kanal des Influencers im Vordergrund steht, unterscheiden sich die für diese Kooperationsform spezifischen Erfolgsfaktoren deutlich von denen der anderen drei Kooperationsformen. Der Erfolg dieser Form der Kooperation hängt maßgeblich von der Professionalität der Werbungtreibenden im Umgang mit der

Aufbereitung und Inszenierung von Inhalten ab. Eine Integration hochwertiger Bewegtbildinhalte von YouTube-Influencern in ein Onlineshop-System ohne erkennbaren Bezug zu den angebotenen Produkten erscheint wenig sinnvoll. Ein, vielleicht sogar der wichtigste, Erfolgsfaktor von Content Syndication ist die Fähigkeit der Werbungtreibenden, sogenannten *Content-Commerce* zu betreiben. Dieser Ansatz folgt einem einfachen Grundgedanken: Im Zuge gelungenen Content-Commerces verknüpfen Unternehmen unterhaltende, informierende Inhalte mit Onlineshop-Modulen und betten die zu verkaufenden Produkte nativ in die Inhalte ein. Ziel dieses Vorgehens ist eine Steigerung der durchschnittlichen Verweildauer der potenziellen Kunden im Onlineshop und damit eine Steigerung der Abverkäufe (vgl. Hoeschl 2015). Nur bei konsequenter Umsetzung dieses Ansatzes können die von YouTube-Influencern produzierten Inhalte ihre gewünschte Wirkung entfalten.

Aus der Perspektive der YouTube-Influencer existiert ebenfalls ein spezifischer Faktor, der über den Erfolg dieses Kooperationsmodells entscheidet. Während die *Qualität der Videoproduktionen* im Rahmen der bisher genannten Kooperationsformen eine untergeordnete Rolle spielt, kommt diesem Aspekt in der Content Syndication eine höhere Relevanz zu. Die Verantwortung für die Aufbereitung der Inhalte liegt bei den meist semiprofessionellen YouTubern und nicht bei professionellen Videoproduktionsunternehmen. Im Rahmen der bisher genannten Kooperationsformen ist eine geringe Erwartungshaltung der Werbungtreibenden in Bezug auf technisch hochprofessionelle Ergebnisse in Bild, Ton und Schnitt nicht nur ratsam, die Werbungtreibenden profitieren sogar von der dadurch transportierten Authentizität der Produktionen. Die YouTuber erreichen durch diese Form der Produktion die Reichweite innerhalb ihrer Zielgruppen, die sie für Kooperationen mit Werbungtreibenden relevant werden lassen. Dies gilt für die meisten Kooperationen, für Content Syndication dagegen nur mit Einschränkungen. Der Grund dafür liegt im primären Ort der Ausspielung, an dem der Bewegtbildinhalt Erfolg haben soll. Bei Product Placements oder Sponsorships ist das der Kanal des YouTube-Influencers. Über den dortigen Erfolg entscheidet maßgeblich, ob sich das Kooperationsvideo in Bild, Ton, Schnitt und auch inhaltlich in das Gesamtkonzept des Kanals einfügt. Bei Content Syndication ist der primäre Ort der Ausspielung allerdings die Webseite oder der Onlineshop des Werbungtreibenden. Im Gegensatz zum YouTube-Kanal kennen die potenziellen Zuschauer oftmals weder den YouTube-Influencer noch seine Art der Inhaltsaufbereitung. Daher sollten sich die Inhalte in diesem Fall nativ in das Gesamtkonzept der Webseite einfügen. Dementsprechend stellt eine eng aufeinander *abgestimmte Konzeptionierung* von Kundeninhalten und YouTube-Influencer-Inhalten einen Erfolgsfaktor bei der Kooperationsform Content Syndication dar. Dies kann zur Folge haben, dass der YouTuber im Rahmen der Kooperation von seiner gewohnten Art der Videoproduktion und den damit verbundenen Ansprüchen an die Qualität des Videomaterials abweichen muss.

3 Zielerfüllungspotenziale der kooperativen Monetarisierungsoptionen

3.1 Matrix der Monetarisierungsoptionen aus Sicht von YouTube-Influencern und Werbungtreibenden

Nachdem in Abschnitt 1.2.2 die Marktteilnehmer und ihre Ziele im Zuge kooperativer Monetarisierung auf der Plattform YouTube dargestellt wurden, wurden in diesem Zusammenhang fünf zentrale Ziele für Werbungtreibende und drei zentrale Ziele für YouTube-Influencer identifiziert und beleuchtet. Für die in Abschnitt 1.1 segmentierten Kooperationsformen wurden anschließend in den Abschnitt 2.1 bis 2.5 Erfolgsfaktoren herausgearbeitet. Im Folgenden sollen die acht Zielformulierungen den vier Kooperationsformen gegenübergestellt und gewichtet werden. Ziel dieser Gegenüberstellung und Gewichtung ist es, unter Berücksichtigung und mit Unterstützung der ermittelten Erfolgsfaktoren zu analysieren, welche Form der YouTube-Influencer-Kooperation mit Werbungtreibenden bei welchem Primärziel für den jeweiligen Marktteilnehmer den größten Mehrwert bietet. Die Ergebnisse werden in einer Zielerfüllungsmatrix (siehe Abb. 4) zusammengefasst und im Fortgang des Abschnitts erläutert.

Kooperative Monetarisierungsoption

		Product Placement	Sponsorship	Testimonial-Kampagne	Content Syndication
YouTube Influencer	monetäre Entlohnung	++	+	+++	++
	Reichweitenausbau	+	+	++	+++
	Relevanzsteigerung	+	++	+++	+
Werbungtreibende	Ansprache junger Zielgruppen	+++	+++	++	+
	direkte Abverkaufssteigerung	++	++	+	+++
	Generierung von Branding-Effekten	++	++	+++	+
	Generierung hochwertiger Inhalte für eigene Plattformen	+	+	++	+++
	Profilierung von Marketingverantwortlichen	+++	++	+	++

+ kooperative Monetarisierungsoption kann Zielformulierung in Teilen erfüllen
++ kooperative Monetarisierungsoption kann Zielformulierung gut erfüllen
+++ kooperative Monetarisierungsoption kann Zielformulierung sehr gut erfüllen

Abb. 4: Zielerfüllungsmatrix

In Abschnitt 3.2 werden zunächst die vier erarbeiteten Optionen der kooperativen Monetarisierung im Hinblick auf den Zielerreichungsgrad aus Sicht der YouTube-Influencer untersucht. Anschließend wird in Abschnitt 3.3 die Erfüllung der Ziele aus Sicht der Werbungtreibenden beleuchtet. Sowohl die Berücksichtigung der in Abschnitt 2 identifizierten und erläuterten optionsübergreifenden als auch der optionsspezifischen Erfolgsfaktoren wird vorausgesetzt.

3.2 Erfüllung der Ziele von YouTube-Influencern

Bei der Umsetzung von Kooperationen ist davon auszugehen, dass die *monetäre Entlohnung* das primäre Ziel der meisten YouTube-Influencer darstellt. Während die Erlöse über klassische Instream-Monetarisierung (siehe Abb. 2) nur bei äußerst reichweitenstarken YouTube-Kanälen relevante Größen annehmen, können YouTube-Influencer mit Kooperationen vergleichsweise früh nennenswerte Erlöse generieren. Die Gründe dafür liegen in der unterschiedlichen Art der Abrechnung. Bei klassischen Einbuchungen durch Werbungtreibende rechnet YouTube konsequent mit TKPs ab, während die Entlohnung für Kooperationen derzeit noch häufig über Festpreise geregelt wird. Da klassische Buchungen technisch grundsätzlich über YouTube abgewickelt werden, behält das Unternehmen zudem durchschnittlich 45 % der Erlöse ein, die restlichen 55 % erhält der YouTube-Influencer oder muss sie sich mit einem zwischengeschalteten Multichannel-Netzwerk teilen. Bei Kooperationen entfällt diese Provision und der YouTube-Influencer erhält 100 % der Erlöse beziehungsweise teilt sich diese mit dem ihn betreuenden Netzwerk. Dennoch bedient nicht jede kooperative Monetarisierungsoption dieses Ziel der monetären Entlohnung in gleichem Maße.

Testimonial-Kampagnen gehen mit einer überdurchschnittlichen Freigabe von Rechten einher, denen ein YouTube-Influencer zustimmen muss. Seine Person wird als Markenbotschafter für Public Relations, aber auch für werbliche Zwecke in diversen Medienkanälen eingesetzt. Da diese Form der Kooperation damit deutlich über andere Kooperationsmodelle auf der Plattform YouTube hinausgeht, können YouTube-Influencer weitaus höhere Gagen einfordern. Somit ist die Testimonial-Kampagne für YouTube- Influencer aus monetärer Sicht hochattraktiv, obgleich der zeitliche Aufwand solcher Kooperationen stets berücksichtigt werden sollte.

Bei der Umsetzung eines *Product Placements* oder der *Content Syndication* ist der Umsetzungsaufwand für YouTube-Influencer dagegen vergleichsweise gering, da sie das jeweilige Video auch ohne Kooperationspartner in gleicher oder ähnlicher Form produziert hätten oder es sich optimal in die übrigen Inhalte des YouTube-Kanals einfügt und damit die Produktion eines anderen, rein redaktionellen Inhalts ersetzt. Aus Perspektive der YouTube-Influencer ist das *Sponsorship* unter Betrachtung ausschließlich monetärer Aspekte die ungünstigste Kooperationsform. Sponsorships finden derzeit vor allem zwischen Werbungtreibenden und YouTube-Kanälen aus den Bereichen Games und Sport Anwendung. Werbungtreibende statten die YouTuber dauerhaft mit Produkten aus und entlohnen sie direkt materiell (Bartergeschäft) und somit nur indirekt monetär.

Ist das primäre Ziel von Influencern der *Reichweitenausbau*, eignet sich vor allem die Kooperationsform der *Content Syndication*. Dies lässt sich damit begründen, dass Content Syndication insbesondere für kleinere YouTube-Kanäle relevant ist, die mit ihrer eigenen Reichweite auf YouTube und in anderen sozialen Netzwerken (noch) vergleichsweise geringe Bedeutung für die anderen drei Kooperationsformen haben. Bei einer Einbettung der YouTube-Videos auf den Digitalpräsenzen der Werbungtreibenden profitieren sie von den dort generierten Views und haben die Chance, neue Abonnenten zu gewinnen. Im Gegensatz dazu sind YouTube-Influencer, die für Werbungtreibende als *Testimonial* fungieren, in der Regel bereits überaus reichweitenstark in den von ihnen bespielten Medienkanälen. Werbungtreibende nutzen diese Reichweiten zwar, werden das Testimonial aber auch in die Kreationen klassisch geschalteter Werbekampagnen integrieren. Hätten sie diese Absicht nicht, könnten sie mit den YouTube-Influencern über eine der weitaus günstigeren Kooperationsformen zusammenarbeiten. Folglich werden YouTube-Influencer bei Testimonial-Kampagnen von den zusätzlichen Reichweiten der Werbekampagnen, in denen sie eingesetzt werden, profitieren. Bei *Product Placements* und *Sponsorships* spielt der Ausbau von Reichweiten für YouTube-Influencer eine untergeordnete Rolle, da sich die kooperativen Aktivitäten auf die YouTube-Kanäle der Protagonisten beschränken.

Auf das dritte Ziel von YouTube-Influencern, die *Steigerung der Relevanz*, haben *Product Placements* und *Content Syndication* wiederum wenig Einfluss. Ihr Umfang ist in der Regel zu gering, als dass Zuschauern ein Mehrwert geboten werden kann, der die Bedeutung des YouTubers unter den Usern merklich steigen lässt. Anders verhält es sich bei *Sponsorships* und vor allem *Testimonial-Kampagnen*. Ein Sponsorship kann YouTubern spektakuläre Bewegtbild-Umsetzungen ermöglichen, die ohne langfristige Unterstützung des Sponsors nicht möglich gewesen wären. Entsprechend inszeniert kann dieser Aspekt eine wertvolle Botschaft gegenüber den Zuschauern darstellen und sowohl die Bedeutung und das Ansehen des YouTube-Influencers als auch des Werbungtreibenden maßgeblich beeinflussen. Testimonial-Kampagnen wiederum steigern die Relevanz von YouTube-Influencern auf einer Metaebene, die für sie langfristig von großem Wert sein kann. Die noch geringe Verbreitung von Testimonial-Kampagnen mit YouTube-Influencern kann den Erfolg einer solchen Kooperation begünstigen. Sie können nicht nur die Aufmerksamkeit der avisierten Zielgruppen erregen, sondern auch die diverser Fachmedien und damit einer großen Zahl an Marketingverantwortlichen. Die Konsequenz ist eine steigende Relevanz der YouTube-Influencer im Wettbewerbsumfeld und Werbemarkt.

3.3 Erfüllung der Ziele von Werbungtreibenden

Das erste von fünf in Abschnitt 1.2.2 definierten Zielen von Werbungtreibenden im Zuge kooperativer Monetarisierung auf YouTube ist die *Ansprache junger Zielgruppen*. Hier lässt sich klar differenzieren zwischen den Kooperationsformen, die sich ausschließlich auf die Kanäle der YouTube-Influencer konzentrieren (*Product Placement* und *Sponsorship*) und denen, die YouTube-Influencer auch außerhalb dieser einbinden (*Testimonial-Kampagne* und *Content Syndication*). Mit den erstgenannten Kooperationsformen werden direkt und gezielt junge Zielgruppen, nämlich die Zuschauer und Abonnenten der YouTube-Influencer, angesprochen. Bei Testimonial-Kampagnen stellt diese Ansprache nur einen Teilbereich der Aktivitäten dar. Inwieweit der Einsatz der YouTube-Influencer in anderen Medienkanälen darüber hinaus junge Zielgruppen erfasst, hängt maßgeblich von der Planung und Expertise der Werbungtreibenden ab. Content Syndication zahlt nur geringfügig auf das Ziel ein, da die Bewegtbildinhalte bei einer Einbettung in die Digitalplattformen der Werbungtreibenden der Userbindung und nicht primär der Generierung neuer User dienen.

Zwei weitere Ziele von Werbungtreibenden können die *direkte Abverkaufssteigerung* oder die *Generierung von Branding-Effekten* sein. *Testimonial-Kampagnen* und *Content Syndication* bilden hier ein Gegensatzpaar. Im Zuge der Content Syndication befinden sich User bei einer Auseinandersetzung mit den Bewegtbildinhalten bereits im Shopsystem des Werbungtreibenden, erfüllen damit gegenüber den übrigen Kooperationsformen bereits eine wichtige Herausforderung im Hinblick auf eine mögliche Abverkaufssteigerung. Es geht somit nicht mehr darum, das Interesse an der Marke zu wecken und damit dem Ziel des Brandings gerecht zu werden. Über einen Abverkauf entscheiden an diesem Punkt die Bereitschaft und Expertise der Werbungtreibenden, konsequent Content-Commerce zu betreiben (siehe entsprechender Erfolgsfaktor in Abschnitt 2.5). Testimonial-Kampagnen haben dagegen nur eingeschränkte Abverkaufswirkung, da Werbungtreibende über YouTube-Influencer erst einmal versuchen, ein klares Markenbild in jungen Zielgruppen zu etablieren. Zudem sind solche Kampagnen für reine Abverkaufsziele zu kostenintensiv, hier sind günstigere Kooperationsformen oder klassische, Performance-basierte Werbeformate zielführender. Mit *Product Placements* und *Sponsorships* können beide Ziele gut erfüllt werden, sofern im Vorfeld klar priorisiert wird. Entsprechend der primären Zielformulierung können Affiliate-Links zur Abverkaufssteigerung mit entsprechenden Kommentaren der YouTube-Influencer verknüpft oder eine reine Inszenierung der Marke forciert werden.

Sofern die *Generierung hochwertiger Inhalte für die eigenen Plattformen* ein wichtiges Ziel für Werbungtreibende darstellt, sind *Product Placements* und *Sponsorships* nur in Teilen geeignet. Sämtliche Erfolgsfaktoren dieser Formen kooperativer Monetarisierung zielen auf eine Inszenierung von Marken oder Produkten innerhalb von YouTube-Kanälen ab. Wollen Werbungtreibende die dort publizierten Bewegtbildinhalte auch für ihre Kanäle nutzen, ist das nur über ergänzende Verhandlungen mit den YouTube-Influencern möglich, und in der Regel ausschließlich für PR-, nicht aber für werbliche Zwecke. Entsprechend aller bisherigen Ausführungen lassen sich hochwertige Inhalte sehr gut über *Testimonial-Kampagnen* und *Content Syndication* generieren, da dies jeweils den Kern dieser Kooperationsformen ausmacht.

Als letztes Ziel von Werbungtreibenden ist die *Profilierung der Marketingverantwortlichen* zu nennen. Im Gegensatz zu allen anderen Zielformulierungen handelt es sich hierbei um eine emotionale und individuell geprägte Zielsetzung, deren Erfüllung eng mit Investitionsvolumen und Aufwand der jeweiligen Kooperationsform korreliert. *Testimonial-Kampagnen* spielen somit eine untergeordnete Rolle, da die damit verbundenen Investitionen in der Regel eine Größenordnung erreichen, die durch diverse Unternehmensinstanzen genehmigt und unter Berücksichtigung rationaler Zielformulierungen verargumentiert werden muss. Etwas einfacher stellt sich die Situation bei *Sponsorships* und *Content-Syndication*-Formaten dar, da beide auch mit kleineren und damit kostengünstigeren YouTube-Influencern realisierbar sind. Möchten sich Werbungtreibende mit ihren Aktivitäten im YouTube-Bereich profilieren, eignet sich hingegen insbesondere das *Product Placement*. Werbungtreibende können aus einer Vielzahl von YouTube-Influencern auswählen und sich ohne längere Bindung oder hohes Investitionsvolumen ausprobieren.

4 Zusammenfassung und Ausblick

Zusammenfassend lässt sich festhalten, dass die kooperative Monetarisierung von Bewegtbildern auf YouTube und anderswo sowohl vonseiten der Unternehmen als auch der Influencer eine sinnvolle Strategie zur Erreichung eigener Ziele darstellt. Der weiter voranschreitende Verlust der Glaubwürdigkeit von Broadcast-Werbung, der technologische Wandel und auch die verbreitete, ablehnende Haltung von attraktiven Marktsegmenten (zum Beispiel Digital Natives) sprechen auch in Zukunft für eine steigende Bedeutung. Auf der anderen Seite bestehen noch erhebliche Optimierungspotenziale. So werden sich weiterhin (rechtliche) Graubereiche zwischen Product Placement und Influencer-Werbung ergeben. Ein strenger Code of Conduct oder eine weitergehende Kennzeichnungspflicht werden hier auch in Zukunft nicht immer alle Herausforderungen abdecken können. Schließlich ist es – wie so häufig – eine Fragestellung der individuellen Marketingethik aller beteiligten Parteien.

Ferner zeigt zum Beispiel der Einstieg von SAP in den Adtech-Bereich, dass auch im Influencer Markt mittel- bis langfristig sicherlich eine Bereinigung stattfinden wird. Zu intransparent und zum Teil auch überzogen sind die aktuellen (mediabezogenen) Preisforderungen. Auch steht zu erwarten, dass einzelne Stufen in der digitalen (Influencer)-Wertschöpfungskette ihren Leistungsbereich klarer herausstellen müssen, um nicht vom Markt zu verschwinden. Hier sind Transparenz und Wirkungsmessung die entscheidenden Faktoren, um aus Sicht der Entscheider einen positiven Return on Influencer Marketing sicherzustellen.

Literatur

Alphabet (2015): Annual Report 2015, Kalifornien 2015

Bialek, C. (2014): Sag's auf Youtube, in: Handelsblatt, o.Jg., 2014, Nr. 224, S. 23

Gerloff, J. (2015): Erfolgreich auf YouTube: Social-Media-Marketing mit Online Videos, 2. Auflage, mitp Verlags GmbH & Co. KG, Frechen 2015

Günther, S. (2002): Wahrnehmung und Beurteilung von Markentransfers – Erfolgsfaktoren für Transferprodukte und Markenimage, 1. Auflage, Deutsche Universitäts-Verlag, Wiesbaden 2002

Gugel, B. (2014): Sind YouTube-Netzwerke die neuen Sender?, in: die medienanstalten (Hrsg.), Digitalisierungsbericht: Alles fließt! Neue Formen und alte Muster, Berlin 2014, S. 19-31

Gupta, P., Gould, S., Grabner-Krauter, S. (2000): Product Placement in Movies: A Cross-Cultural Analysis of Austrian, French, and American Consumers, in: Journal of Advertising, o.Jg., 2000, S. 41

Meffert, H., Burmann, C., Kirchgeorg, M. (2013): Marketing Arbeitsbuch: Aufgaben – Fallstudien – Lösungen, 11. Auflage, Springer Gabler, Wiesbaden 2013

Pläcking, J. (2014): Automobilwerbung 2012 – Umbruch in der Marketingkommunikation für Automobile, in: Ebel, B., Hofer, M. (Hrsg.), Automotive Management: Strategie und Marketing in der Automobilwirtschaft, 2. Auflage, Springer Gabler, S. 293-299

Rathmann, P. (2014): Medienbezogene Effekte von Product Placements: Theoretische Konzeption und empirische Analyse, 1. Auflage, Springer Fachmedien, Wiesbaden 2014

Schneider, J. (2000): Erfolgsfaktoren der Unternehmensüberwachung: corporategovernance aktienrechtlicher Aufsichtsorgane im internationalen Vergleich, 1. Auflage, Erich Schmidt Verlag, Berlin 2000

Stadik, M. (2016): Bewegtbild mit Botschaft: Richtig schön Asche machen, in: Werben & Verkaufen, o.Jg., 2016, Nr. 04, S. 27

Teiber, E. (2011): OTTO...find' ich gut. eBranding bei Europas größtem Versandhändler, in: Theobald, E., Haisch, P. (Hrsg.), Brand Evolution: Moderne Markenführung im digitalen Zeitalter, 1. Auflage, Gabler Verlag, S. 569-579

Internet-Quellen

Böhm, M. (2015): Leitfaden: Produkte in Videos – was YouTuber dürfen. URL: http://www.spiegel.de/netzwelt/web/youtube-legale-reklame-oder-schleichwerbung-leitfaden-fuer-youtuber-a-1058513.html, Abruf am 14.05.2016

Brouwer, B. (2015): YouTube Now Gets Over 400 Hours Of Content Uploaded Every Minute. URL: http://www.tubefilter.com/2015/07/26/youtube-400-hours-content-every-minute/, Abruf am 15.05.2016

Die Medienanstalten (2015): MedienVielfaltsMonitor – Anteile der Medienangebote und Medienkonzerne am Meinungsmarkt der Medien in Deutschland. URL: http://www.die-medienanstalten.de/fileadmin/Download/Publikationen/ Medienkonvergenzmonitor/DLM_Vielfaltsmonitor_I__Halbjahr_2015.pdf, Abruf am 26.05.2016

Goldmedia (2015): YouTube wird Alltagsmedium. URL: http://www.goldmedia.com/newsletter/presseverteiler/pressemeldung-26022015-youtube-wird-alltagsmedium/, Abruf am 01.06.2016

Hoeschl, P. (2015): Content-Commerce: Online-Shops mit Erlebnisfaktor. URL: http://t3n.de/news/content-commerce-online-shops-590790/, Abruf am 30.05.2016

Matis, S. (2014): Longboardtour startet heute – Alle Infos. URL: http://broadmark.de/allgemein/longboardtour-startet-heute-alle-infos/12318/, Abruf am 15.05.2016

Online Marketing Rockstars (2015): Monatlich fünfstellige Summen – so viel lässt sich mit Youtube verdienen. URL: http://www.onlinemarketingrockstars.de/monatlich-fuenfstellige-summen-so-viel-laesst-sich-mit-youtube-verdienen/, Abruf am 23.05.2016

Schröder, J. (2015): Von Google.de bis Wikia.com: die 100 populärsten Websites in Deutschland. URL: http://meedia.de/2015/10/29/von-google-de-bis-wikia-com-die-100-populaersten-websites-in-deutschland/, Abruf am 15.05.2016

Spengler, T. (2013): YouTube Standardizes Ad-Revenue Split for All Partners, But Offers Upside Potential. URL: http://variety.com/2013/digital/news/youtube-standardizes-ad-revenue-split-for-all-partners-but-offers-upside-potential-1200786223/, Abruf am 15.05.2016

Stoop, D., Min, E. (2016): Search FYI: More Ways to Discover Live Video. URL: http://newsroom.fb.com/news/2016/04/search-fyi-more-ways-to-discover-live-video/, Abruf am 15.05.2016

Tubevertise (2016): Allgemeine Geschäftsbedingungen. URL: https://tubevertise.de/agb/, Abruf am 16.05.2016

Wehling, A. (2015): „Nicht wenige unterschätzen YouTube". URL: http://prreport.de/ themenpatenschaft/detailansicht-patenschaft-5/article/10195-nicht-wenige-unterschaetzen-youtube/, Abruf am 16.05.2016

Die Autoren

Prof. Dr. Michael H. Ceyp, promovierte nach einem Studium der BWL bei Prof. Dr. Dr. h.c. mult. H. Meffert. Anschließend übernahm er die Marketingleitung eines Medienunternehmens. Danach folgte eine mehrjährige Tätigkeit als Consultant im Dialogmarketing, bevor er zu Rapp Collins Consulting, Hamburg, ging, wo er große und mittelständische Unternehmen in vielfältigen Fragestellungen des (internationalen) Dialogmarketing, Database Marketing, Online-Marketing und CRM beriet. Daneben war er mehrere Jahre Geschäftsführer eines innovativen Fachverlages.

Ab dem Sommersemester 2001 bis September 2012 lehrte Prof. Dr. Ceyp an der Fachhochschule Wedel (Holstein) bei Hamburg. Er gründete dort im Jahr 2003 den Fachbereich „BWL" mit seinem Forschungs- und Lehrschwerpunkt „Marketing". Seine Lehrtätigkeit setzt er nach einer Tätigkeit bei einem Internet-Start-up ab dem 1. März 2013 an der FOM, Hamburg, fort.

Prof. Dr. Ceyp ist Autor vielbeachteter Fachbücher, Arbeitspapiere und Studien sowie regelmäßiger Referent auf internationalen Kongressen. Ferner unterstützt er innovative Unternehmen durch seine Tätigkeit in Aufsichtsräten und Beiräten.

Tobias Kurbjeweit, 27 Jahre, B.A. Business Administration und gelernter Medienkaufmann. Nach dem erfolgreichen Abschluss der dualen Ausbildung im Verlagshaus Gruner + Jahr AG & Co KG war er von 2011 bis 2016 in unterschiedlichen Positionen bei dessen crossmedialem Vermarkter G+J e|MS tätig. Zuletzt entwickelte Tobias Kurbjeweit dort vernetzte Crossmedia-Lösungen für Vermarkter-Pitches. Als Teil eines Entwicklungsteams der Vermarktungseinheiten von Gruner + Jahr und der Mediengruppe RTL Deutschland konzipierte er die ersten gattungsübergreifenden Angebote der gemeinsamen Ad Alliance. Seit Dezember 2016 verantwortet er bei TERRITORY, Europas Marktführer für inhaltsgetriebene Kommunikation, die Etats mehrerer Bestandskunden und entwickelt crossmediale Kommunikationsstrategien für Pitches um potentielle Neukunden der Agentur. Tobias Kurbjeweit ist nebenberuflich selbstständig mit dem Hamburger Designbüro Gekreuzte Wege.

Kontakt

Prof. Dr. Michael H. Ceyp
FOM Hochschule für Oekonomie & Mangement
Schäferkampsallee 16
20357 Hamburg
dr_ceyp@yahoo.de

Tobias Kurbjeweit
Im Winkel 8
20251 Hamburg
tobias.kurbjeweit@live.de

Alfred Gerardi Gedächtnispreis 2016

Mit dem Alfred Gerardi Gedächtnispreis zeichnet der Deutsche Dialogmarketing Verband (DDV) seit 1986 herausragende Abschlussarbeiten aus, die an deutschsprachigen Hochschulen und Fachakademien verfasst wurden. Ziel des Wettbewerbs, der im Gedenken an den 1985 überraschend verstorbenen damaligen DDV-Präsidenten Alfred Gerardi ausgeschrieben wird, ist die Förderung der wissenschaftlichen Auseinandersetzung mit dem Dialogmarketing. Über mehr als drei Jahrzehnte wurden bislang rund 150 Arbeiten eingereicht, die mit ihren Themen die Entwicklung des Dialogmarketing seit den 80er-Jahren widerspiegeln.

Der Award wird derzeit in vier Kategorien vergeben: Dissertationen, Master- und Bachelorarbeiten sowie Diplomarbeiten von Akademien. Ausgezeichnet werden Arbeiten, die sich mit aktuellen Themen des Dialogmarketings befassen, etwas Neues aufgreifen und im Ergebnis einen Wissensfortschritt mit verwertbaren Ergebnissen für die Marketingpraxis erbringen. Selbstverständlich müssen die Arbeiten dabei auch wissenschaftlichen Ansprüchen genügen.

Die Jury bilden namhafte Vertreter von Hochschulen und Dialogmarketing-Agenturen. Im Jahr 2016 waren dies unter dem Vorsitz von Bernd Ambiel (Ambiel Direkt-Marketing-Beratung), Robert Bidmon (Bayerische Akademie für Werbung und Marketing), Norbert Briem M.A. (Jahns and Friends, Agentur für Dialogmarketing und Werbung AG), Prof. Dr. Gert Hoepner (Fachhochschule Aachen), Prof. Dr. Heinrich Holland (Hochschule Mainz), Christian Klöver (below GmbH) und Prof. Dr. Lutz H Schminke (Hochschule Fulda).

Die Preisträger 2016

2016 wurden die folgenden vier Gewinner ausgezeichnet und konnten Urkunden und Preisgelder in Höhe von insgesamt 8.000 Euro in Empfang nehmen:

Beste Dissertation

In-store Mobile Marketing Kommunikation – Empirische Analysen von Determinanten aus Konsumentensicht
Dr. Marcel Stafflage, Westfälische Wilhelms-Universität Münster, Institut für Marketing
Betreuer: Prof. Dr. Manfred Krafft

Beste Masterarbeit

Management von Kundenbeziehungen im E-Commerce: Eine Untersuchung von Kundenbeziehungstypen im österreichischen Online-Bekleidungseinzelhandel
Katharina Visur, Fachhochschule St. Pölten
Betreuer: FH-Prof. Dr. Johanna Grüblbauer

Beste Bachelorarbeit

Methoden zur Wirkungsmessung von Facebook-Beiträgen – eine Überprüfung der Güte am Beispiel der Solveta GmbH
Sarah Constien, FH Wedel
Betreuer: Prof. Dr. Heike Jochims

Beste Diplomarbeit Akademien

Entwicklung eines Employer Branding Dialogmarketing-Konzepts zur Gewinnung neuer Mitarbeiter für die EUROASSEKURANZ Versicherungsmakler AG.
Lisa Goth, Bayerische Akademie für Werbung und Marketing
Betreuer: Robert K. Bidmon

Über alle Details des Alfred Gerardi Gedächtnispreises informiert eine eigene Website www.aggp.de, über die stets die Informationen zur aktuellen Phase des Wettbewerbs (Ausschreibung, Teilnahmebedingungen, Einsendeschluss, Preisträger, Preisverleihung etc.) abgerufen werden können. Selbstverständlich ist der Wettbewerb auch auf Facebook (www.facebook.com/AlfredGerardi) und Twitter (twitter.com/alfred_gerardi) aktiv. Die „Bibliothek" des Wettbewerbs auf der Website gibt darüber hinaus einen (fast) vollständigen Überblick über die Einreichungen der vergangenen Jahrzehnte: Eine Kurzfassung der meisten Arbeiten kann direkt eingesehen werden, die komplette Arbeit kann bei Interesse gegen Schutzgebühr auch bestellt werden. Sollten Arbeiten in Buchform veröffentlicht worden sein, so finden sich hier die bibliograpfischen Angaben.

Kontakt

Deutscher Dialogmarketing Verband e.V.
Hahnstraße 70
60528 Frankfurt
www.ddv.de
www.aggp.de
www.facebook.com/AlfredGerardi
twitter.com/alfred_gerardi
aggp@ddv.de

Dank an die Sponsoren

Sponsoren und Verbandspartner:

Medienpartner:

Der Alfred Gerardi Gedächtnispreis wird unterstützt durch:

Printed by Printforce, the Netherlands